X. CHAMBARD
NOTAIRE HONORAIRE
SAINT-AMOUR (Jura)

L'ARMÉE
ET
LA GARDE NATIONALE

Paris. — Imprimerie de E. DONNAUD, rue Cassette, 9.

L'ARMÉE

ET

LA GARDE NATIONALE

PAR

Le Baron C. POISSON

ANCIEN OFFICIER D'ARTILLERIE.

TOME TROISIÈME.

1793 — 1794

PARIS

A. DURAND, LIBRAIRE-ÉDITEUR,

RUE DES GRÈS, 7.

1860

Droits d'auteur réservés.

L'ARMÉE

ET

LA GARDE NATIONALE

Résumé du volume précédent. — Le volume précédent commence à l'époque où la Convention succède à l'Assemblée législative, c'est-à-dire cinq semaines après le sac du Palais des Tuileries, quelques jours après les massacres dans les prisons, et le lendemain de la bataille de Valmy (20 Septembre 1792). Les Girondins triomphent ; ils s'attribuent la *gloire* d'avoir substitué la République à la Monarchie, et rejettent sur leurs adversaires politiques l'horreur des crimes qui ont accompagné ce bouleversement.

Satisfaits d'avoir conquis le pouvoir, ces agitateurs de la veille se déclarent amis de l'ordre et des lois. Mais les passions mauvaises qu'ils ont surexcitées, pour abattre la Royauté, ne se calment pas à leur voix ; elles sont avivées par les Montagnards, les Jacobins et la Commune. Les Girondins tentent alors d'opposer les Provinces à la Capitale.

Pendant que se développent ces germes de tant de malheurs, les Prussiens et les Autrichiens, vaincus dans l'Argonne par l'habile temporisation de Dumouriez, évacuent le territoire. Custine envahit le Palatinat, et Montesquiou s'empare de la Savoie (Octobre 1792).

Néanmoins, la rude guerre que les Montagnards font aux Girondins n'épargne pas les chefs militaires. Plusieurs sont destitués; Montesquiou est réduit à émigrer; une hostilité systématique repousse du ministère de la guerre ceux qui seraient les plus capables de le diriger. Les Girondins parviennent à y placer une de leurs créatures; mais à peine installé, Pache trahit ses protecteurs, fait cause commune avec les Jacobins, et désorganise l'administration en y introduisant leurs inhabiles protégés.

L'armée de Dumouriez est la première victime d'une telle incurie. Quoique mal approvisionné, ce hardi général a franchi la frontière, gagné la bataille de Jemmapes et conquis la Belgique. Mais il ne reçoit aucun ravitaillement, et les *patriotes* du ministère refusent toute sanction aux moyens qu'il propose pour entretenir ses troupes dans le pays qu'elles occupent. Des milliers de chevaux meurent de faim. Les soldats et les volontaires, à peine vêtus de guenilles, couverts de gale et rongés par la vermine, manquent de tout ; ils pillent les propriétés, brûlent les arbres ou les portes des maisons, et forcent les habitants à accepter des assignats discrédités. En même temps, les agents jacobins se livrent à tous les désordres de la furie révolutionnaire. La Belgique, opprimée par ses prétendus libérateurs, fait des vœux pour le retour des Autrichiens (Décembre 1792 et Janvier 1793) : la conquête dont Dumouriez voulait faire une alliée utile pour la France, ne constitue plus qu'un grave embarras.

A cette époque, 60,000 Volontaires, enrôlés par enthousiasme lors de l'arrestation du Roi à Varennes, voient finir l'année de service militaire qu'ils ont promise à la Patrie. Ils ont tenu leur serment et ne veulent pas faire davantage. En vain, la Convention leur adresse des prières, des remontrances et même des menaces ; forts de

IV.

leur droit, ils font défection au moment où la Convention, devançant l'effet de l'indignation causée en Europe par la mort de Louis XVI, déclare la guerre à l'Angleterre, à la Hollande et à l'Espagne (Février 1793).

La Révolution ayant aboli tout moyen régulier de recrutement, on compte sur d'autres enrôlements volontaires pour remplir, et bien au delà, le vide ainsi produit dans les rangs de l'Armée. L'illusion à ce sujet est entretenue par une effervescence désordonnée qui simule l'ardeur belliqueuse. Les efforts de la Convention, de la Commune de Paris et des autorités départementales ont abouti à créer une foule de petits corps armés, sans uniformité, sans discipline et sans confiance dans les chefs qu'ils se donnent. Aussi la situation, appréciée à sa juste valeur par le Comité de la guerre, n'est-elle présentée à la Convention qu'en usant de déguisements oratoires. En réalité, elle se résume ainsi :

Le ministre de la guerre est inepte et son ministère entièrement désorganisé. — Dix armées figurent sur le papier; huit seulement existent, et leurs effectifs réunis forment, y compris les troupes à l'intérieur, un total de 200,000 soldats ou volontaires. — 500,000 hommes étant nécessaires pour la défense, il est indispensable d'effectuer une levée de 300,000 hommes (un tiers de soldats, deux tiers de volontaires). — Les nombreux inconvénients qui résultent de la présence sous les drapeaux de deux espèces d'hommes différant par les conditions d'enrôlement, l'uniforme, la solde, l'esprit de corps, etc., rendent urgent de refondre la Force militaire, d'adopter des dispositions communes à tous, et d'établir une identité parfaite entre le soldat et le volontaire.

Cette réorganisation est forcément ajournée à la fin de la campagne. Quant au reste, Beurnonville est nommé ministre de la guerre et une levée de 300,000 hommes est décrétée; chaque département reçoit avis de la manière dont il doit procéder pour fournir immédiatement sa part de ce contingent (Mars 1793).

Pendant ce temps, Dumouriez agit. Faire vivre son armée en Belgique est impossible; la ramener en France constituerait une défaite; il imagine de surprendre, avec de faibles troupes, la Hollande qui n'est pas préparée à la guerre, et d'y aller chercher ce qui manque à son armée. Malheureusement, lorsque tout semble concourir à la réussite de cette hardie conception, les divisions Françaises, disséminées en Belgique, se laissent surprendre et culbuter par l'Ennemi. En vain, Dumouriez répond du salut général, si on le laisse poursuivre ses succès en Hollande; la Convention lui ordonne de retourner prendre le commandement de l'armée en déroute, qui le réclame à grands cris (Mars 1793).

La défaite de l'armée en Belgique rend plus pressant encore le besoin de la levée des 300,000 hommes; toutes les autorités multiplient leurs efforts, et la population y répond par des protestations de dévouement à la Patrie. Malheureusement, ces verbeuses manifestations sont suivies de peu d'effet; Paris s'agite et ne fournit pas son contingent (12,800 hommes); dans un grand nombre de localités, des moyens coërcitifs sont nécessaires pour réunir une portion de l'effectif demandé; ailleurs, ils occasionnent des soulèvements : la Vendée entre en insurrection (Mars 1793).

En Belgique, Dumouriez a reconnu l'impossibilité d'exécuter des mouvements stratégiques avec des troupes aussi peu exercées que celles dont il a repris le commandement; il se décide à tenter les chances d'une bataille rangée. S'il est victorieux, tout le mal sera réparé ; s'il est vaincu, il répartira son armée dans les places fortes Belges, et obligera l'Ennemi à une guerre de siéges dont on saura utiliser les lenteurs.

La bataille de Neerwinden, presque gagnée à l'Aile droite et au Centre, est perdue par la faute de l'Aile gauche. La retraite devient indispensable; Dumouriez l'effectue avec autant de sangfroid que de résolution, et s'apprête à user de la ressource des places fortes. Mais, cette dernière chance de salut pour la Patrie, lui est encore enlevée : de toutes parts, les Volontaires font défection pour regagner précipitamment la frontière; ils abandonnent l'armée et les citadelles, sous le spécieux prétexte d'aller défendre les foyers menacés.

Pour couvrir cette fuite qui ruine ses derniers projets, Dumouriez forme une division de 15,000 hommes de troupes de ligne qu'il commande en personne, et il parvient à faire croire à l'Ennemi qu'elle constitue l'arrièregarde d'une armée encore redoutable. Il regagne ainsi le territoire, pénétré de la douloureuse conviction qu'il lui est impossible de s'opposer à une nouvelle invasion, bien autrement dangereuse que celle dont il a triomphé dans l'Argonne.

En peu de mois, il a vu quatre fois ses plans renversés par les désastreuses conséquences de l'anarchie révolutionnaire; la plus terrible va se manifester : cette fois encore, il entreprend de sauver le pays malgré lui-même. Puisqu'il ne peut plus compter sur aucune ressource militaire, il fera la paix; alors, sans inquiétude du côté des frontières, il ira avec ses troupes de ligne dissoudre la Convention, chasser les Jacobins et rétablir la Constitution de 1791.

L'Ennemi consent à observer une trêve, pendant que Dumouriez marchera sur Paris. Mais les soldats disposés à soutenir leur général dans la guerre civile, refusent de concourir à une opération concertée avec les Autrichiens. Une noble indignation remplace la profonde affection vouée jusqu'alors à Dumouriez; tous les Corps l'abandonnent pour se réfugier à la hâte dans quelque ville Française; aucune force armée, capable de résister, ne se trouve plus entre Paris et l'Ennemi; heureusement ce dernier manque d'audace pour en profiter (Avril 1793).

La Convention met à prix la tête de Dumouriez ; ses complices, vrais ou présumés, sont arrêtés. Des Commissaires partent pour rallier les débris de l'armée du Nord et la reconstituer; un Comité de salut public est créé afin d'obtenir la concentration de pouvoir indispensable dans les moments suprêmes; pour effrayer ceux qui entrevoient déjà une prochaine restauration, le tribunal révolutionnaire envoie à l'échafaud deux royalistes, ses premières victimes.

Cependant le sentiment du danger encouru par la République, multiplie et active les accusations des Montagnards contre les chefs militaires. L'excès de la défiance fait décider que tout commandant d'armée aura auprès de lui des Représentants du peuple pour surveiller sa conduite. Les généraux qui ont gagné des grades sous la Monarchie sont voués à la destitution : sans tenir compte de leurs efforts ou de leurs talents, tout revers devient contre eux une preuve de trahison. Le népotisme révolutionnaire les remplace par des Jacobins éprouvés ; les grades supérieurs sont donnés à une foule de Sans-culottes qui ont fait leurs premiers armes dans les émeutes; Bouchotte, nommé ministre de la guerre, rappelle dans ses bureaux les *patriotes*, choisis autrefois par Pache et renvoyés avec lui. Pendant que ces énergumènes font de la politique à leur manière, les armées restent dépourvues d'habits, de vivres, d'armes et de munitions.

Malgré la faiblesse des effectifs, on proclame avec affectation que le recrutement des 300,000 hommes est entièrement terminé : la République est censée posséder 500,000 défenseurs. Néanmoins, lorsque les Espagnols se mettent en mouvement, les autorités du département de l'Hérault sont obligées de recourir à des mesures coercitives pour réunir 5,000 prétendus Volontaires. La Convention saisit avec avidité ce nouveau moyen de trouver des soldats : tous les départements sont *autorisés* à prouver leur civisme en levant des *forces additionnelles par voie* d'indication.

Cette méthode est préconisée à Paris; on espère y obtenir ainsi le contingent qu'on n'a pu réunir pour le recrutement des 300,000 hommes; c'est à la capitale qu'est réservé, dit-on, l'honneur d'étouffer la guerre de la Vendée et, pour y parvenir, il lui suffit de mettre sur pied 12,000 Volontaires. Mais cette nouvelle tentative échoue comme celles qui l'ont précédée; la Commune parvient seulement à former quelques bataillons recrutés de l'écume de la population, au prix de 500 livres par individu.

Pour premier exploit, elle leur fait commettre un attentat longuement médité contre la Convention. Au jour désigné, les *héros à cinq cents livres* amplement abreuvés et fournis d'assignats, sont réunis à d'autres contingents insurrectionnels qui, obéissant aux ordres d'Hanriot, entourent l'Assemblée et la menacent d'un siége, si elle ne vote pas l'arrestation des Girondins. La Garde nationale leur prête l'appui de sa présence; dans cette ville où, depuis trois mois, on n'a pu enrôler 12,000 hommes pour le service militaire, il se trouve 80,000 Gardes nationaux qui assistent, l'arme au bras, à la violation de la Représentation nationale par une poignée de factieux (Mai et Juin 1793).

Cependant, les résultats de la situation militaire ne se font pas attendre ; les Espagnols s'emparent de Fort-les-Bains et de Bellegarde; les Piémontais repoussent les républicains, qui tentent plusieurs fois de prendre Saorgio; les Vendéens se rendent maîtres d'Angers et de Saumur; Mayence est repris par les Prussiens; Condé et Valenciennes tombent au pouvoir des Autrichiens; Lyon lève l'étendart de la guerre civile, et Toulon se livre aux Anglais (Juin et Juillet 1793).

Tous ces malheurs sont imputés aux généraux. Les uns montent sur l'échafaud; les autres sont emprisonnés. La plupart de leurs remplaçants sont des Jacobins ignorants, sujets perpétuels de moquerie pour leurs propres soldats. Les malheurs qu'entraîne leur incapacité, sont accrus par la présomption ou l'activité désordonnée des représentants du peuple, et par les dissidences qui s'élèvent entre ces délégués omnipotents. Un peu de hardiesse conduirait inévitablement les armées coalisées jusqu'à Paris ; heureusement, leurs généraux sont sans audace et une politique intéressée divise leurs efforts. Les Anglais veulent prendre des places maritimes ; les Autrichiens attaquent de préférence les places fortes du Nord ; chacune des puissances coalisées craint d'agir uniquement dans l'intérêt des autres ; leur manque d'initiative et la diversité de leurs projets sont alors les seules causes réelles du salut de la République

C'est en vain que le premier Comité de salut public, composé d'hommes laborieux et éclairés, fait décréter de sages mesures dans le but de réorganiser et d'approvisionner les troupes; l'anarchie et le désordre général empêchent qu'elles soient mises à exécution. Les défaites multipliées des armées discréditent ce pouvoir que l'opinion rend responsable des conséquences d'une situation à laquelle il ne peut remédier. D'ailleurs, la progression révolutionnaire a dépassé ces sincères républicains; la Convention, cédant aux efforts des Montagnards, nomme un nouveau Comité de salut public composé de révolutionnaires plus avancés (Juillet 1793).

Lorsque les membres de ce Comité se sont partagés les branches de l'administration générale, ils s'aperçoivent que nul parmi eux ne possède les connaissances nécessaires pour diriger les armées; ils s'adjoignent deux de leurs collègues de la Convention, Carnot et Prieur (de la Côte-d'Or) (13 Août 1793).

Carnot émet l'idée féconde qu'une nation de 25,000,000 d'individus doit, en réunissant les moyens, l'énergie et la richesse de tous ses enfants, triompher d'ennemis, nombreux à la vérité, mais divisés d'intérêts, sans confiance réciproque et dépourvus d'initiative ou de hardiesse dans leurs opérations stratégiques.

Pour obtenir un grand nombre de soldats, la Levée en masse est décrétée (26 Août 1793). Bien différente de tous ces recrutements volontaires qui n'ont procuré jusqu'alors que des forces militaires illusoires, elle n'admet aucune exception : elle fait soldat tout individu de dix-huit à vingt-cinq ans, et procure d'un seul coup 600,000 défenseurs. Comme précédemment, elle est fondée sur les plus nobles sentiments : l'amour de la Patrie, l'horreur de l'invasion étrangère, etc. ; mais pour ceux à qui la bonne volonté fait défaut, la guillotine est préparée sur la place publique.

Après les soldats, l'élément le plus essentiel est une quantité suffisante de bons généraux. Aussi, lorsque le Comité de salut public se fait conférer la dictature en obtenant de la Convention l'établissement du *gouvernement révolutionnaire* (10 Octobre 1793), la nomination des généraux est une des prérogatives qu'il réclame particulièrement. Elle lui est accordée. A l'avenir, les armées ne verront plus à leur tête des peintres, des médecins et d'autres chefs de même espèce, dont le bruyant *patriotisme* était récompensé aux dépens de l'honneur et des destinées de la France.

Pour choisir des généraux dans une masse d'officiers jeunes et inexpérimentés pour la plupart, il faut savoir discerner la vérité entre mille rapports ou délations contradictoires, émanant des chefs militaires, des représentants du peuple, des Sociétés populaires et de subalternes jaloux, indisciplinés ou mécontents. L'esprit de parti accuse sans cesse l'homme capable qui ne pactise pas avec son délire, tandis qu'il exalte l'ignorant qui partage ses aberrations. La recherche des militaires éminents, poursuivie sans relâche malgré les obscurités, les erreurs et les malheurs de cette époque, fut sans contredit la partie la plus difficultueuse du magnifique labeur de Carnot.

Cependant, trois mois après son entrée au Comité de salut public, la plupart des armées sont commandées par des généraux remarquables, et la jeunesse Française, enlevée toute entière à ses foyers, a pris son parti de la situation exceptionnelle à laquelle nul n'a pu se soustraire.

Les résultats de cette prodigieuse improvisation sont consignés dans ce troisième volume.

L'ARMÉE
ET
LA GARDE NATIONALE
1793—1794.

CHAPITRE XXX.

LUTTE ENTRE LE COMITÉ DE SALUT PUBLIC ET LES ULTRA-RÉVOLUTIONNAIRES MILITAIRES. — LICENCIEMENT DES ARMÉES RÉVOLUTIONNAIRES DÉPARTEMENTALES. — FIN GLORIEUSE DE LA CAMPAGNE DE 1793.

(Brumaire, Frimaire et Nivôse an II. — Octobre, Novembre et Décembre 1793.)

Sommaire.

Grandeur et difficultés de la tâche entreprise par le Comité de salut public. — Sa politique intérieure.
Accusations de Philippeaux contre les généraux jacobins Ronsin et Rossignol. — Irritation dans les bureaux de la guerre. — Mauvais vouloir des Ministères pour le Comité de salut public. — Projets subversifs de Vincent. — Ultra-révolutionnaires, Hébertistes et Athéistes.
Armée révolutionnaire parisienne. — Ses prétentions. — Une notable partie est éloignée de Paris. — Massacres à Lyon.
Modérés et Dantonistes. — Publication du *Vieux Cordelier.*

Appuis du Comité de salut public : la Convention et le Club des Jacobins. — Ses moyens d'action : les comités révolutionnaires et la guillotine.

Le Comité de salut public n'a aucune force armée à sa disposition. — Gendarmerie des tribunaux. — Grenadiers-gendarmes de la Convention. — *Armée révolutionnaire* et *épauletiers*. — Garde nationale. — Canonniers des Sections.

Agitations causées à Paris par les ultra-révolutionnaires militaires.—Machinations de Robespierre pour obtenir l'incarcération de leurs chefs, Ronsin et Vincent.

Licenciement des *armées révolutionnaires départementales*.

Armées du Nord et des Ardennes.— Elles prennent leurs quartiers d'hiver peu après la victoire de Wattignies.

Armée de l'Ouest. — Destruction à Savenay de la grande armée catholique.

Armées du Rhin et de la Moselle. — Reprise des lignes de Wissembourg. — Haine de Saint-Just pour Hoche. — Landau est débloqué.

Armées des Alpes, du Var et des Pyrénées-Occidentales. — La campagne se termine sans succès, ni revers.

Armée des Pyrénées-Orientales. — Elle perd seule du terrain.

Armée de Toulon. — Prise de Toulon. — Une fête est décrétée par la Convention pour célébrer ce succès.

Le Comité de salut public s'était imposé les devoirs et la responsabilité d'une tâche prodigieuse, lorsqu'il avait fait décréter le *gouvernement révolutionnaire* qui comportait pour lui la dictature. La situation était terrible : il fallait à la fois repousser l'Étranger, étouffer la guerre civile et dominer ou anéantir des partis multipliés.

La défense du sol national et l'extinction de

la guerre civile présentaient sans doute d'immenses difficultés; mais de ce côté, le mal était défini et le but à atteindre était précis. Les moyens consistaient évidemment à trouver des généraux, à lever une multitude de soldats et à leur créer des ressources en tous genres. Cette gigantesque improvisation avait rapidement reçu un commencement d'exécution par l'effet combiné de trois causes principales : le génie de Carnot, l'exaltation nationale aiguillonnée sans relâche et les mesures coërcitives dont cette affreuse époque a conservé le monopole.

Mais au point de vue de la politique intérieure, des complications nouvelles surgissaient chaque jour. L'esprit révolutionnaire continuait à s'acharner contre les réactionnaires, les aristocrates, les restes des *conspirateurs Girondins* ou de la *faction d'Orléans*, etc.; malgré ces appréhensions, tantôt réelles et tantôt exagérées à dessein, les périls qui menaçaient l'existence même du Comité de salut public ne provenaient pas des débris des partis vaincus; ils étaient enfantés par les dissensions qui s'élevaient alors entre les vainqueurs, Montagnards, Jacobins et Cordeliers.

Pour assurer la force du *gouvernement révolu-*

tionnaire au milieu de ce chaos de passions et d'intérêts, la politique du Comité, dont Robespierre était l'âme, consista à soutenir la suprématie de la Convention et à donner l'exemple en feignant de la respecter et de lui obéir. « Le Comité de salut public, » disait Barère, « est-il autre » chose que le bras droit de la Représentation » nationale? Les ennemis du Comité sont donc » ceux de la Convention dont il n'est que le dé- » légué temporaire. »

Cette apparence d'humilité concourut à entretenir momentanément l'illusion de l'Assemblée sur l'autorité qu'elle croyait encore pouvoir s'attribuer. La fréquente violation de son enceinte par la tourbe à piques et à bonnets rouges aux ordres de la Commune, les décrets arrachés par l'émeute, les arrestations de députés forcément votées et les exigences des sociétés populaires honteusement subies, n'avaient pas suffi pour enlever à la Convention l'idée trompeuse de sa propre puissance. Elle ne perdit donc pas ses habitudes d'omnipotence aussi subitement qu'elle avait abdiqué ses droits en décrétant le *gouvernement révolutionnaire;* mais les maîtres qu'elle s'était donnés, disposés à augmenter aux yeux des autres le prestige dont elle se berçait, étaient surtout résolus à l'empêcher d'entraver les vues de leur politique dictatoriale. Aussi, dans le court espace de temps où la Convention crut encore pouvoir déployer quelqu'initiative, ils la firent souvent revenir sur des mesures qu'elle avait prises conformément à ses coutumes passées, mais dont l'esprit ou la teneur ne convenait plus au régime de despotisme absolu qu'ils voulaient maintenir à tout prix.

Un détail de la guerre de l'Ouest en fournit un des premiers exemples. Le *gouvernement révolutionnaire* comptait seulement quelques jours d'existence, lorsque deux représentants du peuple à l'armée de Brest, Gillet et Philippeaux, signalèrent, dans un rapport à la Convention, les inepties de Rossignol et de Ronsin en Vendée. L'Assemblée décida qu'une commission choisie dans son sein examinerait les faits qui lui étaient ainsi révélés. Mais cet arrêté était en contradiction avec le principe qui, dans le nouveau mode de gouvernement, attribuait exclusivement au Comité de salut public tout pouvoir sur les généraux ; aussi Barère parut-il le lendemain à la tribune : « Votre Comité, » dit-il, « est déposi- » taire d'une foule de révélations sur la Vendée ; » l'exécution de votre décret constituerait une

» division dans le travail d'ensemble qu'il prépare
» sur les représentants, les généraux et les admi-
» nistrateurs. Manœuvres et intrigues, trahisons
» et coupables ambitions, victoires dénaturées et
» récits fabuleux, tout sera mis à jour.......»
D'après ses conclusions, le décret rendu la veille
fut rapporté (2 Brumaire — 23 Octobre).

Cependant, la volonté passagère de l'Assemblée excita une vive irritation parmi les *patriotes* des bureaux de la guerre, dont Ronsin
et Rossignol étaient les favoris : « C'est en vain
» que la Convention voudrait établir une en-
» quête, » dit l'un d'eux; « les généraux que
» nous protégeons sont à l'abri de toute pour-
» suite. Nous saurons bien faire *ébouler* les dépu-
» tés qui oseront accepter une semblable mis-
» sion. » Le chef des auteurs de ces propos
subversifs était Vincent, secrétaire général et
conseiller ordinaire du ministre de la guerre, Bouchotte; cet ami particulier de Ronsin était âgé
de vingt-six ans; il comptait parmi les plus fréné-
tiques démagogues du Club des Cordeliers, dont la
violence dépassait celle des Jacobins.

L'esprit d'opposition qui se manifestait aussi
ouvertement dans les bureaux de la guerre, existait à divers degrés dans les autres ministères.

La cause en était simple. Depuis la chute de la Royauté (10 Août 1792), la réunion des ministres avait composé le *pouvoir exécutif.* L'établissement du *gouvernement révolutionnaire* les avait dépossédés en les soumettant au Comité de salut public ; on les désigna alors sous la dénomination de *conseil exécutif,* qui ne comportait aucune signification précise : chacun d'eux n'était plus qu'un premier employé recevant les ordres du membre du Comité, qui avait pris la haute main sur la branche de l'administration dirigée auparavant sans contrôle par le ministre (1).

On conservait dans chaque ministère l'espoir de récupérer bientôt la direction suprême des affaires et on affectait de ne voir dans le *gouvernement révolutionnaire* qu'un système transitoire, destiné à aboutir bientôt à la mise en

---

(1) Carnot, mouvements militaires, personnel des armées ; — Prieur (de la Côte-d'Or), armes, munitions et matériel militaire ; — Prieur (de la Marne) et Robert Lindet, approvisionnements militaires, finances ; — Jean-Bon-Saint-André, marine ; — Robespierre, questions générales, police de l'intérieur ; — Billaud-Varennes et Collot-d'Herbois, correspondance avec les départements et les représentants en mission ; — Saint-Just et Couthon, législation ; — Barère et Hérault de Séchelles, affaires étrangères, instruction publique, secours, monuments, théâtres ; etc.

Les missions des membres du Comité, aux armées ou ailleurs, modifiaient momentanément cette répartition.

pratique de la Constitution de 1793, qui eût restitué aux ministres la puissance exécutive (1). En attendant, la mauvaise volonté des agents du *Conseil exécutif* à l'égard du Comité, se manifestait par une guerre de sourdes chicanes. Les démagogues des bureaux de la guerre s'y montraient les plus hardis, et Vincent exprimait hautement leurs intentions : « Nous forcerons
» bien la Convention à organiser le gouvernement
» d'après la Constitution; nous sommes las d'être
» les valets du Comité de salut public. »

Il régnait en maître au ministère de la guerre, grâce à l'incapacité dont Bouchotte ne cessait de donner des preuves que Bourdon (de l'Oise), entre autres, signalait sans cesse à la Convention (2); mais le Comité de salut public reconnaissait en Bouchotte un républicain probe et

---

(1) Lorsque les Girondins avaient levé l'étendard de la guerre civile en provoquant les départements à l'insurrection, les Montagnards avaient compris qu'une Constitution serait envisagée comme annonçant un retour prochain dans la voie de la régularité, qu'elle concilierait les intérêts et qu'elle enlèverait tout prétexte rationnel aux discordances politiques. En conséquence, la Constitution de 1793 avait été rédigée *en dix jours* par Saint-Just, Barère, et surtout par Hérault de Séchelles.

(2) L'acharnement de Bourdon (de l'Oise), contre le ministre de la guerre et son secrétaire-général Vincent, provenait peut-être de la sincère conviction de leur incapacité, mais sans doute aussi des

laborieux (1), tandis qu'il voyait dans Vincent un des chefs les plus dangereux des *ultra-révolutionnaires.*

On nommait ainsi les énergumènes dont l'ambitieuse démence tendait à accumuler de nouvelles ruines sur celles qu'avait déjà amoncelées la Ré-

---

démêlés qu'il avait eus autrefois en Vendée avec le général Rossignol, protégé de Ronsin et de Vincent (Chapitre XXV).

Le 10 Frimaire (30 Novembre), dans une discussion relative à la responsabilité des agents du gouvernement, Bourdon (de l'Oise) s'exprima ainsi : « On observe avec raison qu'un ministre
» doit, chaque soir, se faire rendre compte du travail de ses bu-
» reaux; mais c'est ce que Bouchotte ne pourrait faire parce que,
» à ces heures, ses commis sont au club des Cordeliers ou ail-
» leurs à demander la tête des députés qui ont dénoncé quelques
» créatures des bureaux de la guerre...... »

Le 20 Frimaire (10 Décembre), il dit à la Convention : « J'ai
» déjà fait plusieurs fois la motion de détruire l'ancien ministère
» qui n'est qu'un reste de l'ancienne monarchie ; c'est dans les
» bureaux des ministères et surtout du ministère de la guerre
» qu'existe la contre-révolution. Ce sont eux qui se liguent avec
» la Commune de Paris pour calomnier et diffamer la Représen-
» tation nationale ;........ »

Le 23 Frimaire (13 Décembre) : «....... Qu'est-ce donc que
» cette infâme bureaucratie du ministère de la guerre ? Qu'est-ce
» donc que Bouchotte ? Quel est donc son pouvoir ? Est-il au-
» dessus de la Convention ? On n'ose pas dire qu'il laisse les lois
» sans exécution......... » Cette dernière explosion d'indignation provenait de ce que, depuis plusieurs mois, Bouchotte n'avait pas fait exécuter un décret de la Convention, qui lui enjoignait d'envoyer à Mayence l'argent nécessaire pour libérer et faire revenir un millier de soldats restés en ôtage jusqu'à l'entière exécution des conditions de la capitulation.

(1) Chapitre XXV.

volution. Leurs principaux chefs étaient Chaumette, procureur de la Commune, et son substitut Hébert, rédacteur du journal *Le père Duchesne*; ils avaient pour premiers acolytes des Cordeliers ou des Jacobins, tels que Momoro, *premier imprimeur de la liberté*, et l'ex-baron Prussien Anacharsis Clootz, *orateur du genre humain*. Les *Hébertistes*, ainsi qu'on les appelait, flattaient des passions faciles à émouvoir en soutenant la nécessité de certaines lois agraires ; mais ils étaient surtout prôneurs ardents du culte de la Raison. Suivant sa déplorable habitude, la Convention avait applaudi, lorsqu'une procession ridicule, accompagnée d'un redoutable cortége, lui avait triomphalement présenté la déesse de cette religion nouvelle; elle avait même décidé qu'elle se rendrait en corps dans le temple consacré à cette divinité de fabrication récente, bien que cet athéisme déguisé fut jugé par le plus grand nombre comme incompatible avec l'existence d'une nation.

L'exagération des ultra-révolutionnaires leur assurait le concours de la populace et du public turbulent assidu aux assemblées des Sections (1);

---

(1) Conformément au décret rendu par la Convention sous la pression de la Commune (9 Septembre), ces réunions au nombre

c'était *l'élément civil* de la force sur laquelle les Hébertistes croyaient pouvoir fonder la réussite de leurs projets subversifs.

L'élément militaire se composait de *l'armée révolutionnaire parisienne* dont les principaux commandants Ronsin, Boulanger, Parein et Mazuel, étaient, à divers degrés, les amis et les protégés de Chaumette, Hébert et Vincent.

Cette *armée* avait été créée en exécution d'un vote arraché à la Convention par la Commune en même temps que celui qui avait régularisé les assemblées des Sections (9 Septembre). Le Comité de salut public, récemment reconstitué, n'avait pas encore la puissance dictatoriale; il avait dû obéir à l'expression de la volonté de l'Assemblée nationale, en posant séance tenante les bases de cette organisation du désordre

---

de deux par Section, avaient lieu deux fois par décade. Ceux qui y assistaient recevaient une indemnité de quarante sols; les agitateurs aux ordres de la Commune étaient ainsi maîtres de ces assemblées, censées représenter la population Parisienne. Lorsqu'arrivaient dix heures, moment officiellement décrété pour la fermeture, les assistants ne se séparaient pas; ils continuaient leurs tapageuses délibérations, non plus comme *assemblée de section*, mais comme *société populaire*. C'est aussi sous ce dernier nom qu'ils se réunissaient tous les jours. A l'aide de ce subterfuge, on prétendait que la loi n'était pas violée, et la tourbe désorganisatrice évitait ainsi tout chômage.

armé. Carnot avait atténué le mal en restreignant à 6000 hommes l'effectif de cette dangereuse agglomération et en l'assujettissant aux formes militaires ; la Convention et le Comité de salut public dont le pouvoir grandissait chaque jour, avaient ensuite persisté à refuser à cette *armée* les guillotines ambulantes qu'elle demandait avec acharnement (1) ; c'est dans ces conditions que 1500 de ces bandits avaient été envoyés dans les départements voisins sous prétexte de veiller à l'approvisionnement de la capitale (2).

Pendant qu'ils les désolaient par des exactions de toutes sortes, la portion principale de l'*armée révolutionnaire* fit entendre à Paris des murmures qu'encouragaient secrètement la Commune et les ultra-révolutionnaires : « Notre *armée*, » disait la troupe de Ronsin « a été créée pour récompenser « les *patriotes ;* la position de soldat qu'on leur fait

---

(1) D'après les *Mémoires de Barère*, Robespierre fut le seul membre du Comité de salut public qui opina pour accorder des guillotines à l'*armée révolutionnaire*. Si ce fait est exact, il cacha quelque vue secrète, car il est en désaccord avec la politique de Robespierre qui n'était partisan de la terreur que lorsqu'il en avait le monopole. Peut-être voulait-il se créer un mérite personnel aux yeux de la Commune, pour mieux la tromper jusqu'au jour où il pourrait songer à l'abattre.

(2) Chapitre XXVIII.

» n'est pas en rapport avec leur mérite, leurs justes
» désirs et les espérances qu'on leur a données; une
» augmentation nombreuse est nécessaire, etc. »
Mais alors, le Comité de salut public était devenu dictateur; un décret que la Convention rendit séance tenante, sur sa proposition, repoussa ces dangereuses prétentions (9 Brumaire — 30 Octobre)(1); on prévint en même temps les conséquences possibles du redoublement de mauvaise humeur qu'il allait entraîner, en éloignant une partie de cette dangereuse milice. Les Représentants du peuple, chargés de procéder à la destruction de la ville de Lyon, demandaient qu'on leur envoyât une *colonie de patriotes pour y réchauffer l'esprit républicain:* en vertu d'une autre décision provoquée comme la précédente par le Comité, le général en chef, Ronsin, reçut l'ordre de se mettre immédiatement en route pour Lyon avec une division

---

(1) *Décret rendu par la Convention :*

« *L'armée révolutionnaire parisienne* est, comme toutes les
» autres armées de la République, soumise aux lois militaires.

» Les citoyens qui en font partie et qui refuseront de s'y assu-
» jettir, seront rayés du tableau de l'armée et rendront l'arme-
» ment et l'équipement qui leur ont été distribués.

» Les autres détails relatifs à la solde et à l'organisation de
» *l'armée révolutionnaire* seront renvoyés au comité de salut
» public, qui est autorisé à statuer définitivement. »

d'infanterie et de cavalerie (2,000 hommes environ) soutenue par 800 canonniers.

On sait ce que cette *colonie de patriotes* fit dans la malheureuse ville; elle guillotina, fusilla et mitrailla. Bientôt Paris reçut la nouvelle de ces massacres que les énergumènes représentaient comme des triomphes remportés sur la Réaction (1); mais les récits de ces hideuses exé-

---

(1) *Procès verbal de la séance du 27 Frimaire* (17 Décembre) *du Conseil général de la Commune de Paris.*

. . . .

Le Conseil entend la lecture suivante :
« Commune affranchie, 22 Frimaire.

« ......Les représentants du peuple ont substitué au deux tri-
» bunaux révolutionnaires qu'ils avaient créés, un comité de sept
» juges ; cette mesure était indispensable ; les deux tribunaux
» sans cesse embarrassés par les formes, ne remplissaient pas les
» vœux du peuple ; les prisonniers entassés dans les prisons, les
» exécutions partielles ne faisaient plus que peu d'effet sur le
» peuple. Le comité des sept juge sommairement et sa justice
» est aussi éclairée qu'elle est prompte.

» Le 14 Frimaire, soixante de ces scélérats ont subi la peine
» due à leurs crimes par la fusillade.

» Le 15, deux cent huit ont subi le même sort.

» Le 17, on a acquitté soixante innocents avec autant d'éclat
» qu'on en donne à la punition des coupables.

» Le 18, soixante-huit rebelles ont été fusillés, et huit ont été
» guillotinés.

» Le 19, treize ont été guillotinés.

» Le 20, cinquante innocents ont été mis en liberté.

» Le 21, la fusillade en a détruit en masse cinquante-trois.

» Sous peu, les coupables de Lyon ne souilleront plus le sol de
» la République.

» Nous faisons chaque jour des découvertes d'or et d'argent. Le

cutions excitaient dans la majeure partie de la population des sentiments d'horreur et de compassion : c'était une nouvelle cause ajoutée à celles qui tendaient à développer le *modérantisme*.

Elles étaient nombreuses et influençaient une partie des Conventionnels. Les uns déploraient tout bas les morts récentes des Girondins, de Brunet, de Houchard, etc., dont la culpabilité leur semblait plus que douteuse; d'autres craignaient d'être frappés à leur tour ; quelques-uns aspiraient secrètement à un régime qui leur permit de jouir ouvertement de fortunes acquises à la faveur de la perturbation générale ; la raison et le véritable patriotisme d'un certain nombre s'effrayaient de voir s'élargir sans cesse la voie sanglante de la Révolution ; enfin, plusieurs n'envisageaient les idées d'humanité et de pardon que comme une arme propre à combattre avec succès le Comité de salut public.

Quels que fussent les motifs de Danton pour devenir l'apôtre de la clémence, les *Modérés* reçu-

---

» total des matières d'or et d'argent trouvées dans les caves vous
» étonnera, lorsqu'il vous sera connu. »
    Signé: Pelletier, commissaire national.

Le Conseil applaudit aux détails contenus dans cette lettre et en arrête la mention au procès-verbal.

rent le nom de *Dantonistes* par opposition aux Hébertistes. Chacun de ces deux partis redoutait et flattait Robespierre. Il avait accaparé dans le *gouvernement révolutionnaire* la direction exclusive de la politique intérieure ; il allait exciter le zèle et même assister aux opérations du Comité de sûreté générale (1), entièrement séparé du Comité de salut public et seul chargé de l'exécution des décrets d'arrestation, des mises en jugement et de tout ce qui ressortait de la loi des *suspects*. Il était devenu orateur habile et son influence était, sinon sans rivale, du moins sans égale au club des Jacobins ; aussi était-il sans cesse occupé à les diriger, soit en leur indiquant le but à atteindre, soit en les trompant sur ses desseins. Il couvait des projets de régénération avec une dissimulation qui ne fut égalée que par son ambition et par son impuissance ; mais son premier but était d'assurer la prédominance exclusive du Comité de salut public : et, pour y parvenir, il était secrètement résolu à agir impitoyablement envers les factions qu'il ne pourrait intimider ou amener à composition. Au terme de cette voie sanglante, son esprit faux entrevoyait pour la France un bonheur imaginaire

---

(1) *Mémoires* de Barère.

calqué sur les utopies de J.-J. Rousseau, et pour lui-même, les ineffables satisfactions que dispense le pouvoir à ceux dont la passion principale est l'amour de la domination. La réussite de ses desseins exigeait autant d'hypocrisie que de tenacité ; aussi, lorsque s'ouvrit cette lutte qui devait causer successivement la mort de tous ceux qui y prirent part, Robespierre, pérorant devant les Jacobins, louait le patriotisme d'Hébert et défendait Danton alors dépopularisé et accusé de tiédeur pour la Révolution.

Dans ces circonstances, Camille Desmoulins, obéissant à l'impulsion de Danton, commença la publication du *Vieux Cordelier*. Mélange de servilité et de hardiesse, de tentatives rétrogrades et de déclamations révolutionnaires (1), cette œuvre est un symptôme caractéristique de l'incertitude et de l'indécision de l'écrivain, en présence d'une situation que la progression des évènements rembrunissait chaque jour davantage pour lui et pour ses amis. Mais ces contradictions, flagrantes aujourd'hui (2), disparaissaient alors devant le fait principal, ou plutôt, les réticences révolution-

---

(1) *Camille Desmoulins.* — *Portraits politiques et révolutionnaires*, par M. Cuvillier Fleury.

(2) Le premier numéro du *Vieux Cordelier* encensa Robes-

naires de Camille étaient considérées comme une sorte de passe-port pour l'appel à la clémence qu'elles accompagnaient. Tous ceux que menaçaient l'incarcération et la mort, exaltèrent l'écrivain qui osait maudire la tyrannie et réclamer une liberté manifestée enfin par le bonheur; l'espoir se glissa dans les prisons, et le débit du *Vieux Cordelier*, atteignant un chiffre prodigieux (1), excita vivement les appréhensions de l'ombrageux Robespierre.

Le Comité de salut public eût pourtant alors incliné à la clémence, s'il eût cru pouvoir le faire sans compromettre les intérêts du pays, solidaires à ses yeux de sa propre conservation; mais en présence de tant d'ennemis, il n'osait pas suspendre le cours des rigueurs qu'il jugeait indispensables pour maintenir son gouvernement et forcer à l'obéissance une nation qui ne reconnaissait plus volontairement aucun frein. D'ailleurs, l'initiative prématurée des Dantonistes à faire parler la voix de l'humanité, portait

---

pierre (15 Frimaire—5 Décembre), sous l'inspiration duquel fut écrit le second qui était dirigé contre les Hébertistes (20 Frimaire — 10 Décembre); etc.

(1) Un numéro fut, dit-on, tiré à cinquante mille exemplaires.

atteinte à ses attributions de dictateur. Les Modérés constituaient donc pour lui une faction dirigée par des chefs dont l'imprudence ou l'ambition créait une opposition de plus dans un moment déjà trop difficile. Mais ces chefs étant d'anciens amis révolutionnaires, quelqu'incident inattendu pouvait opérer un rapprochement entre eux et le Comité; comme adversaires déclarés, ils eussent été des plus dangereux : Danton, affaibli pour le moment, pouvait redevenir terrible, et le nom de Camille Desmoulins était extrêmement populaire. Enfin, leur concours était précieux pour combattre les Hébertistes, les Athéistes, la Commune et toute cette engeance pour laquelle Robespierre avait autant de haine que de mépris. La politique, plus encore que les relations passées, motivait donc les ménagements dont le redoutable tribun usa d'abord à l'égard de ses anciens confrères en révolution

Ainsi le Comité de salut public comptait pour ennemis : les royalistes, les aristocrates, les agents de l'étranger et tous les réactionnaires. La Commune, le Club des Cordeliers, les bureaux de la guerre, l'*armée révolutionnaire*, les Athéistes, Hébertistes et ultra-révolutionnaires aspiraient à le renverser. Les divers Ministères lui étaient plus ou moins hostiles. Enfin, les Modérés et les Dantonistes lui créaient une opposition puissante par le drapeau qu'elle arborait. Pour résister à un tel concours d'adversaires, le Comité avait pour appuis la Convention et le Club des Jacobins ; mais il fallait sans cesse réparer les écarts politiques auxquels la première se laissait entraîner, et Robespierre ne restait maître du second qu'en déployant de continuels efforts. Le principal moyen d'action du *gouvernement révolutionnaire* fut la crainte; il l'inspira par les *comités révolutionnaires* et par la guillotine.

20,500 comités révolutionnaires fonctionnaient à Paris et dans les départements (1); chacun d'eux était composé de cinq membres,

---

(1) Les comités révolutionnaires avaient pris naissance dans les Sections de Paris; d'abord contesté, leur pouvoir fut ensuite admis, puis encouragé par la Convention. Paris eut ainsi quarante-huit comités révolutionnaires auxquels fut délégué le droit de faire incarcérer les citoyens, attribution réservée exclusivement dans l'origine au Comité de surveillance et de sûreté générale. Les efforts de Danton et de Legendre portèrent le Comité de législation à proposer à l'Assemblée l'établissement de 50,000 comités semblables pour toute la France; mais 20,500 seulement furent en activité. Chacun d'eux était composé de cinq membres, et chaque membre devait recevoir une indemnité journalière qui, d'abord de 3 livres, fut ensuite élevée à 5 livres. C'était une dépense de 512,500 livres par jour.— *Mé-*

portefaix, maçons, savetiers, etc. Ces ineptes aréopages partageaient avec le Comité de sûreté générale le droit de disposer de la liberté des citoyens. La populace aimait ce régime qui faisait d'elle un agent du gouvernement; elle déployait une jactance horrible ou burlesque dans ces fonctions qui lui permettaient de satisfaire sa haine contre ceux qu'elle avait enviés autrefois : les vengeances particulières et toutes les passions basses contribuaient à remplir les prisons.

Quant à la guillotine, elle avait, pour ainsi dire, frappé par accès avant que Robespierre entrât au Comité de salut public; mais lorsqu'il prit la direction de la politique intérieure, il imprima aux supplices une marche régulière qui ne s'arrêtait guère que les *décadis*. Cependant, en comparaison de l'horrible rapidité qu'elle acquit plus tard, la hideuse machine fonctionnait alors avec *lenteur;* sauf quelques exécutions exceptionnelles par leur nombre, dont la plus fameuse fut celle des Girondins (10 Brumaire. — 31 Octobre), la

---

moires de Barère. — *Causes de la Révolution Française* par Granier de Cassagnac.

On doit ajouter que ces comités ne furent jamais payés, mais qu'ils s'indemnisèrent largement eux-mêmes du traitement qu'ils ne touchaient pas.

Place de la Révolution était journellement ensanglantée par la mort d'une, deux ou trois victimes (1). Danton disait que Robespierre tuait *à coups d'épingles.*

Un fait remarquable complétait l'étrangeté et les difficultés de la situation du *gouvernement révolutionnaire* : le Comité dictateur n'avait à sa disposition aucune force armée dont il put tirer un parti efficace. Les seuls Corps de troupes à Paris pendant les luttes qu'il soutint, furent : la Gendarmerie des tribunaux, les Grenadiers-gendarmes de la Convention, *l'armée révolutionnaire*, la Garde nationale et les Canonniers des Sections.

La Gendarmerie des tribunaux n'avait qu'un effectif restreint et indispensable à ses fonctions spéciales. Les Grenadiers-gendarmes, chargés du service d'honneur auprès de la Convention, étaient partis pour la Vendée depuis six mois ; l'époque de leur retour dépendait des péripéties de la guerre.

L'armée révolutionnaire, loin de pouvoir être appelée à défendre le Comité, constituait un dan-

---

(1) *Moniteur universel.* — *Liste des condamnés à mort par le tribunal révolutionnaire.*

ger permanent qu'il avait atténué en envoyant à Lyon la moitié de ce dangereux contingent; mais la partie qui était restée à Paris suffisait pour justifier la défiance la plus fondée. Une foule de sacripants à plumet, déserteurs des armées, faisaient cause commune avec elle et avaient adopté ses épaulettes de laine ; leurs figures patibulaires, leurs longues moustaches et leurs grands sabres inspiraient de l'effroi à la population qui les désignait sous le nom d'*épauletiers*. Sur la proposition du Comité de salut public, la Convention avait rendu plusieurs décrets qui enjoignaient de renvoyer aux armées tout militaire séjournant à Paris ; mais le secrétaire général de la guerre, Vincent, en entravait l'exécution afin de conserver sous sa main les bandits, soi-disant militaires, sur le concours desquels il comptait pour réaliser ses projets subversifs.

La Garde nationale n'existait plus, pour ainsi dire, bien que son organisation réglementaire en six Légions et en quarante-huit Sections armées subsistât officiellement. Sa dernière prise d'armes considérable avait eu lieu le 2 Juin, lorsqu'elle avait entouré la Convention de 80,000 piques ou baïonnettes, en la forçant, sans le savoir ni le vouloir, à décréter l'arrestation des Girondins (1). Ceux qui ne paraissaient dans ses rangs que par absolue nécessité, étaient ensuite rentrés dans leur inertie habituelle. Aussi, neuf jours après, les 80,000 Sectionnaires armés ayant été convoqués pour élire un commandant général, 15,000 seulement avaient pris part au scrutin ; 9,000 avaient donné leur voix au misérable Hanriot ; les suffrages des autres s'étaient portés sur un citoyen estimable, Raffet, commandant du bataillon de la Butte-des-Moulins, qui représentait le parti révolutionnaire modéré (2).

---

(1) Chapitre XXII.
(2) Chapitre XXII.
« . . . . . Raffet devint son compétiteur (d'Hanriot). On sait
» ce qui se passa alors dans les Sections, aux Jacobins et à la Com-
» mune ; comment on venait aux assemblées ; comment on fai-
» sait des listes de proscription de ceux qui avaient le courage
» de se prononcer pour son concurrent, et qu'on nomma les *Raf-*
» *fétiens* ; comment la Commune fit recommencer les scrutins,
» quoique valides, jusqu'à ce qu'Hanriot eut été nommé.
» Mais ce que tout le monde ne sait pas, c'est que Raffet fut
» obligé de fuir ; c'est que sa tête fut mise à prix, 100,000 écus ;
» c'est que Raffet, arrêté à Châlons et incarcéré, fut assez heu-
» reux pour échapper, à l'aide du faux nom de Nicolas qu'il avait
» pris ; c'est que lors de cette nomination si fatale d'Hanriot, il
» y eut 600,000 livres prises sur les dépenses secrètes, dont
» 100,000 livres furent versées dans les mains d'Hanriot, et le
» reste distribué. » — *Rapport fait au nom des Comités de salut public et de sûreté générale sur les évènements du 9 Thermidor an II, par E. B. Courtois, député de l'Aube.*

Dès lors, *avoir voté pour Raffet* devint un terme de mépris et de menace de la part des dignes partisans d'Hanriot ; des énergumènes demandèrent même que ceux qui s'en étaient rendus coupables fussent poursuivis comme contre-révolutionnaires. Le Conseil de la Commune repoussa cette étrange proposition ; mais les prétendus réactionnaires, continuellement en butte aux injures et aux mauvais traitements, finirent par se retirer tout-à-fait, et Hanriot n'eût plus à commander que de *purs patriotes* auxquels on alloua 40 sols par jour. Cette mesure était justifiée par un décret, obtenu autrefois de la Convention, en vertu duquel il devait être créé dans chaque ville une garde salariée composée des citoyens les plus pauvres.

Les *frères d'armes* d'Hanriot exerçaient surtout un service inquisitorial. C'était eux qui vérifiaient les *cartes de civisme* que chaque citoyen devait exhiber aux patrouilles après onze heures du soir ; ils étaient aussi chargés de faire entrer aux corps de garde, pour qu'il y apposât sa signature, tout individu attardé après minuit. Ils concouraient aux arrestations commandées journellement par le Comité de sûreté générale et par les comités révolutionnaires. Ils gardaient aussi les barrières; mais ils y déployaient parfois un excès de fraternité qui les portait à franchir la ligne de démarcation tracée par l'égoïsme autour de la propriété individuelle. Hanriot était obligé de leur rappeler qu'ils ne devaient pas s'emparer de ce qui appartient à autrui, et il les engageait à supporter *cette petite privation, pour faire taire les malveillants* (1). Ces considérations expliquent le soin méticuleux que l'on apportait à choisir les 96 Sectionnaires armés qui, avec deux pièces de canon, constituaient la garde de l'Hôtel des Monnaies. Elles justifient aussi la précipitation avec laquelle les marchands du Palais Égalité se hâtaient de clore leurs boutiques, lorsqu'Hanriot faisait cerner le jardin pour faire un *fameux coup de filet sur les muscadins* (2).

---

(1) *Ordre général* (26 Ventôse — 16 Mars.)

« . . . . . Le service des barrières s'est assez bien fait cette nuit ;
» j'invite mes frères d'armes à ne s'emparer d'aucune denrée
» quelconque. Cette petite privation fera taire les malveillants
» qui cherchent sans cesse l'occasion de nous humilier.

» . . . . . Mes frères d'armes, soyez toujours grands, sublimes
» et surveillants.   HANRIOT.

» . . . . . La garde des barrières ne doit point s'emparer de ce
» qui appartient à autrui . . . . . »   HANRIOT.

(2) Les appréhensions des marchands étaient exagérées, si l'on en juge par le rapport d'une de ces expéditions, qu'Hanriot adressa à la Commune, le 19 Ventôse (9 Mars 1794) :

« J'avais convoqué hier douze cents citoyens dont quatre cents

Les compagnies à cheval de la Garde nationale avaient complètement disparu par l'effet des réquisitions pour la cavalerie des armées. L'artillerie de Paris, au contraire, avait conservé l'esprit de corps et l'homogénéité dont elle avait été douée dès l'origine. La moitié avait été adjointe à *l'armée révolutionnaire parisienne*, en vertu du décret d'organisation ; l'autre moitié regrettait de ne pas avoir été également l'objet de cette faveur qu'elle avait ambitionnée (1) ; c'est dire que tous les canonniers Parisiens étaient disposés à faire cause commune avec les ultra-révolutionnaires.

Le Comité de salut public n'ayant ainsi à sa disposition aucune force armée, Robespierre employa pour combattre les factions le prodigieux esprit d'astuce et de perfidie dont il était doué.

» canonniers ; je les ai conduits aujourd'hui vers trois heures au-
» tour du palais ci-devant royal ; il a été cerné en un instant.
» Aussitôt cent trente muscadins ont été arrêtés. Ce ne sont pas
» des sans-culottes, ils sont gras et bien dodus ; .... on a
» transféré ces petits messieurs aux Petits-Pères.
» A notre arrivée, les marchands voulaient fermer leurs bou-
» tiques ; je m'y suis opposé. Alors, ils les ont laissées ouvertes,
» et après l'opération, je leur ai demandé si on leur avait volé
» quelque chose ; ils m'ont répondu que non. Tout est tran-
» quille, tout va le mieux du monde,...... »

(1) Chapitre XXVI.

S'il lui eût fallu agir autrement, il n'eût sans doute pas triomphé aussi longtemps, car il était dépourvu de courage physique; il s'était, dit-on, caché dans une cave le jour où l'assaut fut donné aux Tuileries, et, dans les moments suprêmes, on ne le vit jamais incliner vers un de ces coups hardis qui peuvent également conduire leur auteur au succès ou à la mort.

Ronsin, méprisable sous certains rapports, avait de l'esprit et de l'audace; il ne s'était pas mépris sur le but de l'ordre qui l'avait envoyé à Lyon avec une partie de *l'armée révolutionnaire*; aussi, lorsqu'il y eut conduit et installé ses *troupes*, il revint à Paris dans les premiers jours de Frimaire. L'espèce d'exil dont il venait d'être victime l'avait irrité; sa réunion avec son ami particulier, Vincent, eut pour effet naturel d'accroître leurs tendances subversives et de les porter à hâter la réalisation de leurs projets ultra-révolutionnaires. Pour premier acte, ils firent placarder sur les murs de Paris une affiche où les passants épouvantés lisaient que parmi les 140,000 habitants de Lyon, 1500 seulement n'étaient pas complices de la rébellion, et qu'avant la fin de

Frimaire, les cadavres de tous les autres seraient portés par le Rhône jusqu'à Toulon.

En même temps, l'*armée révolutionnaire*, les *épauletiers* et les autres chenapans militaires redoublèrent d'insolence. Dans les cafés, les spectacles et les promenades, ils insultaient les citoyens paisibles et les femmes (1), tiraient leurs sabres à tout propos, et parlaient haut de *leur ministre* Vincent et de *leur général* Ronsin, qui allaient sous peu, disaient-ils, devenir les principaux personnages de la République.

Robespierre ourdit, contre les deux chefs ainsi désignés, une trame d'autant plus habile que les députés qui y coopérèrent ne se doutèrent pas d'abord qu'une main cachée en réunissait tous les fils. Le plan en était simple; il fut le même à l'égard de chacun de ces deux ennemis du Comité de salut public : il consista à exciter l'indignation de la Convention contre l'*armée révolutionnaire*, pour obtenir un décret d'emprisonnement qui mit Ronsin hors d'état de nuire, et contre le ministère de la guerre, pour arriver au même résultat à l'égard de Vincent.

---

(1) Grammont, fils de l'acteur du Théâtre-Français et sous-lieutenant de l'*armée révolutionnaire*, donna un soufflet à une femme, dans une salle de spectacle, parce qu'elle n'avait pas de cocarde tricolore à son bonnet.

Le 23 Frimaire (13 Décembre), Barère annonce à la Convention que le Comité de salut public dont les pouvoirs mensuels expirent, prie l'Assemblée de s'occuper de son renouvellement. Cette soumission apparente amène le résultat ordinaire : un Montagnard représente que l'on ne peut encore sans crainte *déplacer le centre du gouvernement révolutionnaire*, et l'Assemblée proroge d'un mois la mission des gouvernants. Le lendemain du jour où l'omnipotence du Comité a reçu cette confirmation nouvelle, l'attaque indirecte qui doit aboutir à Vincent et à Ronsin, éclate à la tribune. Le moment est propice; l'affiche qui a terrifié les Parisiens et l'effroi causé par l'audace croissante des *épauletiers*, assurent la faveur de l'opinion à toute accusation dirigée contre les ultra-révolutionnaires militaires.

Le montagnard Lecointre prend la parole :
« Dans les premiers jours de Brumaire, des dé-
» nonciations ont été portées à la Convention
» contre des excès commis par une force armée,
» *se disant révolutionnaire*, et commandée par
» Turlot, ex-aide de camp du général Hanriot.
» Diverses communes du district de Meaux ont
» été victimes de ces brigandages; mais à Corbeil,
» il s'est commis des infamies qui font horreur

» Le 9 Brumaire (30 Octobre) (1), un nombreux
» détachement, *se disant aussi de l'armée révolu-*
» *tionnaire*, a envahi la ferme de Gilbon, cultiva-
» teur de soixante et onze ans, faisant valoir trois
» charrues à Tigery, près Corbeil. Ce laboureur,
» sa femme et huit domestiques ont été assaillis,
» frappés et garrottés; les meubles ont été brisés
» et l'argenterie a été enlevée ; puis, Gilbon
» n'ayant pas voulu indiquer le lieu où il avait
» caché une somme reçue le jour même en échange
» du blé livré à la réquisition, les brigands lui ont
» exposé la plante des pieds devant un brasier
» ardent. Vaincu par la torture, Gilbon a livré
» son secret; les bandits se sont emparés de tout
» ce qu'il possédait : soixante-douze livres en nu-
» méraire et six mille en assignats; enfin, avant
» de se retirer, ils ont commis toutes sortes de
» dévastations, ouvert les robinets des tonneaux
» dans les caves, etc. » Lecointre dépeint ensuite
la terreur qu'inspirent dans les campagnes les
détachements de l'*armée révolutionnaire*, et, sur

---

(1) Cette date est un des nombreux indices qui démontrent qu'on avait attendu le moment opportun pour signaler ces atrocités. Le crime avait été commis le 9 Brumaire à dix lieues de Paris, et on le signalait cinq semaines après. Dans l'intervalle, le Comité de salut public avait vu deux fois renouveler ses pouvoirs.

sa proposition, la Convention renvoie l'examen des faits à ses Comités de salut public et de sûreté générale réunis, avec injonction de lui présenter, dans trois jours, un rapport à ce sujet.

Dans l'intervalle, les feuilles périodiques entretiennent l'indignation générale en portant à la connaissance de tous, ce qu'elles eussent pu faire beaucoup plus tôt, qu'un détachement de l'*armée révolutionnaire parisienne* a imposé une taxe de 25,000 livres aux habitants de Melun, et que ceux de Corbeil ont dû fournir de même 30,000 livres. En outre, le III° numéro du *Vieux Cordelier* est publié (25 Frimaire – 15 Décembre); de violentes attaques contre les proscriptions et l'échafaud s'y ressentent de l'énergie de Danton; elles sont rachetées par des approbations données au tribunal révolutionnaire; le désir de plaire à Robespierre, et peut-être même son instigation secrète, s'y manifeste par des attaques dirigées contre Vincent (1).

Le jour où la Convention aurait dû entendre

---

(1) « .... Je n'ai point prétendu faire d'application à per-
» sonne dans ce numéro. Ce ne serait pas ma faute si M. Vincent,
» le *Pitt* de *Georges* Bouchotte, jugeait à propos de s'y recon-
» naître à certains traits; mon cher et brave collègue Philippeaux
» n'a pas pris tant de détours pour lui adresser des vérités bien
» plus dures. » — III° numéro du *Vieux Cordelier*.

le rapport qu'elle a demandé sur l'*armée révolutionnaire*, ce document n'est pas produit; mais les inculpations qui doivent amener l'accusation contre Vincent, sont portées à la tribune.

C'est encore Lecointre qui parle le premier (27 Frimaire-17 Décembre). Cette fois, il s'élève contre les abus de pouvoir des agents du *Conseil exécutif*, c'est-à-dire des ministres. L'un d'eux, dit-il, s'est emparé à Saint-Germain de dépêches qu'un courrier apportait à la Convention. Un autre député apprend à l'Assemblée que cet agent lui a suscité, dans le même lieu, une foule de difficultés au sujet de son passe-port. Des faits analogues, survenus à Longjumeau et ailleurs, sont cités pour confirmer ces assertions, et présentés comme des preuves évidentes d'une lutte que certains agents des ministères persistent à soutenir, en haine du *gouvernement révolutionnaire*.

Couthon résume la discussion; sur sa proposition, la Convention décrète que le Comité de salut public lui fera un rapport tendant à la suppression du *Conseil exécutif*, et, lorsque les ministres et leurs principaux agents sont ainsi dépouillés de tout prestige, Fabre d'Églantine porte le dernier coup : « Quand vous cherchez à vain-

» cre les obstacles qui s'opposent à la marche
» du *gouvernement révolutionnaire,* » s'écrie-t-il,
« il est bien étonnant qu'on ait oublié d'ap-
» peler votre attention sur un homme qui ne
» fait que du mal depuis qu'il est au ministère
» de la guerre. Partout, Vincent parle en maître
» et se fait obéir. Il a à ses ordres des clubs de
» coupe-jarrets qui sont la terreur des quartiers
» environnants...... Avez-vous vu l'affiche dont
» sont tapissés tous les murs de Paris?...... C'est
» Vincent qui paye des agents pour entraver vos
» opérations ; c'est à lui qu'il faudrait demander
» compte des permissions secrètes qui autorisent
» des hommes en réquisition à rester à Paris,
» malgré toutes les lois...... Je demande qu'il
» soit mis en arrestation. » D'autres députés réclament la même mesure contre le chef de l'*armée
révolutionnaire,* et la Convention décrète que
Ronsin et Vincent seront incarcérés (1).

Ainsi, Robespierre a atteint son but sans avoir

---

(1) Ce décret d'arrestation comprenait aussi Maillard qui avait figuré d'une manière si horrible dans les massacres de Septembre. Cet individu avait été, pendant quelque temps, le chef d'une soixantaine d'espions que le Comité de sûreté générale envoyait dans les assemblées des Sections parisiennes. Lorsqu'on lui avait retiré cette fonction, il était devenu un des principaux agents occultes de Vincent..

figuré dans ces débats; c'est la Représentation nationale qui, dans une séance publique et après une libre discussion, a ordonné l'emprisonnement des deux agitateurs ; les dénonciations, dont les ultra-révolutionnaires poursuivront évidemment les accusateurs de Vincent et de Ronsin, ne pourront donc le concerner personnellement. Le Comité de salut public est également dégagé de toute responsabilité, puisqu'il n'a même pas présenté à la Convention le rapport qu'elle lui a demandé, trois jours auparavant, sur les excès commis par l'*armée révolutionnaire parisienne.*

La dispersion de cette redoutable force au service des ultra-révolutionnaires est cependant un des buts secrets du Comité de salut public; mais il n'est pas encore temps d'agir contre elle; d'ailleurs une partie notable sert en ce moment la politique du *gouvernement révolutionnaire*, en procédant à Lyon aux terribles exemples destinés à épouvanter les fauteurs de rébellion. Il n'en est pas de même des *armées* de même espèce qui se sont formées spontanément dans l'Ariége, la Gironde, la Haute-Garonne, le Haut-Rhin, etc. Les malfaiteurs et les déserteurs, réunis en armes sous cette dénomination, oppriment et pillent les habitants sans aucune utilité pour le gouvernement. Ainsi, à Saint-Girons (Ariége), la population est plongée dans la terreur par une de ces bandes qui a établi une pièce de canon sur la principale place de la ville.

Plusieurs députés obéissant à l'impulsion reçue, dépeignent les excès que commettent ces *armées révolutionnaires*, et la Convention en décrète le licenciement : « Si elles ne se dispersent
» pas immédiatement, les officiers seront punis
» de mort, et les soldats de dix années de fers. Il
» n'y a qu'une seule *armée révolutionnaire*; c'est
» celle qui a été organisée à Paris. »

Cette consécration nouvelle de l'*armée révolutionnaire parisienne*, lorsqu'elle vient d'être vigoureusement attaquée à la tribune, est de nature à plaire au parti le plus violent ; cependant, il est certain que cette impression ne contrebalancera pas l'effet de l'arrestation de Ronsin et de Vincent. L'important est de disposer favorablement le Club des Jacobins ; il est convoqué en séance extraordinaire (1). Robespierre, son oracle habituel dans les cas difficiles, persiste dans l'abstention où il s'est tenu jusque-là ; mais il est

---

(1) La société des Jacobins se réunissait, d'ordinaire, tous les deux jours.

remplacé par son séide Couthon, qui fait part à la Société de la mesure prise par la Convention. Les amis de Ronsin et de Vincent n'étant pas préparés à les défendre, leurs réclamations se ressentent de leur surprise : elles manquent d'ensemble et sont momentanément étouffées par les protestations de Bourdon (de l'Oise) et de Laveaux, ennemis particuliers des deux chefs ultra-révolutionnaires (1); Fabre d'Églantine soutient aussi les paroles qu'il a prononcées le matin à la Convention. Néanmoins, la masse des Jacobins reste indécise ; la séance finit de bonne heure, et les clubistes de bonne foi, mais à courte vue, se retirent sans pouvoir s'expliquer l'énigme que cache l'arrestation des deux fameux *patriotes*.

A cette époque, la France recueillait déjà les

---

(1) Laveaux, rédacteur du *Journal de la Montagne*, avait été nommé par Bouchotte, chef de bureau au ministère de la guerre. Il eut, avec Vincent, un démêlé à la suite duquel on lui retira cette place ; en même temps, on cessa d'envoyer son journal aux armées, ce qui le força à en suspendre la publication. Une discussion envenimée qui eut lieu, à ce sujet, au club des Jacobins (13 Vendémiaire — 4 Octobre) confirma ce que l'on savait déjà de l'irrégularité, des désordres, des injustices et des trafics qui infestaient les bureaux de la guerre sous le ministère de Bouchotte.

La note de la page 8 indique les causes probables de l'acharnement de Bourdon (de l'Oise).

fruits éclatants du génie de Carnot. Sur tous les points importants, la République triomphait des armées ennemies.

Après la bataille de Wattignies (25 Vendémiaire-16 Octobre), qui força les Impériaux à débloquer Maubeuge (1), le Comité de salut public enjoignit à Jourdan de faire manœuvrer les armées du Nord et des Ardennes, de manière à envelopper les Coalisés entre l'Escaut et la Sambre, sur le territoire même qu'ils avaient envahi. L'abondance des pluies, le mauvais état des chemins, la fatigue et le délabrement des troupes, opposèrent des obstacles invincibles à cette opération stratégique (2); les deux armées prirent en conséquence leurs quartiers d'hiver sous l'influence prestigieuse qui résultait pour elles de la victoire de Wattignies.

Dans l'Ouest, l'armée Vendéenne, forcée par Kléber de s'éloigner de la Loire (14 Frimaire-4 Décembre) (3), traverse La Flèche en se diri-

---

(1) Chapitre XXIX.

(2) Jourdan et Carnot qui était venu en personne pour assurer le succès de la journée de Wattignies, avaient prévu ce résultat; mais le Comité de salut public, glorieux de la victoire, avait envoyé des ordres auxquels on dut tenter d'obéir.

(3) Chapitre XXIX.

geant vers le Mans, où elle espère trouver des moyens de subsistance; elle n'a plus ni vivres, ni voitures, ni souliers; une épidémie la décime, et de nombreuses désertions l'affaiblissent chaque jour. Les cadavres, dont elle jonche sa route, guident Westermann qui, à la tête de l'avant-garde républicaine, la poursuit avec sa furie ordinaire. Le jeune général en chef, Marceau, qui marche avec le corps de bataille, se laisse parfois entraîner par l'aveugle impétuosité du hardi partisan qui le précède; heureusement Carnot lui a laissé pour guide Kléber, dont la froide expérience est toujours là pour tout réparer.

Le Mans n'étant défendu que par 3,000 gardes nationaux, les Vendéens s'en emparent sans difficulté; mais Westermann y arrive presque aussitôt; Marceau et Kléber le suivent (22 Frimaire-12 Décembre), et l'armée royaliste est encore chassée de ce refuge. Marchant jour et nuit, elle traverse Laval, Château-Gontier, Ségré, et arrive à Ancenis, où elle veut encore une fois tenter le passage de la Loire pour se retrouver enfin en Vendée (26 Frimaire-16 Décembre). Toutes les barques ont été enlevées sauf quelques bateaux remplis de foin qu'on aperçoit à l'autre bord : La Rochejaquelein, Stofflet et quelques hommes montent dans une nacelle qu'ils ont apportée et traversent le fleuve pour s'emparer de cette ressource suprême. A peine commencent-ils à débarrasser ces bateaux de leur chargement, que des détachements républicains les forcent à s'éloigner, tandis que la masse confuse des Vendéens rassemble sur la rive opposée, des planches, des poutres et des tonneaux pour construire des radeaux. Cependant une voile qui apparaît à l'horizon augmente l'anxiété générale ; elle approche ; c'est une chaloupe canonnière envoyée de Nantes, qui s'embosse vis-à-vis de l'armée fugitive pour défendre le passage ; on entend au même moment résonner à l'arrière le canon de Westermann.

La multitude royaliste épouvantée prend, en désordre, le chemin de Nort et de Blain, et s'arrête à Savenay dans l'impossibilité d'aller plus loin. Ses implacables ennemis y arrivent presqu'en même temps ; Westermann veut attaquer sans différer ; il fait partager son avis à Prieur (de la Marne), membre du Comité du salut public, qui accompagne l'armée ; Marceau est sur le point de se ranger à leur opinion, mais Kléber s'y oppose opiniâtrement : il ne veut pas, ainsi que cela a déjà eu lieu si souvent, compromettre par trop de précipitation le succès qui est certain pour le lendemain. En conséquence, tous deux s'occupent activement des dispositions préparatoires, quand un courrier apporte une dépêche dont le contenu tend à détruire encore une fois le résultat de leurs efforts.

Lorsque Marceau avait été nommé général de division, il n'avait été investi des fonctions de commandant en chef que provisoirement et en attendant la venue du titulaire, Turreau, alors à la tête de l'armée des Pyrénées-Orientales (1). Les

---

(1) « Turreau avait commencé sa carrière militaire au mois de Septembre 1792, avec le grade de chef du troisième bataillon de l'Eure. Ronsin le nomma, au mois de juin 1793, adjudant général pour être employé à l'armée des côtes de la Rochelle. Le 30 Juillet suivant, il fut promu au grade de général de brigade, et le 18 Septembre, à celui de général de division, pour commander en chef l'armée des Pyrénées Orientales

Pendant le peu de temps que ce général passa dans la Vendée, il y montra peu de talents militaires, peu de bravoure, mais beaucoup de prétentions et d'intrigue. Il ne connut point l'intérieur du pays, ni le genre de guerre qui s'y faisait. On lui donna le commandement de l'armée des Pyrénées-Orientales par le même motif qui fit donner à Léchelle celui de l'armée de l'Ouest : le besoin de révolutionner. . . . .

Turreau fut bientôt jugé à l'armée des Pyrénées ; il se plaignit et demanda son changement. Il fit plus ; il peignit sous des couleurs peu favorables plusieurs officiers et surtout les généraux Delâtre et Daoust, qui périrent sur l'échafaud au mois de Juillet suivant. » — *Guerre des Vendéens et des Chouans,* par un officier supérieur des armées de la République.

titres principaux de ce dernier au poste pour lequel il avait été désigné, étaient son jacobinisme et la protection d'un parent portant le même nom que lui et représentant du peuple dans les départements de l'Ouest. Le général Turreau était arrivé à Angers (24 Frimaire-14 Décembre) où il perdait son temps depuis huit jours; de cette ville, il adressait à Marceau une première lettre dans laquelle il lui reprochait de ne pas lui avoir rendu compte de ses opérations et lui enjoignait d'attendre ses ordres pour agir (1).

A la lecture de cet écrit émané d'un homme qui a laissé en Vendée une assez pauvre réputation militaire, Marceau est saisi de colère; il dénie à ce nouvel arrivant le droit de lui imposer ses volontés avant d'avoir pris le service et de s'être présenté à l'armée; il s'indigne surtout des reproches que lui adresse, sur ses opérations, celui qui semble, par ses lenteurs, désirer y rester complétement étranger. Cependant, un peu calmé par les conseils de Kléber, il adresse à Turreau une

---

(1) D'après le caractère de Turreau, il est permis de penser qu'il était parfaitement instruit de l'imminence du combat et que cette lettre bizarre avait pour but de dégager entièrement sa responsabilité en cas d'insuccès.

réponse des plus laconiques (1), et les préparatifs continuent pour le combat du lendemain.

De leur côté, les intrépides royalistes ne songent plus qu'à vendre chèrement leur vie et à couvrir la fuite des vieillards, des femmes et des enfants. L'action s'engage, les républicains pénètrent à Savenay de divers côtés, les Vendéens culbutés et dispersés fuient dans toutes les directions; mais la Loire, la mer, des marais et leurs impitoyables ennemis les environnent de tous côtés; le plus grand nombre est pris, tué ou noyé (3 Nivôse- 23 Décembre) (2).

Ce jour fut le dernier de la grande guerre Vendéenne. A la vérité, Charette, qui avait persisté à guerroyer à part de la *grande armée catholique*,

---

(1) *Réponse de Marceau à Turreau.*

« Je suis devant Savenay. Demain, de grand matin, j'atta-
» querai l'ennemi qui sera détruit. Si tu veux être témoin de la
» fin de cette guerre, accours promptement. »

(2) La lettre par laquelle Westermann annonça la victoire de Savenay, justifie le surnom qu'il avait reçu de *boucher des Vendéens*.

« Il n'y a plus de Vendée, citoyens républicains. Elle est morte
» sous notre sabre libre, avec ses femmes et ses enfants. Je viens
» de l'enterrer dans les marais et dans les bois de Savenay. Sui-
» vant les ordres que vous m'aviez donnés, j'ai écrasé les enfants
» sous les pieds des chevaux, massacré les femmes qui, au moins
» pour celles-là, n'enfanteront plus de brigands. Je n'ai pas
» un prisonnier à me reprocher. J'ai tout exterminé..........
» Mes hussards ont tous à la queue de leurs chevaux des lam-

combattait encore sur la rive gauche de la Loire et était maître de l'île de Noirmoutiers ; mais il avait trop peu de forces pour tenter autre chose que de soutenir la guerre de surprises et d'embuscades dans laquelle il excellait. D'ailleurs, le vieil Haxo lui tenait tête avec habileté (1), et il semblait que toutes les forces républicaines de l'Ouest allaient pouvoir être dirigées cont relui.

Lorsque, d'après son système, le Comité de salut public eut attribué à la trahison la perte des lignes de Wissembourg (22 Vendémiaire-13 Octobre) et la retraite précipitée de l'armée du Rhin jusqu'à Strasbourg, Saint-Just, membre du Comité de salut public, et le conventionnel Lebas furent envoyés dans cette ville en qualité

» beaux d'étendards brigands. Les routes sont semées de cadavres.
» Il y en a tant que, sur plusieurs endroits, ils font pyramide.
» On fusille sans cesse à Savenay, car, à chaque instant, il arrive
» des brigands qui prétendent se rendre prisonniers. Kléber et
» Marceau ne sont pas là, nous ne faisons pas de prisonniers. Il
» faudrait leur donner le pain de la liberté, et la pitié n'est pas
» révolutionnaire. »

(1) Haxo, né à Saint-Dizier (Lorraine), fut chef de bataillon des Volontaires des Vosges, fit avec distinction les premières campagnes de la révolution et s'éleva par ses talents et son courage au grade de général de division. — *Biographie universelle des Contemporains.*

de représentants du peuple *en mission extraordinaire;* Pichegru fut nommé général en chef de l'armée du Rhin (1).

A la terreur que d'infâmes coryphées de sociétés populaires avaient inspirée à Strasbourg et dans le département, Saint-Just et Lebas font succéder celle qui dérive de la politique du Comité de salut public. La supposition d'un vaste complot, l'urgence d'approvisionner l'armée du Rhin et l'invincible volonté de chasser l'ennemi du sol national, légitiment aux yeux de Saint-Just les rigueurs les plus terribles. En frappant sans pitié, il ne se croit pas seulement absous par l'idée de concourir au salut de la Patrie; son esprit étroit et absolu le porte à s'admirer lui-même comme égalant en stoïcisme les plus fameux héros des républiques antiques. Aussi, c'est sans hésitation, sans tremblement dans la voix, et en disposant artistement les nœuds de sa cravate devant une glace, que ce proconsul de vingt-six ans dicte, avec une rapide concision, les arrêts sans appel qui attirent, sur des classes entières de citoyens, la confiscation, la proscription et la mort.

Les terroristes de bas étage sont envoyés à Pa-

---

(1). Chapitre XXIX.

ris pour comparaître devant le tribunal révolutionnaire; la guillotine est établie en permanence sur une des places de la ville; une taxe de neuf millions est imposée aux riches; ceux qui ne se hâtent pas de s'acquitter sont attachés à l'un des poteaux de l'échafaud jusqu'à ce qu'ils aient payée la somme à laquelle ils ont été taxés (1). Les habitants reçoivent l'injonction de tenir prêts deux mille lits pour remédier à l'insuffisance des hôpitaux militaires (2); en vingt-quatre heures, dix mille paires de chaussures leur sont enlevées et expédiées à l'armée. Une commission militaire extraordinaire est établie; les prisons

---

(1) *Séance de la Convention* du 25 Brumaire an II.
  Lettre de l'agent du conseil exécutif.
« Strasbourg, le 19ᵉ jour du deuxième mois de l'an 2ᵉ.
» Citoyen ministre, les citoyens Saint-Just et Lebas prennent les
» mesures les plus vigoureuses pour purger Strasbourg et l'ar-
» mée de tous les aristocrates et malveillants de toute espèce;
» nous faisons tous nos efforts pour seconder leurs vues bien-
» faisantes..... Les représentants lèvent neuf millions sur les ri-
» ches de Strasbourg. Ils crient, mais ils paient; c'est aujour-
» d'hui le jour fatal où la somme doit être versée. La guillotine
» est permanente; c'est ce qui les fait marcher. L'assignat a re-
» pris de la faveur; ils ne parlent plus d'argent en cachette.
» Sous peu, Strasbourg ne sera plus reconnaissable......
              « Salut et fraternité. »
              « L'agent du conseil exécutif : BERGER.
(2) « Sur le compte rendu de la malpropreté des hôpitaux,
» les représentants du peuple arrêtent que la municipalité de
» Strasbourg tiendra deux mille lits prêts dans vingt-quatre heu-

se remplissent de *suspects*; tout l'état major de la garde nationale de Strasbourg est déporté à Dijon.

L'armée n'est pas traitée plus doucement que la population. Le général Eisemberg, vieux soldat de l'école de Luckner, a laissé surprendre ses postes avancés et n'a échappé qu'avec peine aux ennemis. Traduit devant la commission militaire, il est condamné à mort avec douze officiers et deux soldats qui l'ont suivi ; ces malheureux sont immédiatement liés deux à deux, conduits au quartier général qui est encore à peu de distance de Strasbourg et fusillés pour servir d'exemple aux troupes. Des officiers, des volontaires et des soldats subissent le même sort pour *propos inciviques* (1);

» res chez les riches de Strabourg, pour être délivrés aux soldats.
» Ils y seront soignés avec le respect dû à la vertu et aux défen-
» seurs de la patrie. »

» Strasbourg, le 24 Brumaire,
» Saint-Just et Lebas. »

(1) *Fragments de lettres lues à la Convention.*

. . . .

« Plusieurs officiers supérieurs et soldats ont été fusillés à la
» tête des camps.

. . . .

« L'état major de l'armée du Rhin aura été épuré trois fois
» par nous ou par nos collègues.

Les représentants du peuple près l'armée du Rhin : J.-B. Milhaud et Guyardin.

. . . .

« Le colonel, un capitaine et l'adjudant du 12e régiment de

une vieille cantinière, coupable d'avoir donné un morceau de pain à un Autrichien mourant de faim, est guillotinée.

Pendant ce temps, Pichegru, qui se dit *ennuyé des tueries de Strasbourg,* aguerrit ses troupes par des combats partiels engagés sans cesse sur différents points. Saint Just dont le courage égale, s'il est possible, la froide cruauté, partage ardemment les dangers des soldats. Les anciennes troupes perdent peu à peu la défiance que leur ont inspirée les défaites passées, et les nouveaux contingents fournis par la Levée en masse, acquièrent l'habitude du feu. Chaque jour, l'armée fait un pas en avant; la confiance renaît; l'enthousiasme et l'audace lui succèdent, tous brûlent de reconquérir le terrain perdu ; le cri général est « Landau ou la mort! »

Le plan stratégique formé pour reprendre les lignes de Wissembourg et débloquer Landau, a été envoyé par Carnot; Pichegru doit, au moyen de petits engagements, resserrer peu à peu les Autrichiens sur la Moder; d'un autre côté, l'armée de

---

» cavalerie ont été fusillés à la tête de l'armée pour avoir suscité
» la désorganisation et tenu des propos inciviques. Nous ne né-
» gligerons rien pour répondre à la confiance dont vous nous
» avez investis.
     L'agent du conseil exécutif : BERGER.

la Moselle, récemment placée sous le commandement de Hoche, a reçu l'ordre de traverser les Vosges malgré les Prussiens et de venir prendre en flanc l'Ennemi auquel fera face l'armée du Rhin.

La première tentative de Hoche n'est pas heureuse; trois jours de combat à Kayserlautern lui coûtent 3000 hommes (8, 9 et 10 Frimaire-28, 29 et 30 Novembre), et il est forcé de battre en retraite devant le duc de Brunswick. Mais l'audace et la résolution de ce jeune général sont telles que la défaite lui donne une nouvelle ardeur et ne lui ôte, ni la confiance des représentants, ni celle de son armée. Peu de jours après, il parvient à tromper ses adversaires, surmonte les difficultés du passage, apparaît sur le versant oriental des Vosges et accable la droite du général Autrichien Wurmser que Pichegru attaque de front en même temps (2 Nivôse-22 Décembre). Les Impériaux, forcés d'abandonner la ligne de la Moder, se retirent à Wissembourg sur celle de la Lauter, et les deux armées Françaises opèrent leur jonction à Sultz.

Pour la suite des opérations, il importe qu'elles soient réunies sous un seul et même commandement : c'est aux Représentants du peuple à choisir entre les deux généraux en chef. Mais les quatre Conventionnels en mission à l'armée du Rhin, ne sont pas d'accord entre eux. Lacoste et Baudot y exerçaient déjà leurs *pouvoirs illimités*, lorsque Saint-Just et Lebas y sont arrivés avec des *pouvoirs extraordinaires*. Par suite, il y a eu conflit; les administrations civiles et militaires ont obéi aux deux plus puissants, en éludant les ordres donnés par les deux autres, lorsqu'elles n'ont pas osé y désobéir ouvertement. Lacoste et Baudot irrités ont dénoncé Saint-Just et Lebas à Paris; mais ces deux derniers ont des appuis trop puissants pour que cette réclamation ait été suivie d'aucun effet, et la division a continué entre les quatre représentants, qui, réunis deux à deux, persistent à soutenir la suprématie de leurs pouvoirs absolus.

Aussitôt que Hoche, couvert de poussière et enflammé par l'ardeur du combat, arrive auprès de Lacoste et de Baudot, ceux-ci, feignant d'ignorer que Saint-Just et Lebas veulent donner le commandement suprême à Pichegru, proclament Hoche général en chef des deux armées. Saint-Just l'apprend aussitôt et en est exaspéré; mais les moments sont précieux; l'Ennemi est en face; une discussion créant des retards, pourrait avoir les conséquences les plus funestes; il fait taire son ressentiment ou plutôt il en ajourne l'effet jusqu'au jour où il pourra le satisfaire, et il confirme l'arrêté rendu par ses collègues en faveur de Hoche. Pichegru, se retire mortifié devant son rival auquel Saint-Just veut communiquer ses plans et ceux du Comité de salut public; le jeune général, dont l'intrépidité égale le talent, ne doute pas de la victoire : il répond au conventionnel qu'il a déjà combiné toutes ses dispositions. Saint-Just demande à les connaître; mais Hoche qui attribue son récent échec de Kayserlautern à quelqu'indiscrétion, refuse obstinément de les lui confier. Cette offense est encore rendue plus sensible par le ton impétueux et les manières soldatesques du jeune commandant en chef qui parle comme il agit. Saint-Just devient pour lui un ennemi mortel.

Cependant, les deux armées Françaises réunies se préparent à marcher en avant. De leur côté, les Autrichiens et les Prussiens, concentrés par l'effet de leur mouvement rétrograde, ne veulent pas laisser l'avantage de l'offensive à leurs adversaires. Le 6 Nivôse (26 Décembre), les quatre armées s'ébranlent simultanément; et le combat s'engage sur tout l'espace compris entre le Rhin et les Vosges. Les républicains, enflammés par le succès déjà obtenu, déploient une ardeur invincible ; l'ennemi est partout refoulé aux cris de « Landau ou la mort! » Wissembourg est repris, Landau est débloqué, les Autrichiens repassent le Rhin, les Prussiens se retirent du côté de Mayence, et les vainqueurs prennent leurs quartiers d'hiver dans le Palatinat reconquis.

Pour l'armée des Alpes et l'armée d'Italie, la campagne se termina d'une manière insignifiante; les Français et leurs ennemis conservèrent leurs positions respectives. Il en fut de même aux Pyrénées occidentales. L'armée des Pyrénées orientales, sous les ordres du général jacobin Doppet, fut la seule qui perdit du terrain ; les Espagnols s'installèrent, pour passer l'hiver, sur les rives du Tech; les troupes républicaines campèrent autour de Perpignan et sur les bords de la Têt.

Au siége de Toulon que dirigeaient Dugommier et Bonaparte (1), le commandant de l'artillerie émit l'avis que la clef de la ville était le fort important qui fermait la rade et auquel l'Ennemi

---

(1) Chapitre XXIX.

avait donné le nom significatif de Petit Gibraltar Effectivement, une fois cette défense enlevée, les escadres étrangères ne devaient plus pouvoir séjourner dans la rade sans y être brûlées ; d'un autre côté, il était évident qu'elles ne s'éloigneraient pas en laissant dans la ville une garnison de 15,000 Anglais, Napolitains et Espagnols qui, sans communications et sans secours, seraient infailliblement contraints à mettre bas les armes tôt ou tard. C'était donc contre le Petit Gibraltar qu'il fallait diriger les efforts de l'armée républicaine.

Le 24 Frimaire (14 Décembre), 15 mortiers et 30 canons de gros calibre ouvrent, contre ce fort, un feu de bombes et de boulets qui dure jour et nuit, et doit être suivi d'une attaque de vive force dans la nuit du 26 ; mais une pluie torrentielle tombe pendant toute cette dernière journée et porte Dugommier à différer ; Bonaparte soutient, au contraire, que le mauvais temps est favorable à l'opération ; l'assaut est résolu.

A minuit, quatre colonnes sont formées ; les deux premières sont chargées d'observer les redoutes de Balaguier et de l'Eguillette, positions qui flanquent le Petit Gibraltar ; la troisième doit servir de réserve ; Dugommier, à la tête de la quatrième, prend le chemin qui con duit à l'Ennemi. Guidés par les éclairs du tonnerre et du canon, les républicains parviennent jusqu'au pied du promontoire sur lequel est situé le fort dont il faut s'emparer.

Mais les Anglais ont multiplié, sur le chemin, des obstacles qui entravent la marche des assaillants; le feu inattendu d'une grande quantité de tirailleurs dispersés de tous côtés vient compliquer la situation ; la nécessité d'éparpiller une partie de la colonne pour leur riposter ralentit encore le mouvement. Néanmoins, quelques troupes parviennent jusqu'au fort et occupent de petits ouvrages avancés ; une poignée de grenadiers pénètre même jusque dans l'intérieur de la forteresse ; mais un feu redoutable qui part sans discontinuer d'un réduit en bois, les déloge de leur position.

Dugommier désespéré se porte à la colonne de réserve qui avance sous les ordres de Bonaparte; le bataillon d'avant-garde est guidé par le capitaine d'artillerie, Muiron. Cet officier, qui connaît parfaitement les localités parvient, à trois heures du matin, à pénétrer dans l'intérieur du fort par une embrasure inoccupée; quelques soldats le suivent ainsi que Dugommier et Bonaparte ; le même résultat est obtenu d'un autre côté, et le combat s'engage dans les casemates avec les canonniers ennemis qui se font tuer sur leurs pièces.

Le Petit Gibraltar est complètement envahi; la garnison l'évacue, se rallie à sa réserve sur un mamelon situé à une portée de fusil et opère successivement trois retours offensifs pour reprendre la position qu'elle a perdue; mais ses tentatives cessent, lorsque retentit l'artillerie du fort qu'on vient de tourner contre elle. Il est cinq heures du matin, la nuit est profonde, la pluie tombe par torrents, le vent souffle avec furie, et de tous côtés, retentissent les plaintes des mourants et les cris des blessés auxquels on ne peut porter aucun secours : c'est ainsi que les vainqueurs sont forcés d'attendre l'arrivée du jour pour juger exactement leur position et celle de leurs ennemis.

Enfin, après trois heures de mortelle anxiété, l'obscurité se dissipe. Des bataillons Anglais sont rangés en bataille sur les hauteurs qui commandent les redoutes de l'Éguillette et de Balaguier; mais le canon du Petit Gibraltar les domine. L'armée républicaine emploie deux heures à se rallier et à faire venir quelques batteries de campagne; vers dix heures, elle descend à la rencontre des Anglais, qui, à midi, sont entièrement chassés du promontoire et obligés de s'embarquer précipitamment. D'un autre côté, le général Lapoype (1) a gravi la montagne du Faron; à la suite d'un chaud combat, il a bloqué le fort dont elle est surmontee.

Après la prise du petit Gibraltar, l'Ennemi, maître encore des autres positions qui défendent la ville, reconnaît qu'il n'existe plus, dans la grande ou la petite rade, un seul point où ses vaisseaux puissent être à l'abri du canon républicain; en conséquence, il se décide à l'évacuation. Dans la nuit du 27 Frimaire (17 Décembre), il fait sauter le fort Pomets et il abandonne les forts Faron, Malbosquet, Sainte Catherine, etc., qui sont occupés le jour suivant par les troupes de Dugommier.

L'escadre Anglo-Espagnole est sortie et croise hors des rades; la mer est couverte de petits bâtiments et de chaloupes qui s'efforcent de la rejoindre; mais le canon Français en coule une notable quantité. Dans la soirée, une épouvantable explosion annonce la destruction du magasin général de la ville; le feu prend à l'arsenal en cinq endroits, neuf vaisseaux de haut bord et quatre frégates, incendiés par l'ennemi, éclairent l'horizon à

---

(1) Chapitre XXIX.

plusieurs lieues de distance ; on s'attend à voir sauter le fort Lamalgue. Une grande partie des habitants de Toulon continue à s'embarquer pour échapper à la vengeance des vainqueurs ; d'autres barricadent leurs maisons pour les préserver du pillage des traînards. L'armée assiégeante est rangée en bataille sur les glacis de la ville.

A dix heures du soir, le colonel Cervoni fait jeter à bas une des portes et entre dans Toulon avec deux cents hommes pour faire une reconnaissance : les rues sont silencieuses et le port est encombré de bagages que les fuyards n'ont pu emporter. Le colonel fait visiter par des canonniers les magasins à poudre dans lesquels l'Ennemi aurait pu placer des mèches incendiaires et, après cette précaution, les troupes destinées à la garde de la ville y pénètrent et se joignent aux huit cents galériens qui, depuis plusieurs heures, travaillent avec ardeur à éteindre l'incendie de l'arsenal (1).

Ce succès fut immédiatement marqué du sceau

---

(1) « .... Ces forçats avaient rendu les plus grands services ;
» ils avaient imposé à l'officier anglais, Sydney Smith, chargé
» de brûler les vaisseaux et l'arsenal. Cet officier s'acquitta fort
» mal de cette tâche ; la République lui dut des trésors bien pré-
» cieux qu'elle y retrouva. » — *Mémoires* de Napoléon.

sanglant que la République imprimait alors à tous ses actes. Un tribunal révolutionnaire fut établi. Bien que les habitants les plus coupables de connivence avec l'Etranger se fussent enfuis sur ses vaisseaux, une dizaine de victimes avaient déjà péri, lorsqu'on trouva ces exécutions trop lentes. On invita, par une proclamation, tous ceux qui avaient travaillé à l'arsenal pour les Anglais, à se rendre au champ de Mars où l'on devait, disait-on, prendre leurs noms afin de les employer de nouveau; plus de deux cents individus se rendirent à cet appel. Condamnés par un aréopage qui simula une délibération en plein air, ils furent fusillés par un bataillon de Sans-culottes et de Marseillais (1).

Néanmoins, le drapeau blanc continua à flotter sur les forts et les bastions de la rade par ordre de Dugommier. Ce stratagème obtint le résultat qu'on en attendait; pendant un mois, il ne se passa pas de jour où quelque navire, venant ravitailler la Place, ne s'aperçût de son erreur

---

(1) « .... Il est faux qu'on ait mitraillé qui que ce soit; le » commandant de l'artillerie et les canonniers de ligne ne s'y » fussent pas prêtés. A Lyon, ce furent les canonniers de l'armée » révolutionnaire qui commirent ces horreurs. » — *Mémoires* de Napoléon.

qu'au moment où il était trop tard pour éviter d'être capturé au profit de la République.

La nouvelle de la prise de Toulon excita le plus vif enthousiasme à la Convention qui rendit séance tenante, le décret suivant (4 Nivôse — 24 Décembre) :

« L'armée dirigée contre Toulon a bien mérité
» de la Patrie.

» Le nom de Toulon est supprimé. Cette com-
» mune s'appellera désormais Port de la Mon-
» tagne.

» Il sera célébré une fête nationale. Pour l'or-
» ganiser, le conventionnel David se concertera
» avec le Comité de salut public. »

CHAPITRE XXXI.

FIN DE LA LUTTE ENTRE LE COMITÉ DE SALUT PUBLIC ET LES ULTRA-RÉVOLUTIONNAIRES MILITAIRES. — SUITE DE LA GUERRE DE LA VENDÉE. — GUERRE DE LA CHOUANNERIE.

(Nivôse, Pluviôse et Ventôse an II.— Décembre 1793 ; Janvier, Février et Mars 1794.)

Sommaire.

Tentatives faites au Club des Jacobins en faveur de Vincent et de Ronsin. — Collot d'Herbois y vante le patriotisme de ce dernier et celui de *l'armée révolutionnaire.* — Hébert y accuse les dénonciateurs des généraux Ronsin et Rossignol. — Arrestation de Mazuel. — Pétitions adressées à l'Assemblée nationale en faveur des trois *patriotes* incarcérés. — Efforts de Robespierre pour calmer les agitations du Club des Jacobins. — Il demande à la Convention l'envoi au tribunal révolutionnaire de plusieurs généraux et officiers marquants.

Fête nationale et militaire pour célébrer la prise de Toulon. Supplice de Biron, de Custine fils, du maréchal Luckner, etc. Singulière position faite à Westermann par la *loi des suspects*.

Débats entre les Hébertistes et les Dantonistes. — Hébert est accusé par Camille Desmoulins d'avoir reçu des sommes considérables du Ministre de la guerre. — Mise en liberté des chefs ultra-révolutionnaires militaires, Ronsin et Vincent. — Ils reprennent avec plus d'audace leurs projets subversifs, et sont arrêtés de nouveau avec leurs amis les chefs Hébertistes.

Suite de la guerre de la Vendée. — Carrier à Nantes. — Kléber

et Marceau s'y rendent après la victoire de Savenay. — Réponse de Kléber au représentant du peuple Turreau. — Arrivée du général Turreau. — Son altercation avec Marceau. — État affreux de la ville de Nantes. — Rappel de Carrier. — Ses imitateurs. — *Colonnes infernales* organisées par Turreau.
Guerre de la Chouannerie.

La Société des Jacobins s'occupait depuis une vingtaine de jours de sa propre épuration, lorsque Vincent et Ronsin furent arrêtés (27 Frimaire 17 Décembre). Les démagogues, surexcités par des personnalités journalières, en étaient d'autant plus disposés à prendre chaudement parti pour ces deux *patriotes*, dont l'un était cité parmi leurs collègues les plus fameux (1). Aussi les ultra-révolutionnaires, Hébert en tête, comptaient-ils sur de nombreux auxiliaires pour réclamer la mise en liberté de ceux que poursuivaient, disaient-ils, des intrigues réactionnaires fomentées sous le masque du républicanisme.

Un autre appui leur survint inopinément. Les malheureux Lyonnais ayant envoyé à Paris une députation chargée d'implorer la miséricorde de la Convention, ces tristes envoyés avaient excité un vif sentiment de pitié, contraire à la politique du *gouvernement révolutionnaire*. Pour en con-

---

(1) Ronsin était Jacobin; Vincent était Cordelier.

trebalancer l'effet, le Comité de salut public fit revenir de Lyon celui de ses membres qui présidait aux massacres dans la ville désolée ; il le chargea de dépeindre les excès réactionnaires de la population Lyonnaise comme ayant motivé les affreuses représailles qu'on exerçait contre elle. C'était Collot d'Herbois ; par sa faconde révolutionnaire, nul n'était plus apte que cet ancien comédien à remplir un pareil rôle ; aussi s'acquitta-t-il de sa mission avec énergie, d'abord à la Convention, et ensuite au Club des Jacobins où il se montra encore plus violent. Mais cette justification de la cruauté entraînait forcément l'éloge des exécuteurs ; à la tribune des Jacobins, Collot d'Herbois loua fortement les services de *l'armée révolutionnaire parisienne* ; il exalta le *patriotisme* de son général et la *sensibilité* qui avait porté Ronsin à mitrailler les Lyonnais prisonniers, au lieu de les faire périr lentement par la guillotine (1ᵉʳ Nivôse — 21 Décembre) (1).

---

(1) *Société des Amis de la Liberté, séant aux Jacobins de Paris.* — *Séance* du 1ᵉʳ Nivôse (21 Décembre).

Collot d'Herbois, après avoir exalté les *services* rendus par Ronsin, ajoute : « .... Un tel patriote est mis en état d'arresta-
» tation ! Vous ne savez donc pas que cette nouvelle va faire la
» joie des aristocrates de Commune affranchie, qu'elle va jeter
» une odieuse défaveur sur l'*armée révolutionnaire* ? La perfidie
» qui couve à Lyon va relever la tête......... On nous a accusés

Après le plaidoyer fait par un membre du gouvernement en faveur du général ultra-révolutionnaire incarcéré depuis trois jours, Hébert prend la parole; il affirme que des factions perfides trament dans l'ombre la perte des plus purs patriotes : «...... Un indice certain de ces ma-
» chinations est le volumineux document que
» Philippeaux vient de publier contre Ronsin et
» Rossignol (1).... Philippeaux est un aristocrate

» d'être des antropophages, des hommes de sang !........ On exa-
» mine avec l'attention la plus scrupuleuse, de quelle manière
» sont morts les contre-révolutionnaires ; on affecte de répandre
» qu'ils ne sont pas morts du premier coup !........ Si les aristo-
» crates avaient triomphé, croyez-vous que les Jacobins seraient
» morts du premier coup ? Et la Convention qui avait été mise
» hors la loi par ces scélérats, serait-elle morte du premier
» coup ?........ Une goutte de sang versée des veines généreuses
» d'un patriote, me retombe sur le cœur; mais je n'ai point de
» pitié pour des conspirateurs. Nous en avons fait foudroyer deux
» cents d'un coup, et on nous en fait un crime ! Ne sait-on pas
» que c'est encore une marque de sensibilité ; lorsque l'on guil-
» lotine vingt coupables, le dernier exécuté meurt vingt fois,
» tandis que ces deux cents conspirateurs ont péri ensemble. La
» foudre populaire les frappe, et, semblable à celle du ciel, elle
» ne laisse que le néant et des cendres. On parle de sensibilité !
» et nous aussi, nous sommes sensibles ! Les Jacobins ont toutes
» les vertus : ils sont compatissants, humains et généreux; mais
» tous ces sentiments, ils les réservent pour les patriotes qui sont
» leurs frères, et les aristocrates ne le seront jamais. »

(1) Philippeaux avait publié un volumineux mémoire, dans lequel il avait réuni ses accusations contre Ronsin et Rossignol, avec les faits qu'il considérait comme des preuves à l'appui.

» qui veut ramener les *talons rouges* dans l'ar-
» mée; ...... Bourdon (de l'Oise) et Fabre d'É-
» glantine sont deux réactionnaires........ Quant
» à Camille Desmoulins, qui s'est fait l'admira-
» teur de Philippeaux et qui vient de faire paraî-
» tre le IIIe numéro d'une publication insultante
» pour les patriotes, chacun sait que depuis qu'il
» a fait un riche mariage, il ne fréquente plus
» que des aristocrates....... La société des Jaco-
» bins doit expulser de son sein ces membres in-
» dignes et déclarer que Vincent et Ronsin pos-
» sèdent encore toute sa confiance! » Les applaudissements donnés à ce discours retentissent encore, lorsque Mazuel, chef de la cavalerie de
l'armée révolutionnnaire parisienne, se précipite
dans la salle; il annonce que la Convention l'a
aussi décrété d'arrestation et qu'il va se rendre en
prison. Cette communication jette la Société dans
un nouvel étonnement, et confirme à ses yeux
les assertions relatives aux persécutions traîtreusement ourdies contre les plus fameux *patriotes.*

L'arrêt qui frappait Mazuel n'était que la conséquence des mesures prises, trois jours auparavant, contre Ronsin et Vincent. Le matin, à la
Convention, Fabre d'Eglantine l'avait accusé
d'être l'auteur de propos insultants pour la Re-

présentation nationale ; d'autres députés avaient rappelé de fâcheux antécédents sur son compte, et, séance tenante, l'Assemblée avait statué à son égard.

Ces trois arrestations excitant dans le Club des Cordeliers les mêmes sentiments que dans celui des Jacobins, la première manifestation des deux Sociétés est la même : chacune d'elles envoie à la Convention une députation chargée d'exprimer les inquiétudes que fait naître l'incarcération de tels révolutionnaires, au moment où circulent des bruits d'amnistie générale en faveur des réactionnaires et des *suspects* (2 et 3 Nivôse — 22 et 23 Décembre). Toutes deux demandent que, du moins, Ronsin, Vincent et Mazuel soient promptement mis à même de prouver leur innocence. Pour réponse, le Président de l'Assemblée accorde des louanges à leur patriotisme; il les engage à prendre patience et à se fier à l'impartialité de la Convention; enfin, il les invite aux honneurs de la séance.

Mais ce discours évasif satisfait peu les ardents pétitionnaires; aussi s'attend-on pour le soir à une séance des plus émouvantes au Club des Jacobins. L'ancienne église s'emplit bien avant l'heure des débats ; une foule nombreuse, qui n'a pu y pénétrer, stationne à la porte ; dans ces groupes où l'on s'entretient de la gravité des événements, les places de l'intérieur se vendent jusqu'à 25 livres.

Enfin, la lutte commence. Collot d'Herbois et Levasseur (de la Sarthe) entament avec Philippeaux (1) une discussion entremêlée de personnalités et de démentis réciproques ; l'impression générale, qui est contraire à ce dernier, se manifeste d'abord par des murmures et ensuite par un tumulte qui l'empêche de se faire entendre. En vain Danton, dont la voix domine la tempête, demande au nom de la justice que l'on écoute les allégations de Philippeaux ; il n'a plus d'influence sur les *patriotes* ; mais Robespierre se lève et fait signe qu'il va parler : tous se taisent aussitôt. *L'incorruptible* affecte l'impartialité la plus absolue, tout en produisant de perfides insinuations contre Philippeaux qui, dans sa brochure, a imputé une partie des malheurs de la Vendée au Comité de salut public (2) ; il répond

---

(1) Philippeaux n'était pas Jacobin ; mais il s'était rendu à l'invitation de venir donner des explications sur ses accusations contre Ronsin et Rossignol.

(2) Dans son mémoire contre les inhabiles généraux qui avaient causé tant de désastres en Vendée, Philippeaux demandait si le Comité de salut public *n'avait été que trompé* ; il le blâmait aussi de la manière dont l'ensemble de cette guerre avait été conduit, etc.

à mots couverts aux bruits vagues qui se rapprochent de la vérité en l'accusant lui-même de l'incarcération de Ronsin, Vincent et Mazuel ; enfin, il engage les *patriotes* à cesser des querelles dangereuses pour le salut de la patrie. «...... S'il n'est
» question ici que d'une querelle individuelle, si
» son amour-propre est seul en jeu, Philippeaux
» doit faire le sacrifice de son opinion...... . mais
» s'il a été guidé par l'amour de la Patrie et de la
» Liberté, on doit l'entendre, et la discussion doit
» rester calme et tranquille........... On dit que
» Philippeaux a attaqué le Comité de salut public
» dans sa brochure ; je n'en sais rien, je ne l'ai
» pas lue ; mais, dans ce cas, c'est le gouverne-
» ment, ce sont des hommes calomniés et abhorrés
» par les puissances étrangères, qu'il attaque. La
» Société doit entendre un homme qui, j'aime à
» le croire, n'a eu que de bonne intentions......
» On répète qu'il a accusé le Comité de salut
» public d'avoir fait périr 30,000 hommes par
» entêtement ? Le Comité est-il donc composé
» d'assassins. Que diraient de plus les aristocrates
» et nos véritables ennemis ? Il faut donc enten-
» dre Philippeaux et juger entre lui et le Co-
» mité.............

« Citoyens, d'où viennent les agitations qui vous

» tourmentent depuis quelques jours? Savez-
» vous que les puissances étrangères vous cer-
» nent et qu'elles vous ont placés entre deux
» écueils : le modérantisme qui est abattu pour
» jamais, et la perfidie Prussienne de ces hommes
» qui veulent l'incendie universel. La tactique
» de nos ennemis est certaine; c'est de nous di-
» viser ; on veut que nous nous déchirions de nos
» propres mains..........

« Quels sont donc les soupçons qu'on répand
» depuis quelques jours? On se plaint de cer-
» taines arrestations ; *on voudrait faire croire*
» *qu'elles sont l'ouvrage d'un homme;* ne le croyez
» pas! *Elles avaient été discutées dans les Comités*
» *de salut public et de sûreté générale.* D'autres
» patriotes n'ont-ils pas été arrêtés, et le peuple
» ne s'en est-il pas rapporté à la justice de la Con-
» vention? Marat n'a-t-il pas autrefois été tran-
» quillement au tribunal révolutionnaire? N'en
» est-il pas revenu triomphant?.Chabot, qui a
» rendu les plus grands services à la chose pu-
» blique, vient d'être arrêté (1); les patriotes ont-

---

(1) Un décret d'arrestation avait été rendu, le 28 Brumaire (18 Novembre), contre les députés Chabot, Bazire, Delaunay (d'Angers) et Jullien (de Toulouse) pour affaire d'agiotage dans la liquidation de la Compagnie des Indes, présentée comme un complot avec l'étranger.

» ils pris l'alarme? Que la Société se repose sur
» la Convention, sur la Montagne; l'Assemblée
» nationale rendra toujours justice aux patrio-
» tes. »

Momentanément apaisée par les paroles de son orateur de prédilection, la Société passe à l'ordre du jour et reprend son travail d'épuration ; mais les Hébertistes propagent sourdement contre Robespierre des accusations de modérantisme qu'il veut repousser d'une manière éclatante. A cet effet, deux jours après son discours au Club des Jacobins, il monte à la tribune de la Convention sous prétexte de faire, au nom du Comité de salut public, un rapport sur les *principes du gouvernement révolutionnaire*. Il déplore l'existence de conspirations qui tendent à perdre la République en suscitant des divisions entre les patriotes; il accuse de ces machinations les étrangers et les généraux aristocrates ; il conclut en désignant ceux qu'il importe de traduire promptement au tribunal révolutionnaire et en demandant des augmentations de récompenses et de secours pour les défenseurs de la patrie et pour leurs enfants.

Le rôle de la Convention ne consistait plus guère qu'à sanctionner par ses votes les propositions des membres du Comité de salut public;

elle applaudit l'orateur et adopta ses conclusions (5 Nivôse — 25 Décembre) :

« L'accusateur public du tribunal révolution-
» naire fera juger incessamment Diétrich, Cus-
» tine, fils du général puni par la loi, Biron, Des-
» brulys, Barthélemy (1) et tous les généraux et
» officiers prévenus de complicité avec Dumou-
» riez, Custine, Lamarlière (2) et Houchard...

« Les secours et récompenses accordés par les

---

(1) Diétrich premier maire constitutionnel de Strasbourg; Desbrulys, chef de l'état-major à l'armée du Nord, arrêté lorsque Houchard en avait pris le commandement (Chap. XXVI); Barthélemy, chef de l'état-major de Houchard et arrêté avec lui (Chap. XXVI).

(2) Le général Lamarlière (ci-devant comte de), après avoir occupé divers grades dans le régiment Dauphin (infanterie), fit la campagne de Ham, en 1763, et la campagne de Corse, en 1769. Au commencement de la Révolution, il montra des principes favorables au nouvel ordre de choses, devint colonel du 14ᵉ régiment de ligne et fut promu maréchal de camp, le 21 Août 1792. Il concourut puissamment à empêcher la prise de Lille, fit la campagne de Belgique, assista à la bataille de Neerwinden et fut nommé général de division, le 5 Avril 1793. Après avoir servi sous les ordres de Dampierre, il se trouvait commander à Lille, lorsqu'il eut des démêlés avec le maréchal de camp Lavalette, commandant de la place, qu'il accusa d'insubordination; celui-ci à son tour, le dénonça comme complice de Dumouriez et de Custine. Traduit au tribunal révolutionnaire, il fut condamné à mort, le 25 Novembre 1793. Sa conduite dans une journée malheureuse (Mai 1793) où il ne seconda qu'avec lenteur les efforts de Dampierre et de Kilmaine, ne fut sans doute pas étrangère à cette condamnation.
— *Biographie universelle des Contemporains.*

» décrets précédents aux défenseurs de la patrie
» blessés en combattant pour elle, ou à leurs
» enfants, sont augmentés d'un tiers. »

Ayant réfuté d'une manière aussi éclatante les accusations de *modérantisme*, Robespierre peut, sans crainte, engager plus fortement encore les Jacobins à ne pas s'émouvoir de l'emprisonnement de Vincent, Ronsin et Mazuel (6 Nivôse — 26 Décembre) «....... Toute notre attention est
» détournée par des querelles particulières. Pen-
» sez-vous à la joie qu'en doit ressentir l'Étran-
» ger ? Pitt s'en réjouit !...... Une dénonciation
» a été faite contre Ronsin; la Convention a dé-
» crété qu'il lui sera fait un rapport; pourquoi
» une députation de votre Société vient-elle de-
» mander ce que la Convention avait déjà décrété.
» Ne voyez-vous pas que cette conduite a été
» dictée par des agents de nos ennemis? C'est
» ainsi que Pitt a l'insolence de se jouer de votre
» patriotisme. Il veut faire croire à l'Europe que
» la Convention n'est pas respectée et que les pa-
» triotes courent les même dangers que les con
» tre-révolutionnaires. Que nous importe-t-il à
» nous autres républicains? C'est d'aller au but
» que nous nous sommes proposé, d'écraser les
» factions des modérés et des étrangers, mais non

» de perdre les patriotes, et bien moins encore,
» de nous égarer dans les routes où les passions
» les ont jetés.

« S'il est des crises où le peuple est obligé de
» s'armer contre des mandataires infidèles, la
» Représentation nationale n'en est pas moins
» sacrée, lorsqu'elle marche d'un pas ferme et
» assuré ; elle a droit alors d'exiger le respect
» et l'amour de tous. Or, le but de nos ennemis
» est de rendre Ronsin suspect en faisant croire
» que le faubourg Saint-Antoine est disposé à
» marcher pour lui...... Des patriotes ont été in-
» carcérés; mais ils ont obéi à la loi et n'ont
» excité aucun trouble à l'occasion de leur liberté.
» Pourquoi n'est-on pas calme comme eux et ne
» se repose-t-on pas comme eux sur leur inno-
» cence?

« La Convention va connaître toute la vérité ;
» elle la divulguera; alors, on distinguera le crime
» de la vertu, et les patriotes qui se trouveront
» purs, pourront se réunir contre les ennemis
» communs. »

Ce discours machiavélique excite de nombreux applaudissements; Robespierre voit encore grandir son renom d'impartialité, et l'on transfère à la Conciergerie le général Biron, le fils de Custine, et les autres malheureux dont la vie paiera l'accroissement de sa réputation de *patriotisme*.

Pendant leur court séjour dans cette antichambre de la guillotine, on célèbre la fête décrétée à l'occasion de la prise de Toulon.

Le 10 Nivôse (30 Décembre), une salve d'artillerie retentit à sept heures du matin : c'est le signal pour chacune des quarante-huit Sections, d'envoyer au jardin national (Tuileries) les détachements, les canons et les *blessés pour la patrie* qui doivent figurer dans la cérémonie.

Le cortége se met en marche. En tête s'avance un détachement de gendarmerie à cheval ; il est suivi de quarante-huit pièces de canon sur deux files ; chacune est traînée par les canonniers de sa Section. Une multitude de tambours vient ensuite ; puis, la Commune de Paris et les Sociétés populaires avec leurs bannières ornées d'inscriptions patriotiques. On voit défiler après elles quinze chars, représentant les quinze armées de la République (1), occupés par les *blessés pour la patrie* ; chacun d'eux est précédé et suivi de déta-

---

(1) Premier char. — Armée du Haut-Rhin.
    Deuxième   —   du Bas-Rhin.
    Troisième   —   de la Moselle.

chements fournis par les Sections armées. Les Sectionnaires chantent des hymnes à la Victoire; leurs voix se mêlent à celles de jeunes filles vêtues de blanc et parées de rubans tricolores; toutes portent des branches de lauriers. Ensuite, la Convention nationale marche en masse; elle est entourée par un ruban tricolore que soutiennent les Vétérans et les Enfants de la patrie, entremêlés. Enfin, la musique de la Garde nationale précède le char de la Victoire. Au centre, s'élève le faisceau national surmonté de la statue de la Victoire et pavoisé de drapeaux ennemis; des bras armés sortent du faisceau pour le défendre; quinze couronnes y sont fixées; de chacune d'elles part une guirlande de lauriers, dont l'extrémité inférieure est tenue par un guerrier faisant partie de l'armée à laquelle est

---

Quatrième char. — Armée des Ardennes.
Cinquième — du Nord.
Sixième — des côtes de Cherbourg.
Septième — des côtes de Brest.
Huitième — de l'Ouest.
Neuvième — des Pyrénées-Occidentales.
Dixième — des Pyrénées-Orientales.
Onzième — de Toulon.
Douzième — du Var.
Treizième — des Alpes.
Quatorzième — révolutionnaire.
Quinzième — navale.

dédiée la couronne. Un détachement de gendarmerie à cheval ferme la marche.

Le cortége parti du jardin national (Tuileries) se rend d'abord au temple de l'Humanité (Hôtel des Invalides). Là, le président de la Convention exprime aux Invalides la reconnaissance du peuple pour les services qu'ils ont rendus à la patrie. La musique exécute ensuite des airs belliqueux interrompus seulement lorsqu'on arrive au temple de l'Immortalité (Champ-de-Mars). Après avoir chanté une hymne à la Victoire, les jeunes filles qui entourent chacun des quinze chars symboliques, y jettent les rameaux qu'elles tiennent à la main ; les *blessés pour la patrie* se trouvent ainsi couverts de lauriers. Enfin, aux sons d'une musique guerrière, le Conseil de la Commune conduit ces mêmes *blessés* à un banquet civique et fraternel qui termine pour eux cette glorieuse journée.

Le lendemain de cette fête (11 Nivôse—31 Décembre), le général Biron comparut devant le tribunal révolutionnaire et fut rapidement condamné à mort comme « convaincu d'avoir participé à » une conspiration qui avait existé contre la sû» reté extérieure et intérieure de la République. »

Cette étrange récompense du triste courage qui l'avait porté à renier ses croyances héréditaires, lui causa un mouvement d'humeur bien naturel, lorsqu'il rentra à la Conciergerie (1) ; mais son caractère léger, brillant et hardi reparut aussitôt ; il fit un court repas, offrit à boire au guichetier ainsi qu'à l'exécuteur (2) et partit pour l'échafaud avec fermeté, en disant : « Je meurs puni d'avoir été infidèle à » mon Dieu, à mon Roi et à mon nom (3). » Le supplice d'un aussi grand seigneur était chose rare ; aussi la populace applaudit-elle plus que d'habitude en voyant tomber sa tête.

---

(1) Le grand nom de Biron, sa prestance et son affabilité princière lui avaient valu les égards et même le respect de la femme du concierge. Lorsqu'il revint en prison après sa condamnation, elle voulut lui témoigner le vif intérêt qu'elle prenait à son triste sort. « Je l'ai bien mérité, madame, » lui répondit l'ancien duc de Lauzun, « pour m'être avisé de servir de la canaille » comme vous autres. » — *Annales Françaises* par Sallier.

(2) « .... Il voila la mort d'insouciance. Il voulut savou» rer, jusqu'à la dernière minute, les seules voluptés qui res» tassent aux prisonnniers : les sensualités de la table. Il prit ses » geoliers et ses gardes pour convives à défaut d'autres compa» gnons de plaisir. Il se fit apporter des huîtres, du vin blanc. » Il but largement. Les valets de l'exécuteur arrivèrent : Laissez » moi finir mes huitres, — leur dit Biron. — Au métier que » vous faites, vous devez avoir besoin de forces : buvez avec » moi. » — *Histoire des Girondins* par A. de Lamartine.

(3) *Biographie universelle ancienne et moderne.*

Les jours suivants, la hache révolutionnaire frappa le fils de Custine, le maréchal Luckner et les autres victimes nominativement désignées à la Convention par Robespierre. La place de la Révolution était ainsi journellement le théâtre d'une, deux ou trois exécutions (1).

Quant aux arrestations, leur chiffre journalier variait de quarante à cinquante (2) par l'effet du zèle des comités révolutionnaires; la banale qualification de *suspect* suffisait pour motiver l'incarcération jusqu'à la fin de la guerre, et le

---

(1) Exécutions :
11 Nivôse (31 décembre 1793) — Le général Biron (46 ans).
12......... (1ᵉʳ janvier 1794) — Faverolles, ancien aide de camp de Dumouriez (36 ans), une femme et un prêtre.
13......... (2...................) — Deux femmes et un chanoine.
14......... (3...................) — Custine fils (25 ans) et Clerc-Ladevèse, lieutenant colonel, ci-devant noble (45 ans).
15......... (4...................) — Un procureur à la ci-devant Cour des Aides et le maréchal Luckner (72 ans).
Etc. etc.

(2) Les prisons de Paris renfermaient 4659 détenus, le 17 Nivôse (6 Janvier), et 5540, le 2 Ventôse (20 Février). — *Moniteur universel.*

décret du 17 Septembre avait doté ce mot d'une telle élasticité qu'on pouvait, sans peine, en faire l'application à tout le monde.

Entre autres dispositions, cette loi prescrivait que tout fonctionnaire destitué, et non replacé immédiatement, fut considéré comme *suspect* et, par conséquent, emprisonné. Carnot, travaillant assidûment à la réorganisation de l'Armée, rappelait sans explication les généraux inhabiles, quelle que fut leur origine; d'autres étaient destitués à la suite de dénonciations; par l'effet du décret du 17 Septembre, tous étaient incarcérés. Ainsi l'Armée fournissait aux prisons : des ex-nobles, des soldats que la Révolution avait poussés aux premiers grades et des protégés des Jacobins, dont les talents militaires étaient loin d'égaler le *patriotisme*.

Ces considérations expliquent la singulière position dans laquelle se trouva Westermann. Peu après la grande défaite des Vendéens à laquelle il avait pris une part si active, ce général obtint du représentant du peuple à Nantes, Carrier, un congé pour venir à Paris se rétablir de ses blessures. A la même époque, il fut destitué par le Comité de salut public, probablement à la suite des dénonciations que son ennemi acharné,

Rossignol (1), ne cessait d'adresser contre lui au ministre de la guerre (2). Il se rendit à la Conven-

---

(1) Chapitre XXIV.
(2) *Dénonciation de Rossignol contre Westermann*, adressée au Ministre de la guerre et transmise, le 19 Frimaire (9 Décembre) au Comité de salut public.

« .... Je suis surpris que Westermann qui, je crois, ne
» peut mériter la confiance nationale, ait été conservé dans les
» armées de la république. Depuis que je suis à portée de suivre
» ses actions, je crois m'apercevoir qu'elles ne tendent pas à
» prouver son amour pour la république. Les représentants Bour-
» botte, Prieur et Turreau, présentement à Rennes, s'aperçoi-
» vent, comme moi, du peu de solidité de ses principes ; mais
» son caractère mielleux, insinuant et dissimulé, qui cherche à
» mettre dans son parti tous les esprits, a empêché jusqu'à pré-
» sent de prononcer ouvertement sur son compte. Je serais même
» tenté de croire qu'il entre pour beaucoup dans nos dernières
» déroutes, et qu'il ne peut contribuer au bien de notre patrie et
» au soutien de nos principes républicains, etc.

Le parti de Rossignol ne cessa de calomnier Westermann. Le 22 Nivôse (11 Janvier), le général Turreau écrivit d'Angers au Ministre de la guerre : « Je ne puis me dispenser de te dé-
» noncer Westermann qui a quitté son armée, qui a quitté son
» poste sans m'en prévenir. Eût-il une permission du représen-
» tant du peuple Carrier, sa démarche n'en est pas moins irré-
» gulière; etc. » Or, Turreau n'avait pas encore pris le commandement de l'armée, lorsque Westermann obtint de Carrier l'autorisation d'aller faire soigner ses blessures à Paris.

Le 26 Nivôse (15 Janvier), Bouchotte écrivit au Comité de salut public : « Je vous envoie copie d'une lettre du général Rossi-
» gnol et d'une autre du général Turreau, relativement au gé-
» néral Westermann. Il est honteux qu'un tel homme, malgré
» les suspensions prononcées contre lui, il y a quatre mois et plus,
» fasse encore partie du militaire. »

Etc.

tion, le jour où Philippeaux devait formuler devant elle ses inculpations contre Rossignol et Ronsin (18 Nivôse — 7 Janvier).

Philippeaux énumère avec passion vingt-six chefs d'accusation qu'il considère comme des preuves évidentes de l'ineptie et même de la trahison des deux généraux jacobins. Son collègue Choudieu, qui a été du *parti de Saumur* (1), dément énergiquement ces allégations et, suivant l'expression à la mode, il lui reproche de se faire l'instrument des factions qui cherchent à diviser les *patriotes*. Merlin (de Thionville) se rapproche de la vérité en niant les trahisons, mais en reconnaissant que l'ambition d'hommes incapables de commander a considérablement nui aux opérations. « On peut du reste, » ajoute-t-il, « s'en rap-
» porter au témoignage d'un militaire qui a bra-
» vement fait toute cette guerre et que j'aperçois
» à la barre ; je demande qu'il soit entendu. »

Tous les yeux se portent alors sur Westermann qui dépeint à sa manière la déroute des Vendéens : « .... Chefs, officiers, soldats, évê-
» ques, comtesses, princesses et marquises,
» tout a péri par le fer, la flamme et les flots.

---

(1) Chapitre XXV.

» Cet exemple effrayant est unique dans l'His-
» toire, et l'Europe étonnée verra bien qu'une
» république qui, comme le Père éternel, dicte
» ses lois du haut d'une sainte montagne, saura
» se maintenir et réduire, comme la Vendée,
» chaque pays qui aura l'imbécillité de former le
» projet de rétablir la royauté en France. » Cette
conclusion conforme au goût du temps et débitée
avec un chaleureux entrain, attire à l'intrépide
soldat les applaudissements de tous; la querelle
de Philippeaux est momentanément oubliée et
une acclamation unanime accorde à Westermann
les honneurs de la séance. Mais un député fait
observer que celui qui vient d'être ainsi acclamé
par l'Assemblée, est rappelé à Paris par un ordre
supérieur qui le destitue de ses fonctions et que,
conformément à la loi, il sera incessamment incarcéré. Merlin (de Thionville) et Philippeaux réclament en faveur du valeureux partisan qu'ils
ont souvent vu à l'œuvre et leur demande est
appuyée par un grand nombre de leurs collègues ;
la Convention décide que le Comité de salut public lui adressera incessamment un rapport sur la
conduite de Westermann en Vendée et que, jusque-là, ce général sera maintenu en liberté. Au
bruit de nouveaux applaudissements, Wester-

mann se dirige vers une des places réservées à ceux que l'Assemblée veut honorer; mais ces bruyantes approbations et l'initiative prise par la Convention en faveur d'un chef militaire, constituent de mortels griefs aux yeux de Robespierre.

Ce haineux soutien du Comité de salut public poursuivait habilement sa tortueuse politique en affectant l'impartialité entre les deux partis qu'il projetait d'abattre successivement. Les Dantonistes et les Hébertistes recherchaient également son alliance (1); mais leur animosité réciproque faisait surgir sans cesse quelque nouvel incident qui contrariait ses efforts pour étouffer, entre les Jacobins, les querelles contraires à la marche unitaire qu'il voulait imprimer au *gouvernement révolutionnaire*. Ainsi, dans le V° numéro du *Vieux Cordelier* (16 Nivôse — 5 Janvier) (2), Camille Desmoulins accusa Hébert de toutes

---

(1) « .... Comme son crédit était immense, comme on ne
» pouvait ni s'attaquer, ni se vaincre sans lui, on le recherchait
» des deux côtés. Profitant de cette position supérieure, il se te-
» nait entre les partis sans en adopter aucun, et il cherchait à
» abattre leurs chefs les uns après les autres. » — *Histoire de la révolution française* par F. A. Mignet.

(2) Une édition très-répandue du *Vieux Cordelier* fixe, par erreur, la publication du V° numéro au 5 Nivôse (25 Décembre).

sortes de friponneries. D'après lui, ce chef des ultra-révolutionnaires avait été chassé pour vols du théâtre des Variétés où il était receveur de contre-marques avant la Révolution ; il avait reçu 120,000 livres du ministre de la guerre, Bouchotte.; enfin relativement à 60,000 livres payées en un seul jour, comme indemnité de l'envoi régulier du journal *Le père Duchesne* aux armées, Camille établissait par un calcul d'achat de papier et de frais d'impression, qu'Hébert avait bénéficié de 40,000 livres de trop (1). La fougueuse défense qu'Hébert pré-

---

(1) On lisait dans le Ve numéro du *vieux Cordelier*.
« .... Est-ce toi, Hébert, qui oses parler de ma fortune,
» toi que tout Paris a vu, il y a deux ans, receveur des contre-
» marques à la porte des Variétés, dont tu as été *rayé*, pour
» cause dont tu ne peux avoir perdu le souvenir...... toi qui re-
» çois *cent vingt mille livres* de traitement du ministre Bou-
» chotte,...... comme je le prouverai.
« Cent vingt mille livres à ce pauvre sans-culotte Hébert pour
» calomnier Danton, Lindet, Camille Desmoulins......... S'é-
» tonnera-t-on après cela de cette exclamation filiale d'Hébert
» à la séance des Jacobins : *Oser attaquer Bouchotte ! (oser l'ap-
» peler Georges !) Bouchotte à qui on ne peut reprocher la plus
» légère faute ! Bouchotte qui a mis à la tête des armées des gé-
» néraux sans-culottes ! Bouchotte le patriote le plus pur !* Je
» suis étonné que dans le transport de sa reconnaissance, le père
» Duchesne ne se soit pas écrié : *Bouchotte qui m'a donné cent
» vingt mille livres depuis le mois de juin !*
« Quel sera le mépris des citoyens pour cet imprudent père
» Duchesne, quand, à la fin de ce numéro V, ils apprendront par

senta aux Jacobins comportait la plus vive dénégation de ces divers faits (1); mais son impitoyable adversaire avait apporté la copie des registres de la trésorerie, et quelques paroles de Robespierre le jeune excitèrent un rire général aux dépens du rédacteur du *Père Duchesne*. (2).

» une note levée sur les registres de la trésorerie, que le cafard
» qui me reproche de distribuer *gratis* un journal que tout Paris
» court acheter, a reçu en un seul jour d'Octobre dernier,
» soixante mille francs de *Mecenas* Bouchotte, pour six cent
» mille numéros, et que, par une addition facile, le lecteur verra
» que le *fripon* d'Hébert *a volé*, ce jour-là seul, quarante mille
» livres à la nation. »

(1) « Sous la Restauration, Bouchotte publia des *mémoires* où il
» essaya de réfuter Camille Desmoulins, et nia avoir jamais
» acheté d'exemplaires du père Duchesne. On remarquera que
» Camille parle pièces en mains et que si, du vivant de l'auteur
» du *vieux Cordelier*, Bouchotte ne se défendit pas, il est mal
» venu d'essayer plus tard une justification que personne ne pou-
» vait plus contredire. » — *Biographie de Camille Desmoulins* par Ed. Fleury.

(2) *Séance du 16 Nivôse* de la Société des amis de la liberté et de l'égalité, séant aux Jacobins de Paris.

Hébert : « .... Je suis accusé dans un libelle, qui a paru
» aujourd'hui, d'être un brigand audacieux, un spoliateur de la
» fortune publique.

Camille Desmoulins : « En voilà la preuve. Je tiens à la main
» l'extrait des registres de la trésorerie nationale qui porte que, le
» 2 Juin, il a été payé à Hébert, par Bouchotte, une somme de
» 123,000 livres pour son journal; que, le 4 octobre, il lui a été
» payé une somme de 60,000 livres pour 600,000 exemplaires
» du *Père Duchesne*, tandis que ces exemplaires ne devaient
» couter que 17,000 livres.

Robespierre le jeune : « .... Aujourd'hui, ce sont de mi-

L'opprobre qui s'attachait ainsi au chef des Hébertistes était favorable aux projets de Robespierre ; mais, d'un autre côté, ces attaques contribuaient aussi à entretenir l'immense vogue du *vieux Cordelier*, qui, indépendamment de l'approbation générale aux idées de clémence qu'il émettait, réjouissait les réactionnaires par les dissentiments dévoilés entre les premiers des révolutionnaires. Robespierre voulut y mettre un terme. En conséquence, deux jours après le triomphe remporté sur Hébert par Camille, il dépeignit ce dernier au Club des Jacobins comme un excellent patriote momentanément égaré et qui faisait, sans le vouloir, les délices des aristocrates ; d'après lui, Camille était un enfant étourdi maniant des armes dangereuses ; il fallait donc lui pardonner, mais brûler son journal. « Brûler n'est pas répondre, » s'écria son imprudent adversaire (18 Nivôse,— 7 Janvier). Dès lors, Robespierre abandonna l'idée de tout ménagement envers son ancien ami.

Persistant à détourner des questions irritantes

» sérables querelles d'individus qui agitent la Société. Que nous
» importe qu'Hébert ait volé en donnant ses contre-marques aux
» Variétés (On rit), etc.

l'attention du club qu'il dirigeait, il fit mettre à l'ordre du jour de la Société des Jacobins un thème bien capable de les affriander : les crimes du gouvernement Anglais et les vices de la constitution Britannique. Mais pendant que les divagations des démagogues s'acharnaient après cet appât dont le sujet était aussi vaste que stérile, les Hébertistes, agissant en sens contraire de Robespierre, cherchaient sans cesse à raviver les agitations suscitées par les arrestations de Ronsin, Vincent et Mazuel. Ils y réussirent surtout dans le club des Cordeliers ; puis ils trouvèrent, pour l'exécution de leur projet, de puissants auxiliaires dans le Comité de sûreté générale, jaloux du Comité de salut public et composé de révolutionnaires des plus avancés, tels que Voulland, Vadier, Amar, etc.

Un incident vint aussi à leur aide. Par l'effet d'une machination de Robespierre, Fabre d'Églantine, qui avait été le principal accusateur des trois *patriotes* incarcérés, fut impliqué dans le prétendu complot de Chabot, Bazire, etc. (1) ; le moment était donc favorable

---

(1) Affaire d'agiotage dans la liquidation de la Compagnie des Indes. — Les causes pour lesquelles Robespierre envoya Fabre d'Églantine à l'échafaud, sous le poids d'une accusation imméritée d'improbité, sont détaillées dans l'*Histoire de la Révolution*

pour obtenir la liberté des trois ultra-révolutionnaires à l'arrestation desquels il avait puissamment concouru. Pour ne rien compromettre, la première tentative eut lieu en faveur de celui d'entre eux qu'on pouvait considérer comme un comparse insignifiant.

Le 23 Nivôse (12 Janvier), Vadier expose devant l'Assemblée nationale que le Comité de sûreté générale n'a reçu aucune pièce à l'appui des inculpations qui ont motivé l'arrestation de Mazuel; après une discussion à peu près nulle, il est décidé que ce chef de la cavalerie de l'*armée révolutionnaire* sera mis en liberté.

L'arrestation de Fabre d'Églantine et la libération de Mazuel sont d'un heureux augure pour

---

française, par J. Michelet. Fabre, dont la tête était, suivant Danton, un répertoire d'idées comiques, préparait une importante comédie où l'image du dictateur devait jouer le principal rôle. Il étudiait sans cesse le personnage qu'il voulait mettre en scène, et Robespierre avait toujours sous les yeux, à la Convention et au club des Jacobins, Fabre qui l'observait avec une lorgnette de spectacle. Cette obsession, qui eut été gênante pour tout le monde, était insupportable pour le sombre tribun qui n'aimait pas à être regardé en face; sa colère n'eut plus de bornes, lorsqu'il sut qu'elle avait pour but une pièce de théâtre où il devait être représenté d'une manière dérisoire. Dans la lutte qu'il soutenait à peu près seul, Robespierre tirait son principal appui du sérieux qu'il avait su faire attacher à sa personne, à son désintéressement, à sa frugalité, etc. Le ridicule eût entraîné le renversement infaillible de ses projets: son horrible habileté à perdre ses ennemis fit le reste.

les amis de Ronsin et de Vincent. Afin d'amener une nouvelle discussion à leur égard, on décide d'envoyer à la Convention une députation de *patriotes;* le Club des Jacobins est trop soumis à Robespierre pour qu'on puisse compter sur lui en cette circonstance; aussi, c'est du Club des Cordeliers que part la pétition présentée à l'Assemblée en faveur des deux chefs ultra-révolutionnaires (10 Pluviôse— 29 Janvier). Celle-ci en renvoie l'examen au Comité de sûreté générale, et, quatre jours après, Voulland lui déclare que ce Comité, n'ayant reçu aucune dénonciation contre les deux *patriotes* incarcérés, propose de les mettre en liberté. Philippeaux, soutenu par Bourdon (de l'Oise) et d'autres députés, rappelle alors les accusations qu'il a formulées devant la Convention au sujet de la conduite de Ronsin en Vendée. Voulland répond que l'examen de ces inculpations a été confié au Comité de salut public qui peut prendre telle mesure qu'il lui semblera convenable, mais il répète que, vu l'absence de toutes pièces à charge contre Vincent et Ronsin, le Comité de sûreté générale ne peut que proposer de les faire sortir de prison : la Convention sanctionne cette conclusion par un décret (14 Pluviôse—2 Février).

Aussitôt après leur élargissement, tous deux redeviennent d'importants personnages : Vincent reprend son poste de secrétaire général au ministère de la guerre, et Ronsin se remet à la tête de l'*armée révolutionnaire Parisienne*. Ils se hâtent de chercher à réaliser les projets de vengeance qu'ils n'ont pas craint de divulguer aux malheureux dont ils partageaient la captivité et dont ils étaient l'effroi (1); entre autres atrocités, ils ont souvent répété qu'ils finiraient par triompher, et qu'ils reviendraient alors pour délivrer les prisonniers *patriotes* et pour exterminer tous les autres.

Vincent, auquel ne suffit pas l'influence qu'il

---

(1) « Vincent était un jeune homme de vingt et quelques an-
» nées, espèce de frénétique dont le fanatisme allait jusqu'à la
» maladie, et chez lequel il y avait encore plus d'aliénation d'es-
» prit que d'ambition personnelle. Un jour que sa femme, qui
» allait le voir dans sa prison, lui rapportait ce qui se passait, in-
» digné du récit qu'elle lui fit, il s'élança sur un morceau de
» viande crue, et dit en le dévorant : « Je voudrais dévorer ainsi
» tous ces scélérats. » — *Histoire de la Révolution française* par
M. A. Thiers.

« .... Vincent habitait une chambre particulière avec
» sept ou huit autres individus aussi forcenés que lui. Ils se fai-
» saient apporter des rognons de mouton tout sanglants, qu'ils
» affectaient de manger crus en présence des autres prisonniers,
» et ils en faisaient ruisseler le sang sur leurs lèvres. » — *Biographie universelle*.

exerce au Club des Cordeliers, tente de se faire admettre comme membre de la Société des Jacobins; mais une guerre de chicane, habilement ourdie par Robespierre, lui en interdit l'accès; sa candidature est repoussée, et ceux qui se sont chargés de sa présentation sont accusés de cabales et d'intrigues (24 Pluviôse — 12 Février). Les commis des bureaux de la guerre, créatures de Vincent, s'indignent de l'affront fait à leur chef et ne se trompent plus sur celui qui en est le véritable auteur; leur indignation se manifeste au Club des Cordeliers : on y fait des allusions à l'avidité de Robespierre pour le pouvoir ; on le représente aussi comme usé par la Révolution; enfin, une scission complète éclate entre les Jacobins et les Cordeliers.

De son côté, Ronsin, en uniforme de général, parcourt à cheval les différents quartiers de Paris. Il s'arrête à chaque prison, interroge les geoliers et se fait présenter les registres d'écrou, afin, dit-il, de venir bientôt délivrer les patriotes qui sont incarcérés comme il l'a été lui-même. Comptant sur l'impunité que semble leur assurer l'audace de leur général, l'*armée révolutionnaire* et les *épauletiers* s'agitent d'une manière inaccoutumée. Une multitude de pamphlets et de libelles sont affichés sur les murs des halles et des marchés; ils accusent la Convention d'être la première cause de l'affreuse disette dont gémit la population (1); ils proposent son renouvellement et concluent à l'indispensabilité d'organiser un Pouvoir exécutif autre que le Comité de salut public (2). Enfin, le 14 Ventôse (4 Mars), Hébert déclamant devant les Cordeliers, est engagé par les plus fougueux à exprimer sans voiles sa pensée toute entière; il attaque ouvertement la Convention et divers membres du Comité de salut public : d'a-

---

(1) Par les efforts du gouvernement, on ne manquait jamais absolument de pain; mais on éprouvait sans cesse la crainte de n'en plus avoir, et un grand nombre de gens passaient les nuits à la porte des boulangers où se commettaient des désordres continuels. L'établissement du *maximum* avait donné naissance à une foule de marchés clandestins favorables à ceux qui payaient bien les marchandises, tandis que ceux qui s'en tenaient au prix du *maximum* ne pouvaient obtenir que des provisions de rebut. Des entremetteurs se portaient sur les routes au-devant des charrettes venant à Paris et achetaient à tout prix leur chargement; la rareté des denrées occasionnait un renchérissement qui motivait les plaintes les plus vives; un chou coûtait vingt sols.

(2) Les institutions à créer, auxquelles il était ainsi fait allusion, avaient été complotées dans des conciliabules tenus par les chefs des Hébertistes. Leur futur gouvernement, vaguement projeté, devait être basé sur deux principaux appuis : un tribunal révolutionnaire et une *armée révolutionnaire* de cent mille hommes. Il devait y avoir un *Grand-juge*, un *Censeur*, accusateur près du tribunal, etc.

près lui, l'insurrection seule peut délivrer le *peuple* de la faction du modérantisme, et les Cordeliers ne doivent pas être les derniers à en donner le signal.

Ceux contre lesquels est dirigée cette tentative de rébellion, s'occupent activement d'en prévenir le développement. La nécessité de frapper les chefs Hébertistes le plus promptement possible n'est plus pour eux une question; mais ils craignent d'être entravés dans leurs projets par les membres du Comité de sûreté générale, et même par quelques-uns de leurs collègues du Comité de salut public, qui sont bien plus hostiles aux modérés et à Danton qu'aux ultra-révolutionnaires (1). Un secret compromis a lieu; on s'y fait des concessions réciproques : les chefs des Dantonistes seront traités comme ceux des Hébertistes (2). L'œuvre ténébreuse achevée, il reste à livrer la lutte qui, malgré ses chances de succès, peut offrir des péripéties imprévues : Robespierre..... tombe malade.

---

(1) Cette haine provenait en grande partie du mépris que montrait Danton pour plusieurs membres des deux Comités.

(2) « .... On s'entendit; Robespierre livra Danton, Desmoulins et leurs amis ......, et les membres du Comité livrèrent Hébert, Cloots, Chaumette, Ronsin et leurs complices. » — *Histoire de la Révolution française*, par F. A. Mignet.

Il en est de même de Couthon. Billaud-Varennes et Jean-Bon-Saint-André étant en mission, Saint-Just et Collot d'Herbois se multiplient pour suffire à la situation. Tous deux haranguent énergiquement la Convention qui leur prête appui et se hâte de rendre les décrets qu'ils lui soumettent. Collot remplace Robespierre aux Jacobins et s'y fait applaudir. Il ose même aller affronter le Club des Cordeliers déjà un peu ébranlé par les décisions de la Convention, les manifestations des Jacobins, et les tentatives de réconciliation émanées de *patriotes*, membres des deux Sociétés rivales; malgré l'opposition des commis de Bouchotte et des créatures de Vincent, l'éloquence énergique et théâtrale de l'ancien comédien l'emporte aussi aux Cordeliers. D'un autre côté, la Commune hésite; des Sections, sur lesquelles les ultra-révolutionnaires croyaient pouvoir compter, ont envoyé des députations pour s'informer de la santé de Robespierre; de tous côtés, les Hébertistes voient faiblir leurs partisans et, par manque d'audace ou par défiance de ses *soldats*, Ronsin ne tente rien avec l'*armée révolutionnaire*.

On atteint ainsi le jour où le Comité de salut public voit ses pouvoirs mensuels renouvelés par la Convention (22 Ventôse-12 Mars). Le lendemain, Saint-Just prononce devant l'Assemblée nationale un de ces discours à la conclusion desquels elle est habituée à obéir, et Fouquier Tinville reçoit l'ordre de mettre en arrestation les principaux ultra-révolutionnaires. Le soir, la Société des Jacobins se réunit et célèbre le triomphe remporté par le *gouvernement révolutionnaire*, lorsque son ivresse est portée au comble en voyant apparaître Robespierre et Couthon, qui, malgré la prétendue faiblesse dont ils se plaignent encore, veulent fêter avec les *purs* ce jour auquel la République doit son salut. On relit avec transport le discours de Saint-Just tandis que Fouquier Tinville fait arrêter Hébert, Ronsin, Vincent, Mazuel, Momoro et leurs acolytes.

L'emprisonnement de Chaumette dont on redoutait la popularité, n'eut lieu que quelques jours après, lorsqu'il eut été privé de tous ses appuis. Dès-lors, les ultra-révolutionnaires subalternes ne songèrent plus qu'à protester de leur dévouement à la Convention et au Comité de salut public.

Un péril, dont la République s'était crue délivrée par la victoire de Savenay, reparaissait alors : la Vendée semblait renaître de ses cendres. Ce résultat était dû aux incroyables cruautés exercées par les autorités républicaines dans les villes et dans les campagnes.

Carrier était arrivé à Nantes le 17 Vendémiaire (8 Octobre). Le Comité de salut public, irrité des défaites qu'éprouvaient alors ses armées, l'avait chargé d'une mission de vengeance et de terreur : « Il doit, » avait dit Robespierre, « passer sur » le pays rebelle comme un fléau destructeur. » Le délégué du Comité de salut public surpassa ce sanglant programme.

Ses premiers actes furent : la création d'une bande révolutionnaire dénommée *Compagnie Marat*, la faculté donnée à ceux qui la composaient de faire des perquisitions et d'emprisonner les citoyens, l'établissement d'un comité et d'un tribunal révolutionnaires, l'invitation adressée aux Sans-culottes de dénoncer les négociants et de s'emparer de leurs biens, et enfin, l'établissement permanent de la guillotine (1).

---

(1) Propos de Carrier :

A un représentant du peuple : « Il faut à tout prix se défaire » des marchands; s'ils ne sont pas tous incarcérés sous peu de » jours, je les décime. A Nantes, cinq cents têtes doivent tomber » par jour, et la Vendée doit devenir un désert. »

A la société populaire : « Vous, mes bons Sans-culottes qui

CHAPITRE XXXI. — NIV. AN II. — JANV. 1794.

En raison des péripéties de la guerre que se faisaient Charette et Haxo sur la rive gauche de la Loire, chaque localité était successivement occupée par les troupes des deux partis trop faibles pour obtenir des avantages définitifs. Les paysans, qui venaient avec leurs femmes et leurs enfants chercher un refuge dans la ville, étaient tous indistinctement accusés d'avoir porté les armes contre la République et traités comme rebelles. Carrier promettait amnistie aux délégués qui apportaient la soumission de petits détachements de Vendéens, et lorsque ces faibles troupes avaient rendu leurs armes, elles étaient emprisonnées et fusillées. Tout le monde connaît les noyades, les *mariages républicains,* le trafic des geôliers qui *louaient* les plus jolies prisonnières, l'envoi à la mort de femmes enceintes et d'enfants de l'âge le plus tendre, etc. Les prisons, toujours vidées et toujours pleines, s'appelaient l'*entrepôt.* Suivant Carrier, la Vendée toute entière

---

» êtes dans l'indigence, tandis que d'autres sont dans l'abondance,
» ne savez-vous pas que ce que possèdent les gros négociants vous
» appartient. Il est temps que vous jouissiez à votre tour ; faites-
» moi des dénonciations ; le témoignage de deux bons Sans-
» culottes me suffira pour faire tomber une tête. »
  Etc., etc.

devait périr par le fer, le feu ou la faim. Ses ordres aux généraux n'étaient que des excitations au meurtre, à l'incendie, à la dévastation ou à l'enlèvement des subsistances (1); le vieil

---

(1) *Lettre de Carrier au général Haxo.*

« Nantes, 23 Frimaire (13 Décembre). »

« J'apprends à l'instant, mon brave général, que les commis-
» saires du département de la Vendée veulent partager avec ceux
» du département de la Loire-Inférieure les subsistances en four-
» rages qui se trouveront dans Bouin ou dans Noirmoutiers. Il est
» bien étonnant que la Vendée ose réclamer des subsistances, après
» avoir déchiré la patrie par la guerre la plus sanglante, la plus
» cruelle. Il entre dans mes projets, et ce sont les ordres de la
» Convention nationale, d'enlever toutes les subsistances, les den-
» rées, les fourrages, tout en un mot, de ce maudit pays; de li-
» vrer aux flammes tous les bâtiments, d'en exterminer tous les
» habitants, car je vais incessamment t'en faire passer l'ordre ; et
» ils voudraient encore affamer les patriotes après les avoir fait
» périr par milliers. Oppose-toi de toutes tes forces à ce que la
» Vendée prenne ou garde un seul grain. Fais-les délivrer aux
» commissaires du département séant à Nantes ; je t'en donne
» l'ordre le plus précis, le plus impératif; tu m'en garantis dès
» ce moment l'exécution. En un mot, ne laisse rien dans ce pays
» de proscription : que les subsistances, denrées, fourrages, tout,
» absolument tout, se transporte à Nantes.

» CARRIER. »

Lettre de Carrier au général Dufour.

« Continue, camarade, de servir la république et d'exécuter les
» ordres que je te donnerai. Qui peut être à l'abri dans les circons-
» tances où nous nous trouvons? Je te rendrai justice ; brûle,
» brûle toujours; mais sauve les grains, denrées et fourrages, et
» n'en laisse point dans la Vendée, c'est Carrier qui te le recom-
» mande. »

Haxo disait que chaque lettre de Carrier lui donnait envie de se brûler la cervelle.

Dans ces circonstances, Marceau et Kléber remportèrent la victoire de Savenay (3 Nivôse —23 Décembre). Le lendemain du combat, ils se rendirent à Nantes, avec quelques troupes, pour assister à une fête en l'honneur de leur succès. La société patriotique réunie dans l'église de Sainte-Croix, lieu des séances du club populaire, voulut leur décerner une couronne civique; mais le représentant du peuple, Turreau, tenta de s'y opposer, parce que, dit-il, c'était les soldats qui remportaient les victoires, et que des honneurs rendus à des généraux chargés de broderies, lui semblaient *puer à plein nez l'ancien régime et les aristocrates*. Kléber, contenant son indignation, répondit noblement : « Je sais que ce
» sont les soldats qui remportent les victoires,
» mais il faut qu'ils soient conduits par les géné-
» raux qui sont les premiers soldats, et qui doi-
» vent maintenir l'ordre et la discipline, sans les-
» quels il n'y aurait pas d'armée. Marceau et
» moi, nous n'acceptons cette couronne que pour
» l'offrir à nos camarades et l'attacher à leur
» drapeau. » La foule applaudit; mais cet incident répandit la tristesse et la défiance sur la

fête; les *purs patriotes* considéraient d'un œil irrité le chef militaire qui avait confondu le conventionnel avec tant d'à-propos, et les deux généraux éprouvaient un profond sentiment de dégoût pour les hideux spectacles qui frappaient leurs yeux.

D'autres chagrins les attendaient. Le général Turreau s'était rendu d'Angers à Rennes pour préparer un horrible plan de campagne qu'il méditait contre la Vendée; irrité par la réponse que Marceau lui avait adressée la veille de la bataille de Savenay, il envoya au ministre un rapport des plus perfides contre le jeune général qu'il venait remplacer (6 Nivôse—26 Décembre) (1). Trois jours après, il arriva à Nantes. Sa première entrevue avec celui dont il méditait la perte, eut lieu dans l'appartement de Carrier; elle fut des plus orageuses. Marceau, qui était peu endurant, se livra à des provocations que Turreau repoussa en disant qu'un officier devait respecter son général en chef. « Il fallait, » re-

---

(1) Cette lettre fort longue, aussi mensongère que perfide, est insérée tout entière dans les *Guerres des Vendéens et des Chouans par un officier supérieur*, et ainsi annotée : « Cette lettre est un » modèle de mauvaise foi et du besoin de nuire. On peut dire » que si la tête de Marceau n'est pas tombée sur l'échafaud, » ce n'a pas été de la faute de Turreau. »

prit impétueusement Marceau, « venir te faire
» reconnaître devant l'ennemi; un brave se se-
» rait empressé de nous rejoindre; mais tu es
» resté ignoré dans les jours de danger et, jus-
« qu'à ce que tu m'aies demandé de te remettre
» le service, nous sommes égaux. » Cette altercation n'eut pas d'autres suites; Turreau prit le commandement et relégua Marceau dans une sorte d'exil à Châteaubriand. Kléber alla d'abord l'y rejoindre; il fut ensuite envoyé à Beauvoir.

Pendant que les deux vainqueurs de Savenay expiaient ainsi leurs succès dans la disgrâce, les derniers débris de l'armée rebelle qu'ils avaient anéantie, étaient poursuivis de tous côtés, traqués comme des bêtes fauves et amenés prisonniers à Nantes. La quantité de malheureux des deux sexes et de tout âge qu'on entraînait dans ce vaste tombeau, s'accrut encore, lorsque Haxo se fut emparé de l'île de Noirmoutiers (12 Nivôse—1er Janvier). Malgré les nombreuses exécutions journalières, malgré les noyades, malgré des fusillades de cent cinquante à deux cents victimes, l'entassement dans les prisons y engendra la contagion des épidémies importées par les Vendéens; des geôliers et des factionnaires, asphyxiés par des miasmes impurs, tombèrent pour ne plus se relever. Le temps manquant pour faire disparaître rapidement les corps des suppliciés, les chiens qui allaient assouvir leur faim et leur soif à de sanglants cloaques, éparpillaient dans les rues de la ville des débris humains qui y répandaient une odeur cadavéreuse. L'eau de la Loire était empestée par la décomposition des matières animales; il fut interdit d'en boire. Les ancres des navires et les rames des bateaux faisaient apparaître à la surface du fleuve des cadavres qui allaient échouer sur la rive, où ils répandaient l'infection, jusqu'à ce que des fossoyeurs enrégimentés vinssent les disputer aux oiseaux de proie.

Enfin Carrier fut rappelé (26 Pluviôse—14 Février) (1). De retour à Paris, il fit à la Convention un long rapport sur la Vendée, et cette Assemblée ne manifesta pas d'indignation, lorsqu'il s'étendit, avec une certaine complaisance, sur les massacres des plus jeunes *bri-*

---

(1) Le rappel de Carrier fut probablement dû aux lettres énergiques adressées à Robespierre par Julien, fils du conventionnel. — *Examen des papiers trouvés chez Robespierre après le 9 Thermidor.* N° CVII (k, l, m, n).

gands (1). Mais il avait laissé des imitateurs : entre autres, un adjudant-général commandant à Bourgneuf, Lefèvre, qui fit noyer en une seule fois quarante-et-une victimes parmi lesquelles étaient un aveugle de soixante-dix-huit ans, des femmes, des filles et quinze enfants dont cinq à la mamelle (2).

---

(1) *Séance de la Convention* du 3 Ventôse (21 Février). — *Rapport de Carrier.*

« .... Dans ce pays, citoyens, tout a combattu contre la Ré-
» publique. Les enfants de treize à quatorze ans portent les
» armes contre nous, et les enfants en plus bas âge encore sont
» les espions des brigands. Beaucoup de ces petits scélérats ont été
» jugés et condamnés par la commission militaire. »

(2) *Pièces lues à la Convention* dans la séance du 22 Vendémiaire an III (13 Octobre 1794).

Ordre donné par Lefèvre.
« Bourgneuf, 5 Ventôse, l'an IIe de la République une
» et indivisible.

» Il est ordonné à Pierre Macé, capitaine du bâtiment *Le des-*
» *tin*, de faire remettre à terre la nommée Jeanne Biclet, femme
» de Jean Piraud ; et le surplus sera conduit par lui à la hauteur
» de Pierre-Moine ; là, il les fera jeter à la mer comme rebelles
» à la loi et, après cette opération, il retournera à son poste. »
Signé : Lefèvre, adjudant général.

Extrait des registres des déclarations faites par devant la municipalité de Bourgneuf.

« Le 17 Fructidor, an II de la République une et indivisible,...
» .... a aussi comparu le citoyen Macé, capitaine du bâtiment
» *Le destin*, lequel a déclaré......... qu'en vertu de cet ordre, le
» 5 Ventôse, il embarqua sur les sept heures du soir, avec leurs
» vivres jusqu'à Nantes, quarante et une personnes, parmi les-

La manière dont Turreau fit la guerre, complète ce hideux tableau. Deux systèmes, celui de la douceur et celui de la violence, avaient été proposés au Comité de salut public pour amener la pacification de la Vendée; Carnot, partisan du premier, dut se conformer à l'opinion de la majorité, qui opinait pour les mesures de rigueur (1); l'une des causes de la nomination de

---

» qu'elles se trouvaient : deux hommes, dont un aveugle depuis six
» ans et âgé de soixante-dix-huit ans ; douze femmes de différents
» âges, douze filles de différents âges, et quinze enfants, dont
» dix depuis l'âge de six à dix ans, et cinq à la mamelle; qu'il
» les embarqua, étant en station à Bourgneuf, avec quatre fusi-
» liers volontaires et un caporal, lesquels, le lendemain à six
» heures du soir, jetèrent les quarante et une personnes ci-dessus
» désignées, en vertu de l'ordre rapporté, en présence dudit Macé
» et de l'équipage, aussitôt qu'il fut à la hauteur de Pierre-Moine,
» et a ledit signé.

Pierre Macé.

(1) *Séance de la Convention* du 8 Vendémiaire, an III (29 Septembre 1794).

Carnot : « .... Deux systèmes ont été proposés au Comité
» de salut public; le premier de terminer la guerre de la Ven-
» dée par la force des armes; le second d'employer la douceur
» pour ramener les esprits, et c'était le mien. C'est toujours avec
» douleur que j'ai soutenu, vis à vis de mes collègues qui venaient
» me parler de la Vendée et des moyens de finir cette guerre, une
» opinion contraire à la mienne; mais c'était celle de la majorité
» du Comité. J'ai plusieurs fois tenté de faire changer de système
» au Comité, mais inutilement. Il est un autre fait. Le général
» Huchet fut dénoncé au Comité de salut public pour des cruau-
» tés qu'il avait exercées dans la Vendée et, par suite de cette dé-

Turreau, avait été l'envoi au Comité de mémoires contre l'emploi de ce qu'il appelait des demi-mesures et des palliatifs (1).

La cruelle et maladroite volonté du Comité de salut public fut accomplie. Les retards de Turreau, à Angers et à Rennes, avaient été employés par lui à préparer sa *promenade dans la Vendée*; son plan était de faire parcourir en tous sens ce malheureux pays par douze colonnes chargées de massacrer et d'incendier. En vain Haxo écrivit de Paimbœuf que, depuis la prise de Noirmoutiers, la tranquillité régnait dans le pays (2); Turreau persista dans ses affreux projets. Les douze colonnes furent formées en écartant soigneusement les généraux, les officiers, et même les anciens soldats de l'armée de Mayence; elles occupèrent leurs postes de départ le 8 Pluviôse

---

» nonciation, mis en arrestation ; arrivé au Comité de salut pu-
» blic, Robespierre le défendit, et il fut renvoyé à l'armée avec
» un grade supérieur, que je fus obligé de signer malgré mon
» opposition.........»

(1) *Biographie universelle.*

(2) *Haxo à Turreau.*

Paimbœuf, 30 Nivôse (19 Janvier).

« Le pays qui est sous mes ordres est celui de la liberté. Toutes
» les routes y sont faciles, et l'enlèvement des grains s'y fait sans
» obstacle. »

(27 Janvier). Les représentants du peuple eux-mêmes, refusèrent de participer à une aussi horrible exécution; Bourbotte et Turreau, le parent du général, demandèrent leur rappel.

Décrire ce que firent les *colonnes infernales* est impossible. Les communes républicaines furent traitées comme les communes rebelles ; une population entière d'hommes, de femmes, de vieillards et d'enfants, abandonna ses chaumières en feu pour se jeter dans les forêts; tous ceux qui pouvaient porter les armes les reprirent ; les uns rejoignirent Charette, Stofflet ou La Rochejacquelein ; les autres constituèrent des bandes séparées qui donnèrent à la *Chouannerie* des proportions inconnues jusques-là.

Cette guerre d'une espèce particulière devait son nom à ceux qui l'avaient commencée. Cottereau, bûcheron et sabotier du bourg de Saint-Ouen-des-Toits (Mayenne), avait été surnommé *chouan* (chat-huant) à cause de sa figure refrognée et de ses habitudes taciturnes ; sa famille avait hérité de cette dénomination. De ses quatre petits-fils, trois étaient *faux-sauniers*, métier illicite, mais honoré dans ce pays (1). Le plus habile, Jean

---

(1) La Bretagne, pays de franchise, n'était pas soumise à l'impôt de la gabelle: le sel s'y vendait au plus un sol la livre;

Chouan, après avoir été condamné à mort, grâcié, puis incarcéré comme soldat déserteur, avait repris des habitudes régulières(1), lorsqu'éclata dans ces contrées un soulèvement causé par un recrutement (15 Août 1792). A la tête d'une quarantaine de contrebandiers, ses anciens camarades, il se réfugia dans les bois ; d'autres bandes

---

tout à côté, le paysan du Bas-Maine devait, au contraire, le payer treize sols. Par suite, la population n'employait que du *faux-sel* (sel acheté en fraude), et les *faux-sauniers* trouvaient partout assistance; ils n'avaient d'autres ennemis que les employés de la gabelle, également exécrés de tous les habitants.

(1) Jean Chouan, le plus habile et le plus hardi des faux-sauniers du pays, fut plusieurs fois emprisonné et même condamné à mort, à la suite de rixes dans lesquelles quelqu'employé de la gabelle avait laissé la vie. La première fois, il fut gracié par le roi Louis XVI, aux pieds duquel sa mère alla se jeter pour implorer en faveur de son fils ; la pauvre femme avait franchi à pied 70 lieues en cinq jours. Une autrefois, Jean Chouan dut la vie à la famille du prince de Talmont, qui étouffa une seconde mauvaise affaire en le faisant partir pour Lille où il entra dans le Régiment de Turenne. Après une année de service, Jean commençait à regretter son pays. Son colonel lui ayant dit à une revue qu'il avait à lui communiquer une lettre qui le concernait, il crut qu'il s'agissait de quelque dénonciation contre ses anciens méfaits et qu'on allait l'arrêter ; il déserta en se laissant glisser du haut des remparts dans les fossés de la ville et rejoignit sa paroisse. Cette fois, ses protecteurs effrayés ne crurent pouvoir trouver d'asile plus sûr pour lui qu'une prison où il fut enfermé par lettre de cachet. Deux années de captivité ayant modifié son caractère et son humeur, il en sortit entièrement transformé, et il gérait consciencieusement les bois d'une propriété, à l'époque de la Révolution.

du même genre se formèrent bientôt ; alors commença cette guerre qui consistait à enlever les dépêches, à assaillir les petits détachements de *Bleus*, à punir les habitants qui favorisaient ouvertement ou secrètement les républicains, etc.

Les principaux Chouans, anciens tenanciers ou protégés des grandes familles du pays, avaient ainsi, dès l'origine, des rapports tout formés avec les chefs royalistes. Les recteurs des Paroisses, qu'ils vénéraient depuis leur enfance, trouvaient parmi eux un refuge assuré contre les poursuites révolutionnaires. Les Chouans assistaient à des messes célébrées dans les clairières des bois ou récitaient leur chapelet avant de se mettre en marche pour tendre une embuscade aux Bleus (1) ; ils accomplissaient leurs brigandages au cri de « Vive le Roi ! » La renommée grossissait leur effectif numérique et l'importance de leurs succès. Après chaque expédition, ils se retiraient au fond de leurs forêts ; ils y trouvaient abri et sécurité dans des cabanes de feuil-

---

(1) Les *Mémoires* du comte de Puisaye nient beaucoup de ces faits. On conçoit la partialité de leur auteur pour ses compagnons d'armes ; mais le tableau qu'il trace de leurs qualités ne peut être admis comme entièrement exact.

lage habilement dissimulées, dans des trous pratiqués en terre suffisamment grands pour loger cinq ou six hommes (1), et jusque dans le tronc des gros arbres. Ils recevaient d'ailleurs de nombreux secours et d'utiles renseignements de la majorité de la population, qui faisait secrètement cause commune avec eux.

La haine du service militaire et des autres exigences révolutionnaires avait fait naître la Chouannerie. Les efforts de royalistes énergiques et les mouvements occasionnés en Bretagne et en Normandie par les Girondins, avaient contribué à lui donner de l'extension. Les cruautés exercées contre les débris de l'armée catholique écrasée à Savenay, et la dévastation de tout le pays par les colonnes infernales de Turreau, accrurent dans une proportion terrible cette guerre marquée par la réciprocité du vol, de l'assassinat et du massacre.

---

(1) On était parvenu à introduire dans ces tristes demeures une commodité relative ; la grande difficulté était de les aérer.

CHAPITRE XXXII.

SORT DES GÉNÉRAUX. — RÉGÉNÉRATION DES PRINCIPES MILITAIRES. — HABILLEMENT ET SUBSISTANCES DES ARMÉES.

(Nivôse et Pluviôse, an II. — Janvier et Février 1794.)

Sommaire.

Généraux. — Leur sort sous le *gouvernement révolutionnaire.* — Carnot met les plus capables à la tête des armées. — Difficultés qu'il éprouve à les y maintenir. — Il détourne les accusations dirigées contre Lapoype et Bonaparte.

Officiers. — Considérations qui s'opposent à l'exclusion formelle et définitive d'ex-nobles encore dans les rangs de l'armée. — Obligation de savoir lire et écrire, imposée à tous les gradés, depuis le caporal jusqu'au général.

Soldats. — Interdiction de l'usage adopté par les corps d'envoyer des pétitions ou des réclamations collectives. — Indiscipline de certains bataillons de la levée en masse. — Insubordination du bataillon des Tuileries. — Réhabilitation des gendarmes autrefois licenciés par Custine. — Efforts fructueux du Comité de salut public pour rétablir la discipline.

Chevaux. — L'usage en est interdit aux officiers subalternes d'infanterie. — Différentes mesures de réorganisation. — Poursuites exercées contre les malversateurs trafiquant de la réforme des chevaux, de la vente des fourrages, etc.

Habillement. — Concussions et dilapidations. — Robespierre défend Daubigny, sa créature, adjoint du ministre et chargé du service de l'habillement. — Disette de souliers. — Mesures décrétées pour y pourvoir. — Moyens révolutionnaires employés dans le même but par des représentants du peuple et des généraux.

Subsistances. — Misère générale. — Pillages fréquents à Paris malgré les efforts d'Hanriot. — Droit de réquisition. — Ses abus. — Il est régularisé par le Comité de salut public. — Robert Lindet assure les approvisionnement des armées ; sa sagesse et sa fermeté.

Inutilité des décrets rendus en faveur des veuves et des enfants des défenseurs de la patrie. — Misère des militaires estropiés ou mutilés à la guerre.

Le Comité de salut public considérait sa dictature comme indispensable pour continuer la guerre et faire suivre les succès [déjà obtenus de victoires définitives. Effectivement, une direction suprême, ferme dans son unité, pouvait seule atteindre un pareil résultat ; mais, depuis quatre années, la course emportée de la Révolution avait successivement brisé tous les freins des lois divines et humaines. En présence de cette situation aussi terrible qu'exceptionnelle, le *gouvernement révolutionnaire* avait résolu d'imposer à la population en délire, une volonté plus forte encore que la folie à laquelle elle était en proie. Son moyen fut aussi monstrueux que le mal auquel il voulait remédier : l'action régulière de la guillotine constitua un système de torture appliqué à la Nation pour la forcer à l'obéissance.

La hache révolutionnaire frappait iniquement, mais non aveuglément. Robespierre choisissait dans les prisons avec discernement ; le royaliste, l'aristocrate, le fédéraliste, le prêtre, le général, le magistrat, la femme, la religieuse, etc. étaient successivement envoyés à la mort pour servir d'exemple à leur parti ou à leur caste. La plupart des acquittements et des condamnations que prononçait le tribunal révolutionnaire, étaient également commandés d'avance (1).

---

(1) *Déclaration faite par Fouquier-Tinville* dans la séance de la Convention du 21 Thermidor an II (8 Août 1794).
« . . . .
» Jusqu'à l'époque du *gouvernement révolutionnaire*, le tribunal
» et l'accusateur public n'avaient de rapport avec le Comité de
» salut public qu'autant qu'ils y étaient mandés. . . . .
» Quinze jours après l'établissement du *gouvernement révolution-*
» *naire*, je fus appelé au Comité de salut public. Je m'y rendis,
» et lorsque je fus arrivé dans la pièce qui précède celle où le Co-
» mité délibère, Robespierre vint à moi et me fit une scène très-
» violente, parce que je ne rendais pas compte au Comité de ce
» qui se passait au tribunal. Je lui dis que je n'étais pas dans
» l'usage de le faire, que je n'en avais point encore reçu l'ordre,
» mais que je le ferais si c'était l'intention du Comité. Il me ré-
» pondit, avec ce ton despotique qu'on lui a connu, que le Co-
» mité le voulait ainsi. D'après cela, je fus tous les soirs au Co-
» mité, et pendant plusieurs jours je ne vis que lui seul, qui me
» reçut dans la même pièce où je l'avais vu la première fois, et

La logique de cette politique de l'assassinat conduisit à l'échafaud un grand nombre de généraux destitués et mis en prison à la suite d'opérations de guerre malheureuses. Pour beaucoup d'entre eux, les revers avaient été la conséquence du manque de soldats, de l'absence d'approvisionnements, etc.; mais là n'était pas la question; on voulait prouver aux chefs militaires que toute défaite équivalait à une trahison. Ces victimes, qui regrettaient la mort du champ de bataille, subissaient leur supplice sur la place de la Révolution (1), bien que Billaud-Varennes, dans un accès de sauvage férocité, eût obtenu de la Convention un décret en vertu duquel tout général, condamné à mort, devait être exécuté devant le front des troupes qu'il avait commandées (2).

» où il me faisait des reproches très-amers sur ce que je ne fai-
» sais pas juger tels généraux, tels individus..................

« .... Robespierre avait des espions, des agents dans le
» tribunal, et le président Dumas était son complice...... »

(1) Dans les mois de Pluviôse et de Ventôse, le tribunal condamna à mort les généraux Camillo Rossy, Marcé, Desherbiers-Lestenduaire, Ferrand (Pierre-Elysée), Dortoman, Chancel, Desacres, Quétineau et d'autres encore.

(2) *Séance de la Convention* du 12 Nivôse (1ᵉʳ Janvier).

Billaud-Varennes : « Jusqu'à présent, les généraux traîtres à la
» patrie ont été suppliciés à Paris, où le peuple est à la hauteur
» de la révolution ; leur punition n'atteint pas le but principal
» qu'elle devrait avoir : celui d'effrayer tous ceux qui auraient des
» desseins perfides et de montrer à l'armée que le temps est passé

Mais l'esprit démagogique ne s'acharnait pas seulement contre les généraux malheureux à la guerre. Chaque comité révolutionnaire, chaque Société populaire constituait, pour les chefs militaires, une réunion d'ineptes appréciateurs; les représentants du peuple, en mission dans les départements, avaient besoin de l'appui de ces infimes soutiens; aussi, par politique, par concordance de vues ou pour éviter d'être eux-mêmes soupçonnés, ils confirmaient souvent les dires des plus ignares dénonciateurs. Aux armées, les conventionnels revendiquaient ordinairement leur part dans les succès (1); mais ils imputaient les revers aux fautes des généraux. Enfin, l'Assemblée nationale en était arrivée à admettre, presque sans examen, toutes les accusations qui inculpaient les chefs militaires.

De là surgissaient souvent des complications

» où l'on livrait impunément les défenseurs de la République. Si
» Custine eut été supplicié à la tête de l'armée du Nord, peut-être
» serions-nous maintenant rentrés dans la Belgique, suivant le
» plan que nous en avions donné. Je demande que dorénavant
» tout général condamné par le tribunal révolutionnaire soit exé-
» cuté à la tête de l'armée qu'il aura commandée. »

Cette proposition est adoptée.

(1) «....... Ce ne fut qu'au jour, et lorsqu'on était maître
» du fort depuis longtemps, que les représentants du peuple vin-
» rent le sabre à la main, d'un air décidé et luron, complimenter
» les soldats.» *Mémoires* de Napoléon (siége de Toulon).

nuisibles aux résultats déjà obtenus par Carnot. Mettre les plus capables à la tête des armées, constituait une partie de la mission à laquelle, depuis son entrée au Comité de salut public, il consacrait journellement de seize à dix-huit heures de travail. Tout militaire jugé susceptible de réaliser quelque brillante espérance, était immédiatement élevé aux grades supérieurs, quels que fussent d'ailleurs son origine, ses antécédents et sa position du moment. Hoche, dont Carnot avait su discerner immédiatement le mérite(1), avait été rapidement nommé adjudant-général, et chargé de la défense de Dunkerque (2), dont il avait fait lever le siége au moment de la victoire de Hondschoote ; puis général en chef de l'armée de la Moselle à l'âge de vingt-quatre

---

(1) « Au commencement de la guerre, Hoche, étant encore peu
» connu, envoya au Comité de salut public un mémoire sur les
» moyens de pénétrer en Belgique. Quand j'eus lu ce mémoire,
» je dis, par forme de conversation, au Comité : Voilà un ser-
» gent d'infanterie qui fera du chemin. Mes collègues me de-
» mandèrent de qui je parlais : Amusez-vous, leur dis-je, à par-
» courir ce mémoire ; sans être militaires, il vous intéressera. Ro-
» bespierre le prit ; quand il l'eut achevé, il dit : Voilà un
» homme excessivement dangereux. Et je crois que c'est de ce
» moment même qu'il résolut de le faire périr. » — *Réponse de
Carnot au rapport fait au Conseil des Cinq-Cents sur la conjuration du 18 Fructidor.*

(2) Chapitre XXVI.

ans, il avait, avec le concours de l'armée du Rhin réunie à son commandement, refoulé les Autrichiens et les Prussiens, et débloqué Landau. Jourdan à l'armée du Nord, Pichegru à l'armée du Rhin, Dugommier à Toulon et Marceau en Vendée, constataient ces choix habiles auxquels on avait dû les succès de la fin de la campagne de 1793. La prise de Toulon valut au commandant Bonaparte, le grade de général de brigade.

Mais en même temps, les généraux malhabiles, révoqués sans explications, n'existaient plus pour celui qui avait pris si fermement en main les destinées militaires de la France; leur rappel les classait parmi les fonctionnaires destitués, que le décret du 17 Septembre qualifiait de *suspects*; ils allaient augmenter dans les prisons le nombre des infortunés parmi lesquels Robespierre triait les victimes de sa politique.

Carnot avait aussi à préserver ceux qu'il avait choisis, des conséquences des dénonciations auxquelles ils étaient exposés sans relâche (1). Kléber,

---

(1) *Dénonciation adressée par Rossignol* au ministre de la guerre, transmise au Comité de salut public, le 24 Frimaire (14 Décembre).

«........ Lorsque je pris le commandement des armées

accusé et dénoncé de tous côtés, avait été néanmoins maintenu à l'armée de la Vendée pour guider et conseiller son jeune ami Marceau, général en chef, du même âge que Hoche (1); la destruction de la grande armée Vendéenne en avait été le résultat.

On multiplierait facilement de semblables exemples; l'un d'eux concerna, parmi les généraux vainqueurs à Toulon, un ex-noble et un jeune

---

» réunies, j'y remarquai une ligue formée par une grande partie
» des généraux de l'armée de Mayence (nom qu'elle a beaucoup
» de peine à quitter). Cette ligue avait pour but de faire perdre
» la confiance des généraux sans-culottes et de mettre à leur place
» des intrigants.........»

« Tu m'as demandé ma façon de penser sur le compte de Mar-
» ceau; en bon républicain, la voici : C'est un petit intrigant en-
» foncé dans la clique, que l'ambition et l'amour propre per-
» dront. Je l'ai suivi d'assez près, et je l'ai assez étudié avec mon
» gros bon sens, pour l'apprécier à sa juste valeur. D'après les
» renseignements que j'ai pris, il était l'ami et le voisin du scélé-
» rat Pétion. Il dit hautement que la révolution lui coûte vingt-
» cinq mille livres........ En un mot, je suis forcé de te dire
» qu'il inquiète les patriotes, avec lesquels d'ailleurs il ne com-
» munique pas.

» Quant à Kléber, depuis huit jours il est concentré; il ne dit
» plus rien au conseil; il parle souvent de Dubayet, avec cepen-
» dant assez de prudence pour ne rien laisser apercevoir de leur
» ancienne amitié. C'est un bon militaire qui sait le métier de la
» guerre, mais qui sert la République comme il servirait un des-
» pote.

Etc.

(1) Chapitre XXIX.

républicain: Lapoype et Bonaparte. Le conventionnel Maignet préludait alors à sa triste célébrité. Après avoir pris part aux horreurs commises à Lyon, il avait été envoyé à Marseille; il s'y trouva avec Lapoype et Bonaparte, chargés par le Comité de salut public d'organiser la défense de la ville contre les croisières Anglaises qui y entretenaient de nombreuses intelligences.

Le nouveau général d'artillerie jugea nécessaire de relever le fort Saint-Nicolas, qui avait été démoli par les *patriotes* Marseillais, lors des premiers troubles de la Révolution (1). Il s'adressa dans ce but à Maignet que des rumeurs populaires avaient déjà prévenu, et qui vit ou affecta de voir une tentative contre-révolutionnaire dans une demande aussi naturelle. Lapoype et Bonaparte furent dénoncés à Paris par le représentant du peuple ainsi que par ses agents, et Granet (2) formula ainsi ces accusations devant la Convention (7 Ventôse-25 Février) : « Notre « collègue Maignet m'écrit de Marseille qu'on « lui propose de rétablir les bastilles élevées par

---

(1) Chapitre VII.
(2) Il avait été nommé membre du Comité de salut public en même temps que Collot-d'Herbois et Billaud-Varennes, mais il avait donné sa démission presqu'immédiatement.

« Louis XIV pour tyranniser le Midi. Cette pro-
« position lui a été faite par le chef de l'artillerie,
« de la part du ci-devant noble, le général La-
« poype. Si notre collègue eût donné dans ce
« piége et qu'il eût signé cet ordre terrible, je
« vous laisse à penser les maux incalculables qui
« eussent été la suite du désespoir des patriotes
« Marseillais. Je demande que le général La-
« poype et son chef d'artillerie soient mandés
« à la barre pour rendre compte de leur con-
« duite. »

Quelques voix proposent aussitôt de traduire Lapoype et Bonaparte devant le Tribunal révolutionnaire; néanmoins, l'affaire est renvoyée à l'examen du Comité de salut public et le même décret somme les deux généraux de comparaître à la barre dans le plus bref délai. Cette décision inopinée est sur-le-champ envoyée au Comité qui ignore encore les faits ainsi que la dénonciation; il est impossible de ne pas donner suite à la volonté exprimée par l'Assemblée, mais Carnot appréhende, pour les deux vainqueurs de Toulon, les conséquences d'un voyage dans la capitale. En raison de ces considérations, un courrier extraordinaire est dépêché à Marseille; il y porte l'ordre de la

Convention qui mande les deux généraux à Paris; mais il est chargé aussi d'un arrêté du Comité de salut public, qui enjoint à Bonaparte d'aller immédiatement établir, du côté de Cette, des batteries destinées à protéger ces parages contre les Anglais.

Lapoype arrive donc seul à Paris. Sa défense est facile, car il résulte des explications demandées à Maignet par le Comité de salut public, que c'est le général Bonaparte qui a demandé la réédification des *bastilles*. Le 23 Ventôse (13 Mars), Barère lit à la Convention les passages des lettres de ce représentant, susceptibles de disculper Lapoype; lorsque les esprits sont ainsi favorablement disposés, ce général apparaît dans l'enceinte où il est accueilli par des acclamations et invité aux honneurs de la séance, comme vainqueur de Toulon. Barère ajoute ensuite, d'une manière incidente, que si le général Bonaparte ne comparaît pas aussi pour recevoir les applaudissements de l'Assemblée, c'est qu'il est employé à organiser la défense des côtes de la Méditerranée contre les Anglais. La plupart des députés admettent cette explication; néanmoins, quelques esprits soupçonneux réclâment la lecture complète des lettres de Maignet: mais Barère élude cette demande avec son habileté ordinaire; il fait observer que le Comité de salut public l'a chargé de communiquer à l'Assemblée quelques passages de la correspondance de Maignet, et que, pour aller au-delà, il faudrait qu'une nouvelle discussion de la Convention provoquât un ordre plus étendu du Comité. L'Assemblée renvoie alors à ce dernier la fin de cette affaire, et Carnot mit un terme à toutes ces dénonciations, en satisfaisant les *patriotes* Marseillais par un ordre qui interdit de réparer le fort Saint-Nicolas (1) (2).

La manière indirecte, dont furent détournées les accusations portées contre Lapoype, fait pressentir les considérations qui s'opposaient à ce qu'un décret formel vint exclure définitivement les ex-nobles qui se trouvaient encore dans les

---

(1) *Séances de la Convention nationale* des 7 et 23 Ventôse (25 Février et 13 Mars).
Mémoires de Barère.
(2) Il est fait mention de cet épisode dans les *Mémoires* de Napoléon; mais le rédacteur de ce passage a évidemment commis plusieurs erreurs de mémoire. Pour n'en citer qu'une seule, il place cet épisode dans l'hiver qui suivit l'installation de l'armée d'Italie à quelque distance de Gênes, c'est-à-dire dans les premiers mois de 1795, et par conséquent six ou sept mois après la chute de Robespierre.

rangs de l'armée. Il se passait peu de semaines sans qu'une pétition à ce sujet fut adressée à la Convention par les Jacobins, les Cordeliers, les Sociétés populaires, etc. Cette demande, toujours la même, était invariablement renvoyée au Comité de salut public; le projet de décret, attendu et souvent promis, n'était jamais présenté, tandis qu'au contraire, des mesures prises dans un but de régénération militaire, paraissaient entachées d'esprit réactionnaire aux yeux des *purs patriotes*.

Une grande quantité d'individus sortis des bas-fonds de la société, étaient devenus officiers en vertu de commissions en blanc que les employés de Bouchotte et de Vincent avaient distribuées par paquets à leurs amis; d'un autre côté, un nombre très-considérable de soldats et de volontaires avaient vu leur bravoure récompensée par des grades. Malheureusement, ceux qui avaient acquis des épaulettes d'officiers de deux manières si différentes, avaient souvent, pour point commun de ressemblance, une ignorance complète des élémens de l'instruction la plus vulgaire; les conséquences fâcheuses qui en résultaient, furent ainsi signalées à la Convention par Merlin (de Thionville) : « Des chefs de poste

« qui ne savaient pas lire, ont oublié le mot
« d'ordre et se sont laissé surprendre; des com-
« mandants de bataillon, aussi ignorants, ont
« porté leurs troupes à des endroits autres que
« ceux qui leur avaient été assignés par des or-
« dres écrits; d'autres se sont trompés en lisant
« l'heure à laquelle ils devaient exécuter quelque
« opération. De cette ignorance, du besoin de se
« faire expliquer par un tiers un billet empreint
« pour eux de caractères hiéroglyphiques, il résulte
« l'impossibilité de garder le secret des ordres
« envoyés par les généraux. Bien plus, l'inintelli-
« gence des signes géographiques a fait que des
« colonnes, surtout dans la guerre de Vendée,
« ont parcouru des marches incompréhensibles,
« parce que leurs chefs, en consultant des cartes,
« avaient pris des *flèches* pour des ponts, des
« routes pour des rivières, et avaient supposé
« des montagnes, là où existaient des ravins et
« des plaines. » Cette énumération, à la fois
triste et burlesque, triompha enfin des déclamations des révolutionnaires acharnés au sujet de
l'inutilité de l'instruction pour les officiers; il fut
décrété que, tout homme gradé, depuis le caporal jusqu'au général, devait savoir lire et écrire
(27 Pluviôse-15 Février).

Chaque jour, pour ainsi dire, donnait naissance à quelque nouvelle décision tendant à faire disparaître les coutumes désordonnées et subversives que la Révolution avait successivement introduites dans l'Armée. L'une des plus contraires au rétablissement de la discipline, était l'habitude, qu'avaient contractée les Corps, d'envoyer des députations à la Convention, au Pouvoir exécutif, aux Ministres, etc. Un décret du 15 Nivôse (4 Janvier) interdit ces manifestations : les réclamations et les demandes individuelles durent être seules admises à l'avenir, et il fut décidé que l'on sévirait rigoureusement contre les mandataires de pétitions collectives.

Quelques jours après (24 Nivôse-13 Janvier), les gendarmes autrefois licenciés par Custine, pour leur insubordination effrénée (1), furent rappelés sous les drapeaux, « parce que, » dit le décret de réhabilitation, « ils avaient été suffi-« samment punis pour un défaut de discipline, « réparé depuis par une bonne conduite. »

Les faits les plus significatifs à cet égard s'étaient passés au départ de la Levée en masse. Il était impossible que cette quantité de

---

(1) Chapitre XXV.

bataillons novices parcourût la France sans causer certains désordres sur son passage. Parmi les réquisitionnaires, les uns étaient surexcités par l'étrangeté de leur position nouvelle; les autres n'obéissaient qu'à contre cœur; tous étaient jeunes et susceptibles de céder aux entraînements du plaisir, de la turbulence ou de la colère; des fatigues auxquelles ils n'étaient pas habitués, augmentaient encore chez eux les dispositions à l'impatience; enfin, ils traversaient des localités où l'esprit public n'était pas plus calme que celui qu'ils y apportaient. Par suite, il y eut souvent des querelles que les Représentants du peuple ou les officiers municipaux parvinrent fréquemment à apaiser. D'autres fois, les réclamations des autorités locales ou des Sociétés populaires parvinrent jusqu'à la Convention. C'est ainsi qu'une députation de Montagne-sur-Aisne (Sainte-Menehould) vint se plaindre à l'Assemblée de ce que le 5° bataillon de la réquisition de Paris (Section du Panthéon), s'était comporté d'une manière très-incivique (16 Brumaire—6 Novembre) : il avait, disait-elle, cherché à dissoudre la Société républicaine de la ville, empêché de lire le bulletin de la Convention, etc. Lorsqu'il ne s'agissait que de discordes passagères, inévitables au milieu de l'effervescence générale, on donnait hautement raison aux plaignants; ils se retiraient satisfaits de cette approbation et la rapidité du cours des événements faisait le reste.

La vigueur et l'habileté du gouvernement révolutionnaire se manifestèrent au contraire d'une manière remarquable, lorsqu'il s'agit de quelque fait contraire à l'esprit d'obéissance militaire qu'il fallait rétablir à tout prix. Le 11ᵉ bataillon de Paris (Section des Tuileries) partit de la capitale pour Cherbourg dans le même état que la plupart des Corps fournis par la Levée en masse, c'est-à-dire, avec peu de fusils et sans souliers de rechange. Après une marche de quatre-vingt lieues, pleine pour eux de fatigues et de misères jusqu'alors inconnues, ces réquisitionnaires arrivèrent à Carentan, heureux d'approcher du but où ils espéraient jouir d'un repos qui leur était si nécessaire (26 Brumaire-16 Novembre). C'était au moment où, par suite d'une des péripéties de la guerre Vendéenne, l'armée royaliste fugitive se rapprochait de ces localités; le pays entier était dans l'attente la plus inquiète; le tocsin retentissait dans les campagnes et la générale résonnait dans les villes.

A l'arrivée du bataillon à Carentan, le général Dutoux et les Administrateurs du District lui ordonnent de rétrograder sur Coutances. Cet ordre est reçu avec déplaisir par les réquisitionnaires, dont la patience encore novice est épuisée par la marche, la faim et les intempéries; ils objectent qu'un ordre ministériel les envoie à Cherbourg; néanmoins les autorités locales insistent, et le bataillon qui occupe la grande place de la ville, délibère sur la route qu'il doit prendre. Cette hésitation excite l'irritation de quelques *patriotes*; ils s'écrient qu'il faut immédiatement tirer le canon sur ces *muscadins* et ces contre-révolutionnaires. Les jeunes Parisiens répondent à ces manifestations hostiles par des propos non moins violents, lorsqu'apparaissent quelques caisses de cartouches commandées d'avance pour garnir les gibernes du bataillon ; les réquisitionnaires se partagent ces munitions avec avidité; une caisse se brise, le contenu s'en échappe, et les plus proches se précipitent pour ramasser le précieux approvisionnement. Cette scène d'agitation est considérée par les habitants comme le prélude d'une attaque; le tocsin qui s'était tû un instant, retentit de nouveau, tandis que le bataillon s'apprête à repousser vigoureusement les agresseurs.

Cependant, par les efforts de quelques individus raisonnables, ces dangereux préparatifs ne sont suivis d'aucun résultat irréparable; mais les réquisitionnaires, non moins irrités que leurs adversaires, sortent de Carentan et se dirigent vers Cherbourg, leur destination primitive. Les autorités locales dont ils violent ainsi les ordres, adressent leurs plaintes au représentant du peuple Laplanche, en ce moment à Caen; ce conventionnel est mal disposé à l'égard des jeunes soldats Parisiens, par suite de difficultés qu'il a déjà éprouvées de la part du bataillon de la Halle aux blés (1). Les vaisseaux Anglais qui croisent en vue des côtes et la proximité de l'armée Vendéenne l'obligeant à consacrer toute son activité à l'organisation de la défense, il ne prend pas le temps d'approfondir des faits auxquels la gravité des circonstances implique d'ailleurs une couleur odieuse: il expédie au Comité de salut public, un rapport dans lequel il accuse le bataillon des Tuileries d'avoir tenu la

---

(1) L'épisode dans lequel figura le Bataillon de la Halle aux blés, a beaucoup d'analogie avec celui qui est cité ci-dessus. Il en fut de même pour un grand nombre de bataillons de réquisition. Celui des Tuileries a été choisi pour exemple, bien que les faits se fussent passés en Brumaire, parce qu'ils eurent le plus grand retentissement.

conduite la plus contre-révolutionnaire, d'avoir voulu mettre Carentan à feu et à sang, etc. (1).

---

(1) *Le représentant du peuple dans le département du Calvados et près l'armée des côtes de Cherbourg, au Comité de salut public.*

« De Coutances; le 27 Brumaire.

« J'appelle toute la sévérité de la Convention contre le 11ᵉ ba-
» taillon de la première réquisition de Paris, section des Tuile-
» ries ; il vient, au détriment de la République, d'arborer l'éten-
» dart de la rébellion la plus scandaleuse. Non contents d'avoir
» manifesté, pendant toute la route, les sentiments les plus inci-
» viques et les plus royalistes; non contents d'avoir chanté l'air
» *O Richard! ô mon roi!* et d'avoir disséminé partout leurs opi-
» nions en faveur des brigands de la Vendée, ils ont osé, les per-
» fides! désobéir ouvertement aux autorités supérieures, tant ci-
» viles que militaires, qui leur ordonnaient de voler à la défense
» de la liberté ; ils ont violenté leurs chefs ; ils ont menacé de
» mettre à feu et à sang la ville de Carentan ! et voilà les disposi-
» tions avec lesquelles ces soldats indisciplinés et aristocrates se
» sont portés à Cherbourg.

» Jugez en quelles mains repose le salut d'un port aussi impor-
» tant !..
» .... Cette nuit, par un courrier extraordinaire, j'ai re-
» quis le commandant militaire de Cherbourg, de faire évacuer
» sans délai cette ville par le 11ᵉ bataillon de Paris dont il s'agit,
» et de l'y contraindre par les voies de rigueur s'il est nécessaire. Je
» fais diriger sa marche, jusqu'à nouvel ordre, sur Saint-Lô,
» sous la surveillance de l'adjudant-général Beaufort.

» Je n'ai pas voulu prendre sur moi, citoyens collègues, de li-
» cencier à l'instant cette troupe rebelle, parce que j'espère que
» la Convention la punira d'une manière exemplaire et plus sé-
» vère. Surtout que la justice nationale suive de près le crime,
» autrement nous serions trahis par les nôtres.

» Les procès-verbaux ci-joints sont la preuve de leurs forfaits.

Le représentant du peuple, LAPLANCHE. »

Aussitôt un courrier extraordinaire est dépêché à Cherbourg, porteur des ordres inflexibles du Comité : le bataillon des Tuileries sera immédiatement transféré à la citadelle d'Arras; on l'y contraindra, au besoin, par la force; les mesures les plus sévères seront prises pour y maintenir la discipline, etc. (30 Brumaire — 20 Novembre). Au Club des Jacobins, instruit également par une lettre de Laplanche, on propose d'emprisonner tous les pères et mères de ces coupables réquisitionnaires (3 Frimaire-23 Novembre); les autres assemblées populaires manifestent une indignation non moins profonde.

Cette réprobation générale favorise le projet du Comité de salut public de donner, aux dépens d'un bataillon, un exemple d'autant plus nécessaire que la plupart des Corps de la réquisition prouvent par leur conduite, sur les routes et dans les garnisons, que la discipline leur est encore totalement inconnue. Mais il importe aussi d'arrêter le développement de l'idée de persécution émise au Club des Jacobins contre la totalité de la Section dont fait partie le bataillon insubordonné. Daubigny, créature de Robespierre (1), et membre du

---
(1) Chapitre XXVIII.

comité révolutionnaire de cette Section, est chargé de mettre en œuvre l'ingénieux moyen imaginé pour atteindre ce double résultat.

Au moment où l'assemblée populaire de la Section des Tuileries déplore le déshonneur que fait rejaillir sur elle la conduite de son bataillon, Daubigny propose que les pères et mères aillent eux-mêmes demander à la Convention la punition de leurs enfants coupables ; cette motion essentiellement républicaine est accueillie avec les trépignements de l'approbation la plus enthousiaste. Le lendemain (4 Frimaire-24 Novembre), une foule éplorée de six cents individus, soi-disant les pères et les mères de la Section, se présente à la Convention, et celui qui les guide prend la parole d'une voix entrecoupée : « Citoyens !.... Une partie de la nom-
« breuse jeunesse qui fait l'espoir de la Patrie a
« méconnu sa voix..... Dans un bataillon de ré-
« quisition, on a chanté publiquement l'abomi-
« nable refrain : *O Richard ! ô mon Roi !* rallie-
« ment ordinaire des infâmes brigands de la Ven-
« dée..... Que du sein de la Montagne sacrée, sorte
« à l'instant le feu vengeur qui doit dévorer ces
« rebelles !..... Que le plomb destiné aux Autri-
« chiens et aux satellites des tyrans coalisés at-

« teigne à l'instant les coupables!..... La Section
« des Tuileries a la douleur de compter parmi ses
« enfants, s'il faut encore leur donner ce nom, des
« traîtres qui ont abandonné la cause de la li-
« berté..... Les pères et mères viennent vous de-
« mander leur punition..... De vrais sans-culottes
« sauront bien, par des adoptions républicaines,
« se dédommager amplement d'un tel sacrifice.....
« Nous irons, s'il le faut, remplacer ces enfants
« coupables..... etc. »

L'Assemblée entière applaudit; plusieurs Conventionnels vantent la vertu antique des pères et
mères de la Section des Tuileries. L'impression
se propageant dans les Clubs et les Sociétés populaires, il n'est plus question de les emprisonner
en masse; au contraire, il se trouve partout quelque naïf orateur qui s'étonne de ce que des parents aussi républicains aient engendré des
enfants aussi contre-révolutionnaires; l'opinion
générale est résumée par un jacobin : « *En-*
« *foncée* la République Romaine! Elle n'a eu qu'un
« Brutus, et la République Française en compte
« six cents dans un seul jour. »

Partout aussi, on parle de fusiller le bataillon rebelle. Les armées, les départements
et les Corps de réquisition reçoivent par les

journaux, les bulletins de la Convention et les correspondances officielles ou particulières, l'expression de l'indignation publique contre les faits d'insubordination militaire.

Pendant ce temps, les malheureux réquisitionnaires mis ainsi au ban du pays, tâchaient de racheter par leur soumission, la conduite irréfléchie qui, ayant déjà eu pour eux de si funestes conséquences, semblait devoir en entraîner encore de bien plus terribles. De la citadelle où ils s'étaient docilement laissés conduire, et où ils souffraient patiemment de chagrin autant que de misère, ils adressaient des protestations de dévouement à la République et des explications tendant à rétablir, sous leur véritable jour, les faits qui avaient tourné contre eux d'une si triste manière. On les autorisa à envoyer à Paris trois délégués dont les paroles confirmèrent de nouveaux rapports de Laplanche; il y rectifiait une partie des circonstances auxquelles il avait attaché d'abord une importance exagérée. En somme, la conduite du Bataillon des Tuileries fut appréciée par le Comité à sa juste valeur : une manifestation imprudente de mauvaise humeur échappée à de jeunes gens aigris par des fatigues auxquelles ils n'étaient pas habitués et provoqués par des énergumènes plus coupables qu'eux. Il fallait donc rendre à la République ces huit cents réquitionnaires qui brûlaient alors du désir d'expier devant l'Ennemi la faute commise au début de leur carrière militaire; mais l'opinion publique avait été tellement surexcitée, que cette transition exigeait certains ménagements; Barère s'acquitta adroitement de cette mission délicate.

Le 29 Frimaire (19 Décembre), il monta à la tribune. Après avoir rappelé sans ménagements toutes les accusations portées contre le bataillon, il exalta le dévouement des modernes Brutus qui avaient demandé la mort de leurs enfants. Il parla ensuite des malveillants et des conspirateurs qui s'étaient plu à grossir les torts de jeunes gens inexpérimentés et à égarer perfidement l'enthousiasme ainsi que la vertu des *purs républicains*. « La passion du bien public, » dit-il, » n'a-t-elle pas aussi ses égarements, quand elle » accuse aussi irrévocablement huit cents jeunes » gens entachés de l'éducation du despotisme, et » n'ayant encore reçu aucune instruction mili- » taire. » Il lut ensuite les dernières lettres de Laplanche, signala l'arrestation de quatre réquisitionnaires désignés particulièrement comme fauteurs du désordre, vanta l'obéissance et le patriotisme dont les prisonniers faisaient preuve depuis leur arrestation, et s'apitoya sur les rigueurs de la détention supportées par eux avec une repentante résignation; enfin, il conclut en rappelant chaleureusement le désir qu'ils manifestaient de faire oublier leur faute sur le plus prochain champ de bataille.

A la suite de cet habile plaidoyer, le décret qu'il proposa fut adopté à l'unanimité : il fut décidé que les éléments du bataillon des Tuileries seraient incorporés sans délai dans les anciens bataillons, conformément à un décret de la Convention qui s'accomplissait alors dans les armées (1). Quant aux instigateurs vrais ou prétendus de cette échauffourée, le tribunal militaire d'Arras reçut ordre de les juger conformément aux lois.

Le Comité de salut public conserva ainsi à la République un bataillon dont on pouvait certainement attendre des prodiges au premier jour de bataille; cependant, l'indiscipline avait été punie d'une manière qui avait eu un profond retentissement dans les armées. Il ne fallut pas moins que cette vigueur et cette habileté, pour inculquer aux

---

(1) Voir le chapitre suivant.

600,000 jeunes soldats de la Levée en masse, l'esprit de subordination dont la Monarchie et le gouvernement de la Convention avaient laissé si imprudemment anéantir les traditions.

Telle était donc, à cette sombre époque de notre Histoire, la position faite au personnel de l'Armée. Tous les généraux étaient en butte aux accusations les plus ineptes ; un grand nombre en étaient victimes ; mais la plupart de ceux qui possédaient un mérite exceptionnel, échappaient aux plus fatales conséquences des dénonciations par l'effet d'une protection intelligente. Des lois nouvelles tendaient à relever le corps des officiers des conditions de honteuse ignorance dans lesquelles l'avaient plongé d'absurdes révolutionnaires. L'indiscipline, naguère préconisée et encouragée, était flétrie et sévèrement punie.

Les vertus prétendues républicaines, la frugalité, la simplicité, etc., furent souvent invoquées pour faire disparaître des abus et réduire au silence de gênants déclamateurs. Conformément aux habitudes de l'armée monarchique, un grand nombre de capitaines, lieutenants et sous-lieutenants d'infanterie employaient des chevaux de selle à leur usage. La cavalerie était ainsi privée de ressources précieuses, et le Trésor subissait une perte considérable, puisque à la faveur du désordre général, ces montures superflues étaient nourries aux dépens de l'État. La proposition de les supprimer souleva de nombreuses objections à la Convention; mais elles furent réfutées au nom de l'austérité républicaine et de l'égalité qui devait régner entre les officiers et les soldats. L'adoption de ce décret constitua un bénéfice journalier de 30,000 rations de fourrage (16 Frimaire-6 Décembre) (1).

Des décisions sans nombre attestent la sollicitude avec laquelle on s'attacha à reformer la cavalerie entièrement ruinée par la Révolution; les prix d'achat furent de nouveau fixés pour les montures des différentes armes (2); on organisa un service particulier pour que les chevaux fatigués fussent refaits chez les cultivateurs; l'École des trompettes qui existait à Paris avant la Révolution, dut être rétablie; etc. etc. Ces divers décrets ne furent pas tous suivis d'une exécution complète; mais ils caractérisent la voie nouvelle dans laquelle entrait l'Armée. On tenta également

---

(1) Les capitaines âgés de plus de cinquante ans eurent seuls droit à un cheval nourri par l'État.

(2) 1000 livres pour la grosse cavalerie, l'artillerie et les charrois; 900 livres pour les dragons; 800 pour les chasseurs et les hussards. — *Décret* du 24 Nivôse (13 Janvier).

de réprimer les vols et les dilapidations auxquels donnaient lieu l'achat et la réforme des chevaux, ainsi que les acquisitions de fourrage (1). Des maquignons et des fournisseurs, des employés des dépôts de cavalerie et des entrepreneurs de charrois furent envoyés à l'échafaud ; mais ces terribles exemples ne suffirent pas pour réprimer la multiplicité des fraudes que favorisait le tourbillon révolutionnaire ; d'ailleurs, ce ne fut pas toujours sur les coupables que s'appesantit la *justice* du tribunal.

Il en fut de même à l'égard des fournisseurs d'habits ou de souliers : l'emprisonnement d'un grand nombre et la mort de quelques-uns ne triomphèrent pas des abus invétérés que facilitait l'immensité des besoins. On avait encouragé par tous les moyens possibles l'usage des dons patriotiques (2) ; ces offrandes, dues à la crainte plus encore qu'à la générosité de citoyens ruinés eux-mêmes pour la plupart, étaient alors extrêmement multipliées (3) ; mais elles ne consti-

---

(1) Sur 93 chevaux présentés pour être réformés, le représentant du peuple Levasseur (de la Sarthe) n'en trouva pas un seul qui ne fut en état de continuer le service.— *Séance de la Convention du 26 Brumaire (16 Novembre 1793).*

(2) Chapitre XXVII.

(3) Il suffit de citer comme exemple un de ces dons si fréquens.

tuaient qu'une ressource insuffisante et irrégulière. D'immenses ateliers de confection avaient été établis de tous côtés par les autorités révolutionnaires; c'était dans la fabrication et la livraison de ces fournitures que se commettaient toutes sortes de malversations.

La concussion partait des premiers employés du ministère de la guerre, admis ou choisis par Bouchotte en raison de leur *patriotisme*. L'adjoint du ministre, chargé du service de l'habillement, était Daubigny auquel la faveur de Robespierre avait valu cette place importante, bien qu'il eut été accusé d'avoir participé au vol du Garde-meuble et à d'autres soustractions commises au Château des Tuileries dans la journée du 10 Août (1). En vain, des preuves accablantes se multipliaient contre le directeur infidèle d'un service qui eût exigé

Le 1er Pluviôse (20 Janvier), une députation de la société populaire de Châlons-sur-Saône offrit à la Convention : 4277 chemises, 339 draps, 269 aunes de toile, 95 habits d'uniforme, 21 manteaux, 8 houppelandes, 7 pantalons, 3 couverts, 6 soutanes, 1 redingote, 24 paires de guêtres, 26 vestes, 20 culottes, 53 paires de bas, 1 bonnet de coton, 12 paires de souliers, 9 paires de bottes, 4 fusils, 7 gibernes, 2 pistolets, 10 sacs de peau ou de toile, 7 mouchoirs, 3 chapeaux, 6 linges à barbe, 2 selles, 1 bride, 1 capote, 4 cols, 3 épaulettes et contre-épaulettes en or, 1 paquet de charpie, 1 cavalier monté et équipé, 8798 livres 6 sols en assignats, 1144 livres 14 sols en numéraire, 1300 marcs d'argent et quelques marcs d'or.

(1) Chapitre XXVIII.

la plus sévère probité, Robespierre défendait sa créature.

Le 12 Nivôse (1ᵉʳ Janvier), le conventionnel Charlier, rapporteur du Comité des marchés, présenta à la Convention un spécimen des capotes données aux soldats pour l'hiver ; l'étoffe en était légère et mauvaise ; la doublure, en toile d'emballage ; il montra en même temps un échantillon d'une importante fourniture de bas tellement mauvais qu'ils n'avaient pu servir qu'une fois. La Convention décréta aussitôt l'arrestation des fournisseurs ; Billaud-Varennes proposa, en outre, qu'ils fussent conduits à l'armée pour être exécutés en présence des troupes, couverts des capotes qu'ils avaient fournies. Bourdon (de l'Oise), ajouta que la responsabilité ministérielle ne devait plus être un vain mot, et que l'adjoint au ministre, chargé du service de l'habillement, méritait d'être traduit au tribunal révolutionnaire. La Convention sanctionna encore cette dernière mesure ; mais Robespierre trouva des raisons spécieuses pour exonérer son protégé de toute responsabilité: « On vient, » dit-il, « de décider la mise en
« accusation d'un homme zélé pour la République,
« dont le nom rappelle de signalés services rendus
« à la Patrie, et qui est le coopérateur du Comité

« de salut public, Daubigny. En supposant que le
« fait soit réel, l'organisation du département de
« Daubigny est telle, qu'il ne peut connaître les
« dilapidations que par les dénonciations qu'on
« lui en fait. D'ailleurs, les faits peuvent ne pas
« avoir été assez approfondis, et il est dangereux
« que l'Assemblée frappe, sans examen, un agent
« du gouvernement, car vous finiriez par para-
« lyser le gouvernement lui-même. Je demande
« que la Convention reprenne le caractère de
« dignité qui lui convient, et que le décret sur
« Daubigny soit rapporté. »

En vain Bourdon (de l'Oise) insista sur la responsabilité que l'adjoint au ministre devait encourir, lorsqu'il sanctionnait l'acceptation de modèles défectueux par l'apposition du cachet ministériel; la parole de Robespierre était trop puissante pour que ses sophismes n'obtinssent pas raison devant la Convention; le décret rendu contre Daubigny fut révoqué.

Les armées souffraient surtout du manque de souliers. Un décret du 4 Brumaire (25 Octobre), avait ordonné que tout ouvrier cordonnier remit à sa Municipalité cinq paires de souliers par décade; mais il n'avait pas été exécuté et, malgré quelques livraisons et les dons patriotiques, les soldats en étaient souvent réduits à se fabriquer des chaussures avec du foin tressé. Le 18 Frimaire (8 Décembre), Barère, au nom du Comité de salut public, fit adopter le décret suivant : « A « compter du 1ᵉʳ Nivôse (21 Décembre) et jus- « qu'au 20 Pluviôse (8 Février), tous les cordon- « niers de la République seront exclusivement « occupés à fabriquer des souliers pour les mili- « taires en état de service. Ceux qui, pendant cette « période, travailleraient pour des particuliers, « verront leur ouvrage confisqué et seront con- « damnés à l'amende.

« Pour éviter la possibilité d'éluder cette in- « jonction et empêcher tout trafic illicite, les « souliers destinés à l'armée auront une forme « particulière; ils seront tous carrés par le bout; « nul citoyen, autre que les militaires en activité « de service, ne pourra en porter de cette forme. « Les particuliers qui en porteraient, seront cen- « sés les avoir achetés des soldats et condamnés « comme s'étant livrés à un trafic illicite. »

Ce même jour, sur la proposition de Chaumette et de Pache, le Conseil de la Commune invita les bons citoyens à donner leurs souliers pour les armées, et à économiser cette portion essentielle de l'approvisionnement militaire en portant des sabots. Cette chaussure devint pour les énergumènes une preuve de *patriotisme*; mais avant que ces résolutions extrêmes n'eussent produit leur effet, les représentants du peuple et les généraux remédièrent souvent à la pénurie des troupes par les moyens les plus insolites, les seuls qui fussent en leur pouvoir.

Ainsi Saint-Just et Lebas, usant à Strasbourg de leur terrible omnipotence, procurèrent à l'armée du Rhin 10,000 paires de souliers en une matinée (1). Dans sa séance du 28 Nivôse (17 Janvier), la Société des Jacobins applaudit à la lecture d'une lettre d'un officier de la même armée, qui mandait qu'à son arrivée dans le comté de Newstadt, Hoche s'était fait fournir par les habitants, 10,000 capotes, 10,000 culottes, autant d'habits et 20,000 chemises.

---

(1) « *Les représentants du peuple à la municipalité de Strasbourg.*

» Dix mille hommes sont nu-pieds dans l'armée; il faut que vous
» déchaussiez tous les aristocrates de Strasbourg, et que demain, à
» dix heures du matin, les dix mille paires de souliers soient en
» marche pour le quartier général.

» Strasbourg, le 25 Brumaire.

SAINT-JUST, LEBAS. »

En Frimaire, 22,000 hommes étant arrivés à Arras dans un état de délabrement indescriptible, les Autorités républicaines adressèrent à leurs administrés une de ces *invitations* auxquelles chacun s'empressait alors d'obéir. Un moyen encore plus expéditif fut employé dans une ville du Nord; l'annonce d'une grande revue fit affluer la foule sur le champ de manœuvre; au moment où la multitude considérait attentivement les mouvements des troupes, une savante évolution eut pour effet d'enfermer les curieux dans un carré dont ils ne sortirent qu'en abandonnant leurs chaussures aux soldats.

La République, qui déshabillait les citoyens pour vêtir ses défenseurs, fut forcée de recourir à des moyens analogues pour nourrir les armées. Il fallait pourvoir à la subsistance de 600,000 hommes aux frontières; cependant, les assignats, le *maximum* et les autres malheurs révolutionnaires avaient anéanti toutes les transactions commerciales: chaque habitant de Paris n'obtenait son pain quotidien qu'au moyen d'une carte spéciale, et à la condition de passer plusieurs heures *à la queue,* devant la boutique d'un boulanger.

Quant à la viande, les classes malaisées ne pouvaient y songer; on leur prodiguait les plus captieux raisonnements pour tâcher de leur faire prendre patience, et apaiser leurs fréquents murmures contre ce régime de prétendue liberté dont la faim semblait être la compagne inséparable. « Les patriotes, » s'écriaient, à la tribune des Jacobins, des orateurs parfois gras et fleuris, « ne doivent-ils pas savoir faire quelques sa-
» crifices pour la subsistance des armées qui
» vont assurer aux frontières le triomphe défi-
» nitif de la Liberté? Se montreraient-ils infé-
» rieurs à ces nègres, qui n'ont dernièrement
» réclamé de la Convention que la liberté et des
» pommes de terre? La frugalité et l'économie
» ne sont-elles pas les premières vertus répu-
» blicaines? Paris se lasserait-il de donner l'exem-
» ple aux départements, dont plusieurs viennent
» de s'imposer un carême civique? L'amour de
» la liberté ne serait-il pas assez puissant pour
» faire supporter les jeûnes que la superstition
» faisait rechercher aux catholiques? Imitons
» les bataillons de l'armée du Rhin qui n'ont
» pas voulu manger avant d'avoir repris Lan-

» dau!..... etc. » Ces ridicules impostures et ces pitoyables raisonnements étaient surtout applaudis par ceux qui échappaient à la faim; les autres se retiraient persuadés ou feignant de l'être; mais cette affreuse misère occasionnait de fréquentes scènes de pillage dans les boutiques ainsi qu'à la Halle. Hanriot faisait des proclamations (1) et envoyait des patrouilles sur le lieu du désordre; mais la plupart du temps, elles arrivaient trop tard; elles déployaient d'ailleurs, envers les perturbateurs, une indulgence dont elles avaient parfois besoin pour elles-mêmes.

En présence d'une telle pénurie, le moyen le plus fréquemment employé pour approvisionner les armées, fut celui des réquisitions. Dans l'origine, les représentants du peuple et les géné-

---

(1) *Ordre du jour* du 1ᵉʳ Floréal (20 Avril).

« .... Je ne suis pas content de la manière peu républi-
» caine de quelques citoyens et citoyennes; hier à la halle, on a
» pillé, volé plusieurs marchands de fromage, et certainement ce
» ne sont pas des sans-culottes qui ont commis le délit; ce sont des
» traîtres et des ennemis de la chose publique, des mauvais ci-
» toyens aux gages du ministre Anglais........ La Section de la
» Montagne enverra huit patrouilles, chacune de cinquante hom-
» mes, aux carreaux de la halle pour y maintenir la loi et les
» destinations des denrées à leurs véritables propriétaires.

HANRIOT, commandant général.

raux, les administrateurs de districts et les officiers municipaux, toutes les Autorités en abusèrent. Les chevaux et les mulets pour les transports, les bestiaux, les fourrages, les grains, et toutes les matières nécessaires aux premiers besoins de la vie furent frappées de réquisition; la circulation des denrées, déjà stagnante, fut complètement anéantie ; les derniers vestiges du commerce disparurent. Il en résulta un autre inconvénient : lorsqu'un agent du gouvernement voulait procéder à une réquisition dans quelque localité, ses opérations se trouvaient subitement entravées par l'effet de réquisitions antérieures. Le désordre révolutionnaire tarissait ainsi les suprêmes ressources du pays.

Le Comité de salut public sut remédier à cet état de choses. Il fit d'abord décréter par la Convention que le droit de réquisition était exclusivement du ressort de la Commission des subsistances et des approvisionnements (24 Pluviôse-12 Février). Nulle autre autorité ne put y avoir recours, sans qu'un décret spécial le lui eût délégué temporairement. En outre, un heureux hasard fit que, dans la répartition du Pouvoir entre les membres du *gouvernement révolutionnaire*, cette partie capitale de l'Administration échût à un travailleur infatigable, doué d'un esprit étendu et de la fermeté indispensable dans de telles circonstances : Robert Lindet accomplit pour l'approvisionnement des armées, les prodiges que Carnot réalisa pour leur organisation.

Il fut l'un des plus ardents adversaires de l'idée sauvage qui consistait à approvisionner Paris au moyen de prélèvements forcés, opérés dans les départements par l'*armée révolutionnaire*; il fit cesser le système des réquisitions imposées arbitrairement et indistinctement à la plupart des localités sans examen suffisant. Il mit fin à l'abus par lequel on imposait aux cultivateurs des transports de près de cinquante lieues, qui produisaient d'autant moins d'effet utile, qu'ils employaient pour s'y soustraire tous les moyens inspirés par le désespoir. A ces mesures oppressives et presque stériles, il en substitua d'autres, aussi despotiques il est vrai, mais moins vexatoires et fécondes en résultats.

Le principe général consista à verser les grains de district en district, en divergeant du centre du pays vers les armées. Chaque localité ne fut plus chargée des transports que dans les limites de son arrondissement; les charrois imposés aux cultivateurs ne durent plus excéder dix lieues.

Pour produire les immenses résultats qu'on en attendait, il fallait que ce mécanisme n'éprouvât aucune interruption dans sa simultanéité ; il fut décrété (25 Brumaire—15 Novembre) que chaque Commune devrait livrer ses grains aux réquisitions faites pour les troupes, lors même qu'elle n'en aurait pas assez pour sa propre consommation ; la Commission des approvisionnements fut chargée de remplacer ce qui manquerait aux besoins des populations dont les magasins se trouvaient ainsi vidés. Cette décision, cruelle en apparence, excita des murmures qui eussent pu devenir dangereux pour leurs auteurs. Au lieu d'agir en maître irrité, Lindet en fit venir plusieurs à Paris, leur expliqua la situation générale ainsi que les inexorables nécessités du moment, et les renvoya après leur avoir fait comprendre la combinaison qui pouvait seule amener le salut de tous, en assurant l'approvisionnement des armées.

Robert Lindet préparait aussi les ressources de l'avenir. Les Municipalités avaient été chargées de faire ensemencer les terres abandonnées des propriétaires, négligées des fermiers ou privées des bras nécessaires par la Levée en masse. Pour y parvenir, on avait mis en réquisition, dans chaque district, des cultivateurs, des manœuvres, des outils, des chevaux, des bœufs, etc. Néanmoins, comme on n'eût pu réunir au temps voulu une quantité de travail suffisante pour le labourage et les semailles, on avait retardé de trois semaines le départ des réquisitionnaires enlevés aux propriétés rurales.

Tout semblait annoncer qu'une belle récolte récompenserait de si grands efforts, et l'espoir concourait à alléger les rigueurs de la misère du moment; quelques arrivages des pays neutres constituaient pour le Midi une précieuse ressource ; des commandes extrêmement considérables de grains et de riz, avaient été secrètement faites en Amérique. Mais la récolte pouvait tromper l'espérance; le commerce des neutres constituait une ressource précaire et insuffisante; enfin, on savait que, par la trahison d'un agent, le cabinet Anglais avait eu connaissance du voyage qu'allait entreprendre la flotte qui s'organisait dans les ports de l'Amérique.

L'avenir était donc incertain et la solution de tant de difficultés ne pouvait être assurée que d'une seule manière : une série de victoires dans la campagne prochaine et l'entrée des troupes dans le pays ennemi.

La vie ou la mort de la Patrie dépendant ainsi des succès militaires, tout était sacrifié à l'indispensable nécessité du triomphe. Aussi la République qui pouvait à peine nourrir ses soldats, était-elle, malgré ses aspirations humanitaires, dans l'impossibilité de soulager la misère des classes faibles ou souffrantes, qui n'apportaient pas un concours actif à l'œuvre du salut commun.

Les veuves et les enfants de ceux qui avaient péri dans les combats, avaient certainement les premiers droits à sa reconnaissance et à ses secours; les plus belles promesses avaient été faites aux pères et aux maris, lorsqu'il s'était agi de les envoyer mourir en Vendée ou sur la frontière; une foule de décrets constataient la meilleure volonté à leur égard; mais les résultats en étaient stériles, et ceux qu'ils concernaient, mouraient de faim ou à peu près.

Un assez grand nombre de fripons étant parvenus à escroquer des secours, la défiance avait multiplié les formalités et les dépôts de titres, tels que certificats de mort, de naissance, d'identité, de mariage, etc. Ces exigences, faciles à remplir pour les gens aisés, constituaient des difficultés presqu'insurmontables pour les pauvres; les plus besogneux furent les moins secourus. Pour leur faciliter l'obtention des preuves exigées, on créa de nouveaux bureaux; la correspondance énorme qu'il fallut alors entretenir avec les armées força d'y installer de nombreux commis, et des protections plus ou moins intéressées s'y glissèrent. Les veuves et les filles les plus jolies virent s'abaisser devant elles toutes les difficultés; les autres continèrent à souffrir : il ne se passait pas de semaine, sans qu'une foule déguenillée de femmes et d'enfants décharnés, vint offrir à la Convention le spectacle déchirant de ses larmes et de sa nudité.

Chaque fois, les paroles les plus encourageantes leur étaient prodiguées; par humanité ou par politique, la plupart des principaux orateurs de l'Assemblée avaient trouvé l'occasion de faire rendre quelque décret en leur faveur; c'est ce que fit Robespierre dans le discours machiavélique où il demanda les têtes de Biron et de Custine fils; mais les mêmes obstacles subsistaient toujours entre ces malheureux et l'aumône qu'ils sollicitaient. Le 17 Nivôse (6 Janvier), après une scène des plus émouvantes, l'Assemblée décida qu'une commission rechercherait les causes qui rendaient ainsi sa bienveillance inutile; malheureusement toute solution immédiate était impossible. Le 12 Pluviôse (31 Janvier), Collot d'Herbois énuméra au Club des Jacobins les difficultés qui s'étaient opposées jusqu'alors à ce qu'on pût satisfaire ces intéressantes victimes; il annonça que cette branche de l'administration devait être entièrement réorganisée; mais il ajouta qu'elle ne fonctionnerait convenablement qu'au 1ᵉʳ Germinal (21 Mars); c'était encore un ajournement trompeur imposé à la faim.

Les militaires estropiés par la guerre étaient dans le même cas : peu d'entre eux obtenaient la liquidation de la pension à laquelle ils avaient droit, et il s'en présentait journellement à la Convention pour obtenir quelque secours transitoire. Les députés, Danton entre autres, s'indignaient de ce spectacle aussi triste que déshonorant pour la République et fulminaient contre l'incurie ou l'inhabileté du ministre de la guerre; Bouchotte s'excusait en alléguant les lenteurs des formalités exigées par la Loi, et la Convention accordait une somme arbitraire pour faire patienter le malheureux pétitionnaire. Elle poursuivait ensuite le cours de sa philantropie aussi verbeuse que stérile, en décrétant l'édification de divers hôpitaux, la confection de membres mécaniques pour les soldats mutilés et l'établissement de voitures suspendues pour les blessés. Ce que l'on fabriquait réellement, c'était 6,000 chariots et 12,000 caissons indispensables pour l'ouverture de la campagne.

CHAPITRE XXXIII.

FABRICATIONS RÉVOLUTIONNAIRES D'ARMES ET DE POUDRES. — ENTHOUSIASME NATIONAL.

(Nivôse, Pluviôse, Ventôse et Germinal an II. — Janvier, Février et Mars 1794.)

Sommaire.

Immensité des besoins.

Fers et aciers. — Fabrication d'armes blanches. — Mise en réquisition de toutes les lames de trente pouces de longueur et au-dessus.

Armes à feu. — Elles sont enlevées aux Communes. — Décret pour empêcher la perte de la baïonnette. — Immense fabrication de fusils établie à Paris. — Mesures coërcitives pour la préserver de toute entrave.

Bouches à feu en fer et en bronze. — Établissement de nouvelles fonderies. — Moulage en sable substitué au moulage en terre.

Poudres et salpêtres. — La population entière est appelée à procéder à l'extraction du salpêtre. — Défense de consommer la potasse dans les usages journaliers. — Ordre de remplacer son usage par celui de la soude. — Mesures coërcitives. — Procédé de Lavoisier employé pour le raffinage du salpêtre.

Propositions de paix repoussées. — Création de la Commission des armes et des poudres.

Présentation à la Convention des prémices de l'extraction du salpêtre par les Sections Parisiennes. — Ouverture de *cours révolutionnaires* pour apprendre aux citoyens à confectionner la poudre et à fondre les canons. — Fête du salpêtre.

Poudrerie établie à Grenelle. — *Procédé révolutionnaire* pour la fabrication de la poudre.

Établissement de Meudon.

Fabrications d'armes et extraction du salpêtre dans les départements.

Enthousiasme général pour le salut de la patrie.

« Que faut-il à un peuple libre pour être » heureux? Du pain, du fer et du salpêtre. » Tel était le mot à l'ordre du jour. Le fer et le salpêtre entraient dans les attributions de Prieur (de la Côte-d'Or) ; il déployait non moins de zèle et d'aptitude que Carnot et Robert Lindet, dans l'organisation du matériel militaire dont il était spécialement chargé. Tous trois avaient reçu, de leurs collègues du Comité, la dénomination significative et quelque peu ironique de *travailleurs*.

Un nombre prodigieux d'armes de toutes sortes était nécessaire pour munir les 500,000 réquisitionnaires de la Levée en masse ; un énorme approvisionnement de poudre n'était pas moins indispensable ; il fallait 6,000 canons en fer pour la Marine, et un plus grand nombre de bouches à feu en bronze pour les armées. Si l'on ne trouvait pas moyen de se procurer et de mettre en œuvre, dans un bref délai, l'immense quantité de métaux et de salpêtre obligatoire pour de tels résultats, les efforts qui avaient créé le personnel militaire devenaient inutiles et la France était perdue.

Le Comité de salut public ne recula pas devant cette tâche surhumaine; il fit aux sciences un chaleureux appel (1); elles y répondirent par des prodiges.

Depuis longtemps, on connaissait les moyens d'obtenir les diverses variétés de la fonte par la fusion du minerai dans les hauts fourneaux, le fer par le martelage des fontes aux hautes températures, et les aciers par la carbonisation du fer; mais, pour la pratique et la plus grande partie de sa consommation, la France était

---

(1) « La République n'a pas besoin de savants; » telle fut, dit-on, une des réponses adressées à ceux qui tentèrent de sauver le célèbre Lavoisier de l'échafaud. Le mot a pu être prononcé, mais il est tout à fait en désaccord avec l'esprit qui animait alors les chefs du *gouvernement révolutionnaire*. On prétend qu'un habile chimiste consulté sur l'utilité que pouvait retirer la République du salut de son confrère, aurait répondu que *beaucoup d'autres le valaient bien*. La véritable cause de la mort de Lavoisier fut sa fortune de fermier général.

restée tributaire de l'Étranger. La guerre avait interrompu les arrivages ; il fallait non-seulement y suppléer, mais se procurer une quantité de produits bien supérieurs en nombre à ceux que le commerce fournissait autrefois.

Une instruction sur la fabrication du fer et de l'acier, rédigée par Monge, Vandermonde et Berthollet fut répandue à profusion (1) : « Jusqu'à » présent, » disait le préambule, « des relations » amicales avec nos voisins, et surtout les en-» traves qui faisaient languir notre industrie, ont » fait négliger la fabrication de l'acier. L'Angle-» terre et l'Allemagne en fournissaient à la plus » grande partie de nos besoins. Mais les despotes » de l'Angleterre et de l'Allemagne ont rompu » toute relation avec nous. Eh bien ! Faisons notre » acier ! » L'*Avis aux ouvriers en fer* en indiqua les moyens. Il vulgarisa aussi le simple procédé par lequel on reconnaissait immédiatement, à l'aide d'une goutte d'acide, les lames en fer que des fournisseurs infidèles vendaient à la République.

---

(1) *Avis aux ouvriers en fer*, *publié par ordre du Comité de Salut public.*

Une marche analogue fut suivie pour créer une immense fabrication d'armes blanches. Sous l'énergique impulsion des Commissaires de la Convention et des agents du Comité de salut public, des manufactures s'organisèrent à Langres, Chatellerault, Grenoble, Thiers, etc.; partout, les serruriers et les maréchaux ferrants s'empressèrent, de gré ou de force, à forger des baïonnettes, et des sabres d'infanterie ou de cavalerie (1).

La longueur des lames de ces derniers occasionnant dans le travail des lenteurs qui s'accordaient mal avec l'urgence des besoins, on les enleva à tous ceux pour lesquels ils n'étaient pas d'une absolue nécessité; toutes les lames de trente pouces de longueur, et au-dessus, furent frappées de réquisition.

Les officiers d'infanterie démontés par le décret qui leur interdisait les chevaux, les administrateurs, commissaires des guerres et employés aux armées, enfin, les habitants des villes (2) durent abandonner toute espèce d'arme

---

(1) *Procédés de la fabrication des armes blanches, publiés par ordre du Comité de salut public.*

(2) A Paris, où chacun était continuellement armé, la mode consistait à porter des cannes à sabre.

blanche susceptible de servir à un cavalier (16 Ventôse-6 Mars).

On voulut aussi retirer des Communes la quantité d'armes à feu qui y étaient dispersées depuis le commencement de la Révolution ; elles étaient inutiles entre les mains de *patriotes* auxquels une pique suffisait de reste pour opérer des arrestations. Néanmoins, un décret à ce sujet eût constitué une sorte de désarmement général des Gardes nationales, ou plutôt des réunions armées qui en conservaient le nom; il eût suscité des réclamations ; on se fut plaint de rester désarmé en cas de tentatives réactionnaires, etc. Le gouvernement s'y prit d'une manière plus adroite : sur la proposition de Barère (2 Nivôse-22 Décembre), la Convention décréta que les armes à feu seraient enlevées aux Communes où avaient éclaté des mouvements séditieux. Or, il n'existait guère de localités où ne se fussent produits des désordres ou de l'agitation; tous les fusils furent ainsi à la disposition du *gouvernement révolutionnaire*, sans qu'il eût à craindre, de la part des Communes lésées, quelque plainte qui eût attiré l'attention sur des faits dangereux à rappeler.

Diverses décisions formulèrent des peines contre ceux qui conserveraient ou laisseraient séjourner des armes dans les hôpitaux. La perte de la baïonnette constituant une cause fréquente de désarmement, on la rendit plus rare en y attachant une idée humiliante : on décréta que les soldats dans ce cas seraient privés de l'honneur de marcher à l'Ennemi et que, au moment où l'on battrait la charge, ils se retireraient en arrière.

Différentes dispositions furent prises pour créer une fabrication de carabines (12 Nivôse-1ᵉʳ Janvier); enfin, des efforts multipliés développèrent sans mesure l'immense manufacture établie à Paris (1). Les ateliers étaient partout; ils encombraient les places publiques, remplissaient les églises et peuplaient les cellules ou les cloîtres des couvents; les bureaux, les salles de recette des matières et les magasins avaient envahi de nombreuses demeures d'émigrés.

Six millions de livres de fers avaient été demandés aux forges et aux fourneaux; choisis dans certains départements d'après la qualité des produits et la facilité des arrivages (2);

---

(1) Chapitre XXVII.
(2) Cher, Allier, Nièvre, Haute-Saône, Côte-d'Or et Haute-Marne.

des commissaires hâtaient leurs envois à des manufacturiers avec lesquels le gouvernement avait passé des marchés pour la confection des *lames* dont on fait les canons de fusil (1); ces lames étaient ensuite réparties entre 258 forges installées à Paris (2). Deux grands bateaux sur la Seine contenaient chacun 16 ateliers de forerie; trois autres semblables étaient en construction; on y suppléait momentanément par 50 foreries à bras. La fabrication des platines, des baguettes, des garnitures et des baïonnettes s'opérait avec une aussi prodigieuse activité. Cependant, le Comité de salut public n'y voyait encore qu'un commencement d'exécution (3).

Le 13 Brumaire (3 Novembre), c'est-à-dire deux mois après que la Convention eut décrété la création de cette immense manufacture, une députation d'ouvriers armuriers lui présenta des

---

(1) On avait d'abord eu l'idée de faire fabriquer ces lames à Paris et dans les environs; mais cette opération exigeant des martinets, il eût fallu sacrifier des moulins à farine.

(2) 140, à l'esplanade des Invalides; 54, au Luxembourg; 64, sur la place de l'Indivisibilité.

(3) *Rapports faits à la Convention au nom du Comité de salut public,* par Carnot (13 Brumaire-3 Novembre) et par Barère (13 Pluviôse-1er Février).

fusils fabriqués à Paris; à la fin de Nivôse (19 Janvier), la livraison journalière était de 600 fusils environ (1).

La réunion de la quantité d'ouvriers nécessaires à une telle entreprise exigeait des soins multipliés. Une surveillance incessante n'était pas moins indispensable à l'égard de ceux qui recevaient des approvisionnements d'outils, de matières et de charbon. Dans les commencements, les armuriers tirés des manufactures se prêtèrent peu, par esprit de métier ou par cupidité, à initier à leur art les horlogers, les serruriers et les menuisiers Parisiens. Les commis de Bouchotte avaient nommé, pour inspecter la fabrication, des *patriotes* qui n'entendaient rien à leurs nouvelles fonctions; il fallut changer tous ces surveillants malhabiles, discerner des instructeurs et des inspecteurs, choisir des gens compétents, etc.

L'excès du *patriotisme* contribua aussi à multiplier les premières difficultés : le Comité de salut

---

(1) *Produits de la dernière décade de Nivôse :*
3176 fusils provenant des ateliers publics.
3623 — — — particuliers.

6799, dont 1643 avaient été seulement réparés, c'est-à-dire 5156 fusils neufs livrés en neuf jours.

public fut obligé d'arrêter le zèle stupide d'infimes agents, dont l'intervention inintelligente désorganisait sous prétexte de surveiller. Quelques ouvriers qui avaient détourné pour un usage plus lucratif les matières qu'on leur avait délivrées, furent mis en prison. Aussitôt l'acharnement des comités révolutionnaires s'exerça dans les ateliers; des armuriers furent incarcérés sous différents prétextes et, entre autres, sous l'inculpation de s'être soustraits à la réquisition dont ils étaient officiellement exceptés. Des recommandations de prudence ou de modération eussent été mal comprises et surtout mal interprétées par les ineptes fauteurs de ces arrestations; on employa la marche habituelle de l'intimidation, il fut décrété que tout individu entravant d'une manière quelconque la fabrication des armes, était dupe ou complice de l'Étranger et méritait la mort. Dès lors, les comités révolutionnaires tournèrent d'un autre côté leur vigilance inquisitoriale.

Au moment où s'ouvrit la guerre, il existait quatre fonderies de bouches à feu en fer, pouvant fournir annuellement 900 canons; la Marine républicaine en demandait alors 6,000 dans le plus bref délai. Pour les obtenir, on transforma en fonderies les hauts fourneaux employés jusque là à dégager les fontes du minerai, et les grosses forges, que cette nouvelle destination laissait sans emploi, furent converties en foreries. Ces nouveaux établissements, divisés en quatre arrondissements, furent placés, chacun, sous la surveillance d'un représentant du peuple assisté de deux fondeurs exercés.

On leur prodigua les instructions qui indiquaient d'une manière générale les moyens d'accélérer les travaux; il fut décidé que le procédé du *moulage en terre*, seul employé dans les anciennes fonderies et trop lent pour les circonstances, serait remplacé par celui du *moulage en sable*. Ce changement exigeait un grand nombre de modèles en laiton de canons de tous calibres, des machines nouvelles et, pour les construire, des ouvriers qu'on ne pouvait trouver dans les lieux écartés où sont ordinairement situés les hauts-fourneaux.

On satisfit à toutes ces exigences. Les fonderies de Paris furent chargées de couler et de forger vingt modèles de chaque calibre qui furent envoyés à destination avec des assortiments de forêts; ces derniers devaient d'abord être employés à la fabrication et servir ensuite de modèles, lorsqu'il faudrait les renouveler. Quant aux ouvriers nécessaires pour l'érection des nouvelles machines, le Comité de salut public convoqua tous les charpentiers de Paris et les chargea de choisir parmi eux les cinquante plus habiles. Ces élus parcoururent immédiatement les ateliers de la capitale où l'on employait des systèmes analogues à ceux qu'ils devaient exécuter ; ils les étudièrent et en prirent eux-mêmes les dessins ; aussitôt après, ils furent mis à la disposition des représentants du peuple chargés d'établir les nouvelles fonderies.

Des moyens analogues furent employés pour la fabrication des canons en bronze : le nombre des fonderies fut porté de deux à quinze. La matière première était tirée autrefois de la Suède, de l'Angleterre, de la Russie et de l'Inde ; mais la République, qui forgeait des armes avec les grilles des palais royaux et transformait en balles le plomb de leurs toits, trouva une mine inépuisable de cuivre dans l'immense quantité de cloches enlevées aux Communes sur toute l'étendue du territoire. La science indiqua le moyen d'extraire de leur métal l'excès d'étain nécessaire à la sonorité d'une cloche, mais nuisible à la solidité d'une bouche à feu, et dès-lors, la France crut avec raison que ses ennemis manqueraient de canons avant elle (1) (2).

De toutes les productions nécessaires à la défense, la poudre était la plus indispensable. La distillation du soufre et la carbonisation du bois devaient fournir aisément les deux éléments qui entrent pour la plus faible partie dans sa composition chimique (3); la difficulté était de se procurer un approvisionnement suffisant de salpêtre, puisque l'Inde fournissait auparavant la plus forte proportion de celui qu'on employait.

La Régie des poudres et salpêtres fut d'abord consultée; elle répondit que ses produits annuels s'élevaient à trois millions de livres et qu'en usant de mesures extraordinaires, elle pourrait, à la rigueur, fournir jusqu'à cinq millions; mais les régisseurs restèrent interdits, lorsqu'on leur

---

(1) *Description de l'art de fabriquer les canons, par Gaspard Monge, imprimée par ordre du Comité de salut public.*

(2) En un an, on obtint 13,000 bouches à feu en fer et 7,000 canons en bronze. — *Essai sur l'histoire générale des sciences pendant la Révolution Française,* par J.-B. Biot. — *Eloge de Monge,* par Arago.

(3) 12 1/2 parties de charbon, 12 1/2 de soufre et 75 de salpêtre.

démontra l'absolue nécessité d'en obtenir dix-sept millions. « Si vous y parvenez, » dirent-ils, « vous » avez des moyens que nous ignorons. » La Science indiqua ces moyens ; elle réalisa la promesse de Monge, dont on avait douté d'abord : « Livrez-nous de la terre salpêtrée et, » trois jours après, nous chargerons les ca- » nons. »

La population entière fut convoquée à l'extraction du salpêtre. Une instruction simple et précise, rédigée par ordre du Comité de salut public (14 Frimaire-4 Décembre), indiqua les moyens de reconnaître les terrains salpêtrés et de les exploiter par le lessivage ; les caves, écuries, bergeries, celliers, pressoirs, etc., devaient fournir la matière première ; chaque citoyen pouvait, au moyen de quelques tonneaux sciés en deux, organiser un atelier particulier ; toute Commune fût tenue de créer un atelier général. La Régie des poudres envoya dans chaque département un de ses préposés destiné à former des instructeurs ; le prix du salpêtre fourni par les citoyens fut fixé à 24 sols la livre. A Paris, la Société des Jacobins fit placarder sur les murs une chaleureuse adresse qui invitait tous les républicains à se livrer à la recherche du salpêtre

(8 Nivôse-28 Décembre); la Commune mit en réquisition toutes les chaudières en cuivre employées à la confection de la bière et au raffinage du sucre (12 Nivôse-1er Janvier); des commissaires se rendirent dans les Sections pour procéder à l'exploration des terres salpêtrées. Une sévère économie fut ordonnée dans la consommation de la poudre; il fut interdit de tirer le canon dans les fêtes publiques;. les directeurs de spectacles ne reçurent plus de poudre pour la représentations des drames militaires qui leur était ordonnée, qu'en livrant en échange une quantité déterminée de salpêtre. Enfin, les exhortations du Comité de salut public se succédèrent rapidement pour inviter chaque citoyen à extraire de sa demeure *le sel qui devait lui procurer la liberté* (2 Pluviôse-21 Janvier) (1).

---

(1) *Le Comité de salut public de la Convention nationale aux citoyens composant les sections de Paris et les districts de la République.*

« .... Le sol de la République recèle pour la défense de la
» Liberté cent fois plus de salpêtre qu'elle n'en demande; mais
» la nature, en voulant que vous fussiez libres, ne vous en a donné
» les moyens qu'en vous invitant à user de toutes les ressources
» qu'elle vous offre. Les Américains, pour soutenir la guerre qui
» les a rendus libres, n'ont eu le salpêtre nécessaire à leur dé-
» fense qu'en exigeant, sous peine de mort, six livres de sel de

La préparation du salpêtre exigeait une quantité proportionnée de potasse ; le Comité défendit d'employer désormais cette précieuse matière dans les besoins journaliers, où la soude peut d'ordinaire la remplacer. Une proclamation invita tous les citoyens qui s'étaient occupés de la fabrication de la soude à lui faire parvenir les renseignements et les observations de nature à favoriser l'accroissement de cette utile production (1).

» chaque propriétaire. N'oubliez pas que le temps presse, qu'il
» nous faut de la poudre dans deux mois........ Que nos lâches
» ennemis tremblent en apprenant que rien ne manque à vingt-
» cinq millions d'hommes que la nature elle-même arme pour la
» liberté. »

Les membres du Comité de salut public : CARNOT, PRIEUR, BARÈRE, R. LINDET, COUTHON, COLLOT-D'HERBOIS, BILLAUD-VARENNES, ROBESPIERRE et SAINT-JUST.

(1) *Le Comité de salut public de la Convention nationale à ses concitoyens.*

« La République a besoin de potasse pour la fabrication du
» salpêtre ; la soude peut la remplacer dans plusieurs de ses
» usages ; or, la nature donne sans mesure le sel marin dont on
» peut extraire la soude. Opérer cette séparation en grand est
» donc un moyen de salut public ; il ne s'agit pas de petites ex-
» périences ; que tous ceux qui ont travaillé la soude dans un but
» d'intérêt particulier apportent la masse de leurs connaissances
» et de leurs lumières, et l'on verra naître un nouvel art utile à
» la défense de la patrie et bon, par la suite, à nous affranchir
» d'une dépendance commerciale :
» Le Comité ne doit pas laisser ignorer que son vœu a été pré-

Ces excitations multipliées, la haine pour l'Étranger et l'obligation de faire preuve de patriotisme, sous peine d'encourir la terrible qualification de *suspect*, concoururent à l'empressement avec lequel la population commença à se livrer à l'extraction du salpêtre. Dans l'origine, l'enthousiasme dépassa, comme d'habitude, ce qu'on lui demandait ; de vieilles maisons s'écroulèrent minées par de novices salpétriers ; des rues furent sillonnées de tranchées profondes, abandonnées ensuite par ceux qui les avaient faites et, sur plusieurs points, la circulation se trouva interrompue. Mais aussitôt que se manifestèrent ces résultats d'une ardeur mal dirigée, ou peut-être égarée à dessein par de secrets réactionnaires, le Comité de salut public les arrêta comme d'habitude ; il rappela que l'exploitation des murailles était du

---

» venu par plusieurs citoyens, qui sont venus lui offrir la des-
» cription exacte des procédés pour lesquels ils avaient obtenu
» des brevets et établi des ateliers. Il ne doute pas que les autres
» ne s'empressent de suivre cet exemple. Un vrai républicain
» n'hésite pas à abandonner la propriété même de sa pensée à la
» voix de la patrie qui en réclame le secours.

» On pourra adresser les lettres ou paquets relatifs à cet objet,
» *au Comité de salut public, section des armes, à Paris.* »

Les membres du Comité de salut public : BILLAUD-VARENNES, COUTHON, COLLOT D'HERBOIS, CARNOT, ROBESPIERRE, LINDET, JEAN-BON-SAINT-ANDRÉ, C. A. PRIEUR.

ressort exclusif des salpêtriers, que la population devait se borner à explorer le sol des caves et autres endroits privés, et que ceux qui affectaient un patriotisme outré, en renversant les maisons ou en coupant les voies de communication, étaient complices des projets de l'Étranger et méritaient la mort. Le désordre cessa rapidement et le travail utile continua de tous côtés.

L'énorme quantité de salpêtre brut que l'on était en droit d'attendre d'un travail ainsi généralisé, eût nécessité un temps considérable pour être converti en salpêtre pur par le procédé des cristallisations successives, employé jusqu'alors. On y remédia en utilisant une découverte faite peu auparavant par Lavoisier qui attendait alors la mort dans sa prison : on opéra le lavage du salpêtre brut par l'eau froide, ce qui décuplait la rapidité du raffinage (1).

Ainsi, Paris était devenu un immense arsenal réunissant tous les travaux des manufactures

---

(1) *Rapport fait par Guyton-Morveau à l'Institut*, le 26 Thermidor an V (13 Août 1797).

d'armes, des ateliers de construction militaires, des fonderies de canons et des raffineries de salpêtre. Charpentiers et menuisiers, serruriers et forgerons, horlogers et mécaniciens, chimistes et physiciens, tous étaient en réquisition ; nul d'entre eux n'eût pu obtenir de passe-port pour le plus léger déplacement. La Nation qui avait donné au débonnaire Louis XVI la qualification de tyran, obéissait par crainte, par conviction ou par enthousiasme, à ceux qui la pressuraient ainsi sans repos, ni pitié ; elle accepta même de ces despotes impitoyables la volonté d'écarter toute idée de paix ou de trêve aux hostilités. Lorsque la République avait repris Toulon, écrasé la Vendée et repoussé l'Étranger au-delà du Rhin, les pays neutres avaient jugé les circonstances favorables pour tenter de mettre fin aux fléaux de la guerre ; des propositions de conciliation avaient été transmises au Comité de salut public, et le bruit en avait transpiré.

« Ces propositions insidieuses, » dit Barère à la Convention, (13 Pluviôse-1ᵉʳ Février) « ont pour
« but de diviser les patriotes et d'attiédir leur
« courage. Sans doute nous voulons aboutir à la
« paix ; mais pour qu'elle soit établie solidement,
« nous préparons une guerre terrible. Les amis

« actuels de la paix ont tous, à divers titres, des
« vues également contre-révolutionnaires ; ce
« sont les aristocrates, les *modérantins,* les
« riches, les descendants des castes privilégiées,
« les conspirateurs, les âmes pusillanimes et les
« mauvais citoyens. Les tyrans voudraient une
« trêve pour recruter leurs armées, semer parmi
« nous les divisions et exciter de nouvelles guerres
« civiles. Une trêve quand nous avons 1,200,000
« républicains sous les armes (1), quand Paris
« seul fabrique 680 fusils par jour, quand nous
« sommes surs d'avoir les vingt-quatre millions
« de poudre nécessaires pour l'ouverture de la
« campagne prochaine!...... ·Vous parlaient
« ils de paix quand Toulon était en leur pou-
« voir, quand la Vendée était triomphante,
« lorsque le fédéralisme s'agitait et que les
« Étrangers prenaient nos villes et nos forteresses
« du Nord. Ils se croyaient vainqueurs et ils
« parlaient de royauté ; mais aujourd'hui qu'ils se
« se sentent vaincus, c'est la paix qu'ils
« invoquent ....

« Ils demandent à s'entendre avec quelques
« négociateurs ! Ils n'ont que l'embarras du choix ;

---

(1) Chiffre adopté à la Convention et dans les clubs.

« nous en avons cent mille à l'armée du Nord et
« autant à l'armée du Rhin. C'est de vos arsenaux
« et de vos manufactures d'armes que sortiront
« les articles du traité de paix qu'ils réclament;
« c'est dans la fabrication des armes et de la
« poudre qu'il faut mettre votre confiance........

« Mais pour l'élever à la hauteur de votre
« énergie républicaine, les restes de la monarchie
« nous entravent encore; l'ancienne organisation
« maintient une routine et des préjugés qui pèsent
« sur les procédés expéditifs mis en vigueur par
« la Révolution. Ainsi, la fabrication de la poudre
« et sa consommation dépendent des ministres
« des Contributions publiques, de la Guerre, de
« la Marine, etc.; ainsi s'augmentent, pour cette
« branche importante, les inconvénients et les
« lenteurs inséparables de toutes les opérations
« des bureaux ministériels. Quand il s'agit de
« fabrications et d'approvisionnements révolu-
« tionnaires, peut-on se reposer sur un mécanisme
« aussi traînant, aussi routinier, aussi surchargé
« que celui de ces machines appelées Ministères?
« Non! Tout ce qui concerne les armes et la
« poudre doit être réuni dans les mains d'une
« Commission centrale; cette proposition réunit
« tous les avantages : ensemble dans les moyens,

« identité dans les vues, uniformité dans les
« ordres, unité dans la surveillance exercée par
« le Comité de salut public, prévoyance commune
« dans les besoins, diminution des bureaux de la
« guerre mis désormais plus à la portée d'un seul
« homme, etc., etc. »

Conformément aux conclusions de l'orateur, la Convention décrète qu'il sera formé une *Commission des armes et des poudres* chargée de tout ce qui a rapport à leur fabrication, et composée de trois membres nommés par elle-même sur la présentation du Comité de salut public (1). Cette mesure, justifiée par l'urgence et

---

(1) *Décret rendu par la Convention sur la proposition du Comité de salut public* (13 Pluviôse-1er Février).

Art. I. Il sera formé une Commission des armes et des poudres de la République, qui réunira tout ce qui a rapport à la fabrication de ces deux objets, et qui sera composée de trois membres nommés par la Convention nationale, sur la présentation du Comité de salut public.

II. Ces trois commissaires délibéreront entre eux..... Ils dirigeront immédiatement les divers établissements, manufactures, fabriques, fonderies et ateliers d'armes dans toute l'étendue de la République, ainsi que la fabrication extraordinaire d'armes dont le centre est établi à Paris.

. . . .

VI. Les bureaux des ministres de la guerre, de la marine et des contributions publiques attachés au matériel de l'artillerie, des armes et des poudres seront détruits sur-le-champ, et feront partie des bureaux de la Commission.

par l'importance des résultats qu'on en attend, est aussi le premier coup porté à l'institution des Ministères, dont la sourde opposition et le mauvais vouloir systématique importunent depuis longtemps le Comité.

Deux jours après (15 Pluviôse — 3 Février), une foule joyeuse, précédée d'une musique militaire, se présente aux portes de l'Assemblée nationale. C'est la Section de l'Unité qui vient faire hommage à la Convention du produit de ses essais dans l'art des salpêtriers. Des canonniers armés escortent une masse de citoyens qui portent des chaudières pleines de salpêtre, des pelles, des pioches et tous les instruments de leur exploitation.

VII. La régie des poudres et salpêtres cessera d'être sous l'autorité du ministre des contributions publiques pour passer sous celle de la Commission nationale.

. . . .

X. La Commission des armes et des poudres est placée sous la surveillance immédiate du Comité de salut public, à qui elle rendra compte de toutes ses opérations.

. . . .

XII. Les trois ministres continueront à avoir la signature dans la partie des armes et des poudres jusqu'au 1ᵉʳ Ventôse, jour auquel la nouvelle Commission prendra l'exercice de ses fonctions.

Ce cortége pénètre dans l'enceinte au bruit des plus vifs applaudissements; un membre de la Section prononce un discours enthousiaste; le Président lui répond sur le même ton et invite la députation aux honneurs de la séance; elle prend place aux cris de *Vive la République ! Vive la Montagne !*

La Section des Gardes Françaises imite bientôt celle de l'Unité (30 Pluviôse-18 Février): portant aussi ses chaudières et ses outils, elle vient chanter devant la Convention des hymnes de circonstance (1); les acclamations qu'on lui prodigue retentissent encore, lorsque Barère apparaît à la

---

(1) L'*Hymne chanté par la députation de la Section des Gardes Françaises,* donne une idée de la littérature de l'époque.

   Tremblez, tyrans, voici la foudre
   Qui, pénétrant dans vos palais,
   Va bientôt réduire en poudre
   Ces murs témoins de vos forfaits.
Frémissez, pâlissez ! ni vos sceptres, ni vos couronnes,
Fiers potentats ne vous garantiront de nos coups,
   Et jusqu'au plus haut de vos trônes,
   Monstres, nous vous atteindrons tous.

   Et toi, que jadis la colère
   De ces indignes souverains
   Arrachait du sein de la terre
   Pour la ruine des humains,

tribune : « Quelle circonstance plus favorable pou-
« vait choisir le Comité de salut public pour vous
« parler d'un établissement nouveau, que celle
« où tous les citoyens de Paris, transformés en
« physiciens et en chimistes, apportent les élé-
« ments de la foudre contre les brigands, les prê-
« tres et les rois..... Il s'agit aujourd'hui d'ouvrir
« une école nouvelle qui révèlera aux citoyens le
« secret de leurs forces, aux ouvriers le secret de
« leur intelligence, à la République le secret de
« ses énormes et innombrables moyens............

« On a établi les premiers ateliers de la
« fabrication du salpêtre; mais le Comité de
« salut public pense qu'il faut former des
« élèves et que tous les citoyens doivent

  Salpêtre précieux, parais ! Pour un plus juste usage,
  La liberté t'appelle du fond des souterrains;
    C'est pour seconder le courage
    De ses enfants républicains.

    Va purger le sol de la France
    De ses perfides ennemis;
    Que leur insultante présence
    Ne souille plus notre pays.
 Ministre de la mort, va tonner contre les despotes,
  Délivre nous de ces tigres de sang altérés !
    Par le canon des Sans-culottes
    Qu'ils soient à jamais terrassés.

« participer à cette instruction révolution-
« naire............ etc. »

Barère lit ensuite un projet de décret qui est immédiatement adopté :

« Art. 1ᵉʳ. Tous les districts de la République
« enverront à Paris deux citoyens robustes, intel-
« ligents et accoutumés au travail, pris dans les
« compagnies de canonniers et parmi les citoyens
« qui ont fait le service le plus actif dans la
« Garde nationale. Paris en fournira deux par
« Section.

« II. Ces citoyens seront âgés de vingt-cinq à
« trente ans : un au moins de chaque district
« devra savoir lire et écrire. Le choix en sera fait
« par les administrateurs de districts, sur la pré-
« sentation des sociétés populaires, dans l'inter-
« valle de cinq jours au plus après la réception
« du présent arrêté.

« III. ....

« IV. Ces citoyens se rendront à Paris immé-
« diatement après leur nomination ....

« V. La Municipalité de Paris fera préparer
« des emplacements convenables pour les loger.
« Elle nommera un commissaire pour les rece-
« voir, les inspecter et leur faire fournir tous les
« objets qui leur seront nécessaires.

« VI. .... Il leur sera alloué trois livres par
« jour tant qu'ils resteront à Paris, mais ils n'y
« pourront séjourner que pendant trois décades.

« VII. Neuf instructeurs, nommés par le
« Comité de salut public, seront chargés de leur
« faire les cours nécessaires sur l'art de raffiner
« le salpêtre, de fabriquer la poudre, de
« mouler, fondre et forer les canons.

« Les premiers cours commenceront le 1ᵉʳ Ven-
« tôse (19 Février) (1).............................

« Ainsi, » continue Barère, « près de huit
« cents ouvriers vont être formés, instruits, et
« disséminés dans les diverses manufactures
« d'armes, de poudres et de salpêtre. L'ancien
« régime aurait demandé trois ans pour ouvrir
« des écoles, former des élèves, et faire des cours

---

(1) C'était le lendemain du jour où parlait Barère. Pour en expliquer la possibilité, il est nécessaire de faire observer que cet arrêté fut inscrit sur les registres du Comité de salut public, le 14 Pluviôse (2 Février); il parut ensuite dans le *Moniteur universel* le 24 Pluviôse (12 Février). Les Sections de Paris et les Districts des environs avaient déjà nommé leurs *Élèves*, lorsque Barère parla à la Convention (30 Pluviôse-18 Février). L'approbation ainsi demandée par le Comité de salut public était superflue; mais toute mise en scène favorisait ses projets en maintenant la population dans un état de fiévreuse exaltation.

« de chimie et d'armurerie. Le nouveau régime
« a tout accéléré. Il ne demande que trois dé-
« cades pour apprendre aux citoyens choisis
« dans les districts à raffiner le salpêtre, à
« fabriquer la poudre et à forer les canons. C'est
« ainsi que l'influence de la Liberté rend tous
« les fruits précoces et toutes les institutions fa-
« ciles.

« C'est demain que les professeurs ouvrent ce
» *Cours révolutionnaire* et national (1). Ne trouve-
» riez-vous pas convenable, nécessaire même, que
» l'esprit de la Convention qui crée, anime et in-
» fluence tous les projets formés pour la défense
» de la Liberté, présidât à l'ouverture de ces
» utiles séances....... C'est la sanction nationale
» que vous donnerez à ces leçons, dont les effets

---

(1)   Comité de Salut public.
*Cours révolutionnaires et gratuits pour apprendre en trois dé-
cades à fabriquer le salpêtre, la poudre et les canons.*

Le Comité de salut public a chargé de ces cours :

Pour la fabrication du salpêtre : Fourcroy, Pluvinet et Du-
fourny ;

Pour la fabrication de la poudre : Guyton, Carny et Berthollet ;

Pour la fabrication des canons : Hassenfratz, Monge et
Perrier.

Les six premiers professeront, à tour de rôle, au laboratoire du

» doivent être aussi rapides que ceux des matières
» qu'on y traite et des éléments qu'on y ma-
» nipule. »

Conformément à cette proposition, la Convention décrète que quatre de ses membres assisteront à l'ouverture des Cours révolutionnaires. Le lendemain, les vastes locaux consacrés à cette instruction nouvelle (Muséum national et ci-devant Évêché) sont remplis par les *Élèves*, choisis à Paris ou dans les environs, et par des citoyens de bonne volonté. Leur nombre s'augmente chaque jour de ceux qui accourent des départements. Après chaque leçon, les professeurs et leurs *Élèves* font des promenades patriotiques en chantant des hymnes révolutionnaires ; c'est ainsi qu'ils visitent les fon-

---

Muséum national, maison du Jardin des plantes, à onze heures du matin.

Les trois autres, à la salle des Électeurs de Paris, au ci-devant Evêché, à deux heures de l'après-midi.

Il y aura trois cours de chaque espèce, qui dureront huit jours consécutifs.

Les premiers s'ouvriront le 1ᵉʳ Ventôse ; les seconds, le 11 du même mois ; les troisièmes, le 21 du même mois.

Deux citoyens de tous les districts de la République et des sections de Paris ont été mandés par le Comité de salut public pour assister à ces cours.

L'entrée en sera également libre à tous les autres citoyens.

deries, les foreries, les ateliers de raffinage, etc. ; ils se rendent aussi au Club des Jacobins qui les accueille avec de fraternelles accolades et de bouillantes harangues sur le *sel précieux destiné à composer la foudre qui doit pulvériser les tyrans.* Un autre jour, un banquet civique organisé dans la caserne de l'Ourcine, consacrée au logement des *Élèves*, est terminé par la plantation d'un arbre de Liberté, accompagnée de chants et de rondes patriotiques. A la même époque, les députations des Sections Parisiennes se succèdent à la barre de la Convention, pour exprimer l'indignation qu'elles ressentent des bruits de trève propagés, disent-elles, par les contre-révolutionnaires et les aristocrates. Des messages émanés d'un grand nombre de Sociétés populaires des départements expriment énergiquement la même opinion.

Vingt-six jours après l'ouverture des Cours révolutionnaires (26 Ventôse - 16 Mars) (1), la Con-

---

(1) *L'agonie de tous les tyrans ou les moyens de fabriquer la foudre qui va les exterminer* par le citoyen Dulac, est la rédaction, par demandes et par réponses, des cours révolutionnaires que firent Guyton et Fourcroy.

vention est informée que les *Élèves* ont fabriqué de la poudre et un canon. Une fête est décidée pour célébrer le jour dans lequel des épreuves publiques permettront de juger si tant d'espérances vont pouvoir se réaliser (1).

Le Décadi suivant (30 Ventôse-20 Mars), le *Cortége du Salpêtre* se dirige triomphalement vers le Palais national. En tête sont les *Élèves*; les uns portent le salpêtre qu'ils ont raffiné et la poudre qu'ils ont fabriquée; d'autres traînent le canon, leur premier ouvrage. Chaque Section a envoyé une députation escortant un échantillon de ses travaux, auquel elle a donné une forme symbolique : le salpêtre figure ainsi une montagne, une pyramide, une peau de lion, des colonnes, des arbres, des piques et des bonnets de liberté. Ces emblèmes sont fièrement portés sur des pavois, ornés de rubans ou de plumes aux couleurs nationales, et décorés de couronnes de chêne, de fleurs et de guirlandes. La musique militaire, la force armée, les profes-

---

(1) Les savants éminents qui créaient les éléments de la défense, savaient à quoi s'en tenir : mais la cérémonie suivie d'épreuves publiques était destinée, ainsi que tous les autres spectacles du même genre, à enthousiasmer la population.

seurs des Cours révolutionnaires, l'Agence nationale des Poudres et Salpêtres, etc., complètent ce cortége enthousiaste qui défile devant la Convention. Après les discours, les harangues et les chants patriotiques, l'Assemblée nomme une commission chargée de présider aux épreuves et, lorsque la séance est terminée, elle descend toute entière dans l'enclos qui fut autrefois le jardin des Tuileries, mais dont Chaumette a fait un champ de pommes de terre. Une immense multitude remplit l'enceinte, les quais et les rues adjacentes; les fenêtres et les toits sont garnis de curieux; tous attendent avec anxiété le résultat des épreuves. Enfin, le salpêtre est reconnu bon, la poudre est jugée suffisante, le canon chargé à outrance résiste victorieusement, et l'air retentit des acclamations prolongées du triomphe.

A partir de cette époque, les Sections Parisiennes livrèrent à la fin de chaque décade des quantités de salpêtre de plus en plus considérables (1); des tableaux affichés sur les portes des

---

(1) Totaux des quantités de salpêtre fournies par les Sections.
Travaux d'essai. . . . . 13,256 livres
3ᵉ décade de Ventôse . . . . 28,892 —

maisons entretenaient l'émulation, en faisant connaître la quotité de *sel vengeur* que chacune d'elles avait fournie jusque-là.

Le mélange intime du salpêtre pur avec le soufre et le charbon s'opérait immédiatement dans un vaste établissement récemment organisé à Grenelle. Les anciennes poudreries l'obtenaient par un battage de douze heures dans des moulins à pilons ; mais ce procédé était trop long pour les besoins du moment ; on lui en substitua un autre qui prit le nom de *révolutionnaire*, comme tout ce qui était hâtif, pressé, urgent. Il consistait à placer les trois produits dans des tonneaux tournants sur leur axe et contenant des gobilles d'étain qui trituraient la matière ; trois heures suffisaient pour l'opération.

Construits d'abord pour fabriquer 5 à 6,000 livres de poudre par jour, les bâtiments et les

1re décade de Germinal	 85,816	livres
2e — —	 132,821	—
3e — —	 170,386	—
1re décade de Floréal	 211,530	—
2e — —	 265,180	—

On tira du sol douze millions de livres de salpêtre en neuf mois ; avant 1789, on en extrayait à peine un million par an.

machines de Grenelle reçurent successivement des accroissement qui permirent d'en livrer journellement 25 à 30,000 : le nombre des ouvriers s'éleva jusqu'à 1,800. La fièvre révolutionnaire y faisait négliger les précautions les plus vulgaires : les poudriers, les constructeurs, les charretiers et leurs attelages circulaient sans cesse autour de ces ateliers accumulés les uns sur les autres et séparés par des chemins pavés.

La plus grande partie des produits de chaque journée était embarillée à la hâte et expédiée en poste aux armées. Le reste était transformé en gargousses et en cartouches à Meudon où l'on avait créé aussi un établissement spécial.

Des expériences concernant l'artillerie et des machines de guerre avaient donné des résultats qui faisaient désirer d'en poursuivre le cours ; il était indispensable de les concentrer sous les yeux de l'Autorité et de les placer à l'abri des espions de l'Étranger ou des contre-révolutionnaires. Il fut décidé en conséquence que le siége de ces recherches serait installé près de Paris. Une commission de trois membres fut créée pour s'en occuper avec le secret et les précautions convenables (2 Germinal-22 Mars) ; on mit à sa disposition les châteaux du Grand et du Petit Meudon et le terrain désigné sous le nom de Petit-Parc. Un représentant du peuple, Bastelier, fut chargé de la direction générale avec l'omnipotence que le Comité de salut public accordait à ses délégués.

La population de Meudon obéit avec l'empressement habituel à cette époque, lorsqu'on la requit d'enceindre de palissades et de fossés un espace d'une longueur de 300 toises, qui fut soigneusement fermé à tous les regards. Une compagnie d'Invalides en constitua la garde ; elle faisait de fréquentes patrouilles et veillait à l'observation de consignes sévèrement établies. Sauf quelques avertissements indispensables donnés à la population de Meudon et de Paris pour la rassurer sur les détonations des expériences, on évitait de parler, même à la Convention, de cet établissement sur le compte duquel régnaient certains bruits d'autant plus mystérieux qu'on ne pouvait rien préciser. Ces travaux secrets concernaient les poudres fulminantes, les boulets incendiaires, les boulets creux, le télégraphe et les aérostats.

En raison de l'habileté du *gouvernement révolutionnaire* à aiguillonner sans relâche la fièvre nécessaire au salut de la Patrie, l'exaltation nationale était aussi surexcitée dans la plupart des départements que dans la Capitale. Des usines, des manufactures et des fabriques, abandonnées par l'effet de la stagnation du commerce, s'étaient ranimées pour la fabrication des armes. On y travaillait au bruit des chants patriotiques; dans les moments de repos, un orateur monté sur un établi, lisait à un auditoire enthousiaste les proclamations du Comité de salut public et les discours fameux prononcés à la Convention ou au Club des Jacobins. Le soir, cette fiévreuse agitation se transportait dans l'église ou le théâtre qui servait de lieu de réunion à la société populaire affiliée à celles de Paris.

Les journaux publiaient alors de nombreux extraits des orageux débats qui retentissaient de l'autre côté de la Manche au sujet de la guerre contre la France. Dans toute la République, on maudissait le ministre Anglais Pitt, implacable ennemi de la Révolution et principal auteur de la coalition étrangère; son nom était devenu une injure. Au contraire, l'opposition qui lui était

CHAPITRE XXXIII.—VENT. AN II.—MARS 1794.

faite, à la Chambre haute par lord Stanhope et à la Chambre basse par Fox et Shéridan, avait rendu ces trois noms populaires; l'enthousiasme révolutionnaire prêtait toutes les vertus à ces soutiens de la cause de la Liberté, et ce sentiment se traduisait par de chaleureuses adresses à ceux qui l'inspiraient (1). Dans la plupart des Communes, les nouvelles des armées, la correspondance avec les Jacobins, les protestations de dévouement à la République transmises à la Convention, tout enfin, contribuait à irriter le sentiment national jusqu'à une sorte de frénésie.

Souvent, une voiture de poste lancée à toute vitesse s'arrêtait brusquement à la porte du club ou de l'atelier de la Commune; c'était quelque représentant du peuple se rendant à l'armée, qui voulait utiliser la minute du relai. Revêtu du costume de rigueur et couvert de poussière, il mon-

---

(1) *La Société républicaine de Rochefort à Stanhope, pair d'Angleterre.*

Rochefort, le 21 Ventôse, l'an 2ᵉ.

« Ta voix tonnante pour la liberté a retenti jusque dans les
» ateliers où nous forgeons des foudres contre les tyrans. Nous
» t'avons entendu; nos bras sont restés levés; nous avons dit:
» *Celui-là mériterait d'être citoyen Français!* et les enclumes
» ont gémi sous nos coups redoublés.

« LEBAS, *président;* BARBAULT-ROYER, *secrétaire;* RIGONDEAU. »

tait à la tribune pour y proclamer la certitude du triomphe de la République, si chaque citoyen y concourait en fabriquant des armes, en extrayant du salpêtre et en dénonçant les traîtres et les réactionnaires. Il offrait pour exemple l'énergique activité de la population Parisienne, annonçait la découverte de quelqu'horrible conspiration tramée contre les patriotes et disparaissait aussitôt pour aller chercher sa part de travaux et de dangers, laissant ses auditeurs sous l'impression de paroles qui avaient électrisé leurs âmes autant qu'elles avaient faussé leurs esprits. Après son départ, les résolutions les plus extravagantes se manifestaient; les aristocrates, les riches et les ex-nobles étaient poursuivis avec un redoublement de cruauté; mais en même temps, les généreux sacrifices se multipliaient; les dons patriotiques abondaient; tous se remettaient avec acharnement au labeur national dont le salaire assurait à peine leur existence, et nul ne doutait plus du prochain salut de la Patrie.

CHAPITRE XXXIV.

SUPPLICE DES HÉBERTISTES. — PROCÈS DES DAN-
TONISTES. — LICENCIEMENT DE L'ARMÉE RÉVO-
LUTIONNAIRE PARISIENNE. — SUPPRESSION DES
MINISTÈRES ET CRÉATION DES COMMISSIONS EXÉCU-
TIVES. — OMNIPOTENCE INCONTESTÉE DU COMITÉ
DE SALUT PUBLIC.

(Germinal an II — Mars et Avril 1794.)

Sommaire.

Supplice des Hébertistes.

Robespierre et Saint-Just dirigent leurs efforts contre les Dantonistes. — Arrestation de Hérault de Séchelles. — Inquiétude des partisans de Danton. — Son découragement. — Il repousse les conseils de ses amis et les offres hardies de Westermann. — Arrestation de Danton, Camille Desmoulins, Philippeaux et Lacroix. — Incarcération de Westermann. — Procès des Dantonistes. — Embarras des accusateurs. — Parti qu'ils tirent d'un incident survenu dans la prison du Luxembourg. — Condamnation des Dantonistes. — Mort de Westermann.

L'armée révolutionnaire parisienne félicite la Convention après la chute des Hébertistes. — Robespierre prononce son éloge au club des Jacobins. — Elle est licenciée.

Premiers coups portés à l'institution des ministères. — Commission des armes et des poudres. — Commission des transports militaires. — Commission des travaux publics. — Suppression définitive des ministères. — Leur remplacement par douze Commissions exécutives.

L'omnipotence du Comité de salut public est assurée. — Puissance personnelle de Robespierre. — Tendances à la clémence. — Causes qui la font ajourner. — Mort du général Dillon. — Mort du colonel Lavergne. — Accroissement du nombre des victimes du tribunal révolutionnaire.

Le lendemain du jour fameux qui vit la *Fête du Salpêtre*, les chefs Hébertistes comparurent devant le tribunal révolutionnaire (1ᵉʳ Germinal-21 Mars). Pour donner à leurs projets une apparence de connexité avec les *complots de l'étranger*, on les avait accolés à des brouillons et à des aventuriers politiques qualifiés d'agents secrets des Puissances ennemies. Les accusés étaient au nombre de vingt ; après trois jours de débats ou plutôt de dépositions, dix-huit d'entre eux furent conduits à l'échafaud (1). Ronsin se montra ferme et courageux ; Vincent avait des convulsions cau-

---

(1) Laboureau, espion du Comité de salut public, fut acquitté et l'on sursit à l'exécution de la femme du général Quétineau qui s'était déclarée enceinte.

Les dix-huit victimes étaient : Ronsin, Mazuel, Vincent, Hébert et Momoro ; Proly, Desfieux et Pereyra qui avaient autrefois porté à Dumouriez les propositions des Jacobins ; Anacharsis Clootz, condamné comme agent de l'étranger, mais dont le véritable crime aux yeux de Robespierre était de prôner un projet de république universelle contraire aux vues du dictateur. Les autres étaient des révolutionnaires de bas étage, des agitateurs du club des Cordeliers, des commis de Bouchotte, etc.

sées par la fureur ; depuis le moment de sa condamnation, Hébert ne faisait que tomber en défaillance ; les misérables que la police payait pour outrager les condamnés pendant le parcours des charrettes, répétaient par dérision le cri ordinaire des aboyeurs de son journal : « Il est b......
» en colère aujourd'hui, l'père Duchesne. » Par allusion à la profession simulée d'Hébert (1), deux hommes apparurent tout à coup dans le hideux cortége, portant au bout de leurs piques des fourneaux qu'ils lui mirent devant la figure, au grand amusement de la multitude. L'auteur de cette plaisanterie, digne du temps, était Camille Desmoulins ; il se se doutait pas que son sort était déjà décidé ; néanmoins, par l'effet d'une vague inquiétude, il hésitait à livrer à l'impression le VIIe Numéro du *Vieux Cordelier*.

Aussitôt après l'incarcération des chefs Hébertistes, Robespierre et Saint Just avaient songé à tourner leurs efforts contre les Dantonistes. Pour parvenir à abattre un adversaire tel que Danton, il importait que rien ne transpirât des

---

(1) Le véritable *père Duchesne* était un marchand de fourneaux bien connu à la halle avant la Révolution, parce qu'il ne prononçait jamais deux mots de suite sans jurer. Hébert, pour son journal, avait emprunté le nom, la profession et le langage de cet individu.

mesures projetées contre lui; mais ils avaient au Comité un témoin importun, Hérault de Séchelles, que liait à Danton une parité de morale relâchée et de goûts épicuriens. La méfiance que ce membre du *gouvernement révolutionnaire* inspirait à ses deux collègues plus austères, était telle que, depuis trois mois, ils s'efforçaient de l'écarter des délibérations importantes; cette précaution ne leur paraissant plus suffisante ou possible, l'arrestation de Hérault de Séchelles, opérée trois jours après celle des Hébertistes (26 Ventôse—16 Mars), satisfit à la fois la politique et la haine de Robespierre (1). Le lendemain, Saint Just obtint de la Convention un décret confirmant ce singulier acte d'autorité contre un des membres du gouvernement (2), et

---

(1) Hérault de Séchelles avait présidé la Convention pendant la quinzaine qui vit la fête du 10 Août 1793, organisée pour célébrer l'anniversaire de la prise des Tuileries et l'achèvement de la Constitution de 1793, dont il était un des principaux rédacteurs. En cette qualité, il avait joué le rôle le plus important dans cette cérémonie; sa prestance et les dons extérieurs dont il était doué, avaient contribué aussi à attirer sur lui l'attention favorable de la multitude; de là, l'envieuse jalousie de Robespierre qui devint dès-lors son ennemi.

(2) Saint-Just motiva l'arrestation de son collègue en l'accusant d'avoir donné asyle à un émigré et d'entretenir des relations avec Proly, un des prétendus agents de l'étranger impliqués dans la conspiration d'Hébert.

ces deux sombres personnages, ainsi débarrassés d'un premier obstacle, poursuivirent l'exécution du projet secrètement arrêté entre les membres des deux Comités.

La Convention et le Club des Jacobins retentirent alors d'allusions contre les Dantonistes : « Qu'importe, » disait Robespierre, « qu'une faction perfide qui outrait un patrio-
» tisme extravagant, ait été immolée, s'il reste
» encore à l'Étranger un point d'appui pour frap-
» per la République. » De même, Collot d'Herbois s'écriait aux Jacobins : « La faction terras-
» sée n'est pas la seule à combattre ; il en est
» d'autres qui veulent profiter de sa chute pour
» s'élever (29 Ventôse-19 Mars). » Ceux contre lesquels s'amoncelait l'orage, sentaient croître les dangers de leur position, lorsque le supplice des Hébertistes leur fit goûter les satisfactions du triomphe.

A peine avaient-ils manifesté leur joie, que de sinistres rumeurs les replongèrent dans l'inquiétude pour eux-mêmes. Les amis de Danton l'engageaient à se méfier de Robespierre, et même à prévenir ses desseins ; mais cet athlète de la Révolution était fatigué ; il aspirait au repos, méprisait son rival, et considérait son passé comme une garantie suffisante contre les tentatives de celui auquel il se sentait si supérieur. En réponse à des avertissements de plus en plus pressants, il disait qu'il aimait mieux « être guillotiné que guillotineur. » A ceux qui lui montraient le salut dans la fuite, il demandait « si l'on emportait sa patrie à la semelle de ses » souliers. » Le plus hardi des amis du tribun découragé, était Westermann; il s'était lié avec Danton et Lacroix, lorsqu'ils étaient Commissaires de la Convention à l'armée de Dumouriez. Le bouillant général fit une proposition conforme à son caractère, en offrant de marcher en armes contre le Comité de salut public.

L'entreprise eût été hasardeuse : les Cordeliers étaient ultra-révolutionnaires, les Jacobins appartenaient à Robespierre et la Convention obéissait servilement au Comité. Mais ce dernier n'avait aucune espèce de troupe militaire à sa disposition, tandis que Westermann eût peut-être rallié ceux de ses compagnons d'armes qui étaient revenus comme lui à Paris après la dispersion de la grande armée Vendéenne. Les Grenadiers-gendarmes qui s'étaient particulièrement signalés dans l'Ouest avaient repris leur service auprès de la Convention (1ᵉʳ Pluviôse-20 Janvier); ils avaient souvent vu Westermann au feu et manifesté plusieurs fois leur étonnement de ce qu'on eût destitué un si brave général; il pouvait donc se flatter de les entraîner quand il se présenterait devant eux, le sabre à la main. D'ailleurs, renverser le Comité de salut public par un hardi coup de main, était moins difficile que ce qu'il avait fait, lorsque, le 10 Août, il avait guidé les Marseillais et les faubouriens à l'attaque du château des Tuileries. Mais Danton ayant aussi repoussé la proposition de Westermann, celui-ci lui prédit le sort qui l'attendait. Sa prévision s'accomplit quelques heures après (10 Germinal—30 Mars).

Pendant la nuit, le Comité de salut public s'assemble et, pour donner plus d'autorité à ses actes, il convoque le Comité de sûreté générale et le Comité de législation. Lorsque tous les membres sont réunis, Saint-Just lit un de ces rapports vigoureux et éloquents dans lesquels il sait entremêler si habilement la vérité et la perfidie; il conclut en proposant de faire arrêter Danton, Camille Desmoulins, Philippeaux et Lacroix. Suivant les conventions prises d'avance, les membres les plus influents des deux principaux Comités approuvent, et aucun des assistants n'ose émettre un avis contraire. Saisis chez eux à cinq heures du matin, les quatre Conventionnels sont conduits à la prison du Luxembourg (11 Germinal-31 Mars).

Le bruit qui s'en répand immédiatement, plonge Paris dans la stupeur ; la Convention s'assemble silencieuse et effrayée. Néanmoins, quelques amis de Danton tentent un effort en sa faveur ; Legendre représente, ce dont chacun est persuadé, qu'un révolutionnaire tel que Danton n'a pas conspiré contre la République ; il opine pour que la Convention entende encore une fois le célèbre tribun avant de l'envoyer au tribunal révolutionnaire. L'adoption de cette proposition eût sauvé la victime ; mais Robespierre arrive, monte à la tribune, et l'idée de lui résister fait reculer les plus hardis. Avant de menacer par de sinistres réticences ceux qui tenteraient de s'opposer à sa volonté, il s'apitoye sur lui-même ; il se plaint d'être obligé d'imposer silence au vœu de son cœur pour assurer le salut de la patrie ; il se fait un mérite de l'abnégation à laquelle il est forcé, dit-il, par son *patriotisme ;* il ajoute que l'impartialité lui impose le devoir de s'opposer à la comparution de Danton : « Pourquoi
« constituerait-on un privilége en faveur de

« qui que ce soit? Brissot, Pétion, Hébert lui-
« même n'ont-ils pas rempli la France du bruit
« fastueux de leur patriotisme trompeur? En
« quoi Danton est-il supérieur à ses collègues
« que l'on n'a pas songé à appeler au sein de la
« Convention pour présenter leur défense...... »
L'Assemblée terrifiée repousse la proposition
de Legendre; Saint-Just lit ensuite un rapport
qui conclut au décret d'accusation nécessaire
pour envoyer les Conventionnels devant le tribunal révolutionnaire; l'Assemblée vote immédiatement. Danton, Camille Desmoulins, Philippeaux et Lacroix sont transférés du Luxembourg à la Conciergerie (12 Germinal—1ᵉʳ Avril).

Westermann est aussi emprisonné, malgré le décret exceptionnel rendu naguère en sa faveur par l'Assemblée nationale. Suivant son habitude, le Comité de salut public veut ensuite faire valider par les Conventionnels cette infraction à leur propre volonté; Couthon, chargé d'en obtenir la ratification, la motive devant eux sur un délit que l'inculpé n'eût jamais soupçonné : il l'accuse d'avoir trempé dans le complot relatif à la falsification du décret sur la liquidation de la Compagnie des Indes. Ceux qui l'écoutent en tremblant savent bien qu'à l'époque où des députés peu scrupuleux ourdissaient cette intrigue pour s'enrichir, Westermann guidait en Vendée l'avant-garde de Kléber et de Marceau; néanmoins, l'effroi de tous donne raison à l'impudence de Couthon : l'arrestation du général est confirmée (13 Germinal—2 Avril).

A ce moment, le procès est déjà commencé. Une foule immense obstrue les abords du Palais de Justice; la salle du tribunal est comble; les accusés, au nombre de quinze, sont les principaux chefs des Dantonistes, les députés compromis dans la liquidation de la Compagnie des Indes, ainsi que leurs prétendus complices et des étrangers (1); le but de cet amalgame est d'établir une connexité entre les modérés, les corrompus et les agents des ennemis. Inquiets d'affronter le terrible Danton, le président du tribunal, Hermann, et l'accusateur public, Fouquier-

---

(1) *Modérés* : Danton, Hérault de Séchelles, Camille Desmoulins, Philippeaux, Lacroix et Westermann.

Accusés de concussions : Chabot, Bazire, Delaunay et Fabre d'Églantine. (Jullien de Toulouse s'était évadé).

Complices des concussionnaires : Les deux Frey, beaux-frères de Chabot; d'Espagnac, ancien abbé et célèbre fournisseur.

Étrangers : Gusman, Espagnol, et Diédéricksen, Danois, amis des accusés.

Tinville, ont dérogé à la loi : au lieu de tirer au sort les noms des jurés, ils ont choisi les *solides*. Les juges déguisent leur embarras sous la gravité de leurs fonctions ; tous ces révolutionnaires subalternes sont secrètement interdits d'avoir à décider du sort de celui qui a fait établir le tribunal révolutionnaire.

Après les interrogatoires de Chabot, Bazire, etc., la voix de Danton retentit : les fenêtres de la salle étant ouvertes, ses accents parviennent jusqu'à la foule silencieuse qui stationne au dehors. Dans la fièvre de l'indignation, il rappelle tous les faits de sa vie révolutionnaire ; il veut voir paraître ses accusateurs pour les couvrir d'ignominie, et il somme énergiquement Fouquier-Tinville d'assigner comme témoins les membres des Comités de salut public et de sûreté générale. Cette demande inattendue déconcerte le tribunal et cause une vive agitation ; en vain le Président agite la sonnette destinée à rappeler au silence ; la voix de Danton en surmonte le bruit ; mais enfin, sa force s'épuise et, après l'interrogatoire de Camille Desmoulins, la séance est levée.

La foule s'écoule en proie à une émotion profonde ; les juges restent épouvantés ; les trois membres du Comité de sûreté générale qui ont le plus contribué à la chute des Dantonistes, Vadier, Voulland et Amar, ont assisté aux débats, cachés dans l'imprimerie attenante à la salle d'audience; ils commencent à douter que la condamnation soit possible; Hermann et Fouquier-Tinville vont prendre les ordres du Comité de salut public. Ils n'y trouvent que Saint Just et Billaud-Varennes (1), auxquels ils exposent l'embarras dans lequel les jette la vigoureuse défense du principal accusé, et sa demande de voir comparaître, comme témoins, les membres des deux Comités. Il est enjoint à Fouquier de ne pas répondre à ce sujet, et de prolonger les débats de manière à atteindre la fin du troisième jour; alors, conformément au droit que lui donne la loi, il fera déclarer par les jurés qu'ils sont suffisamment instruits.

Le lendemain, l'affluence est aussi considérable que la veille. Les Dantonistes persistent à réclamer la comparution des membres des deux

---

(1) « .... On vit tout le Comité hésiter, et Robespierre ren-
» trer dans sa demeure, comme aux jours du danger. Mais Saint
» Just, soutenu par son courage et sa haine jalouse, resta ferme
» au poste........ » —*Histoire de la Révolution Française* par
M. A. Thiers.

Comités; Fouquier-Tinville répond qu'il assignera tous les témoins qui lui seront désignés, sauf les membres de la Convention, parce que, dit-il, l'Assemblée nationale a seule le droit de décider si ses membres peuvent être cités devant le tribunal. Il interroge ensuite d'autres accusés et enfin, Westermann. Il n'est plus question de complicité concussionnaire; on lui reproche d'avoir conspiré avec Dumouriez pour rétablir la Monarchie. A ces mots, Westermann se lève, fixe ses juges d'un air terrible et s'écrie en arrachant l'appareil d'une de ses blessures : « Moi, cons-
» pirer contre la République! Je demande à me
» montrer nu au peuple; il verra sur mon corps
» sept blessures qui sont encore saignantes; pour
» me condamner, attendez du moins qu'elles
» soient cicatrisées! »

Le tumulte grandit dans la salle d'audience; quelques autres incidents l'augmentent encore; Fouquier-Tinville se hâte de lever la séance et, plus embarrassé que la veille, il demande par écrit de nouveaux ordres au Comité de salut public. L'hésitation y est manifeste; Robespierre se tait; le hardi Saint-Just veut qu'on ferme la bouche aux accusés en les envoyant à la mort, quand arrive une dépêche qui crée un incident dont le Comité se fait une arme de salut.

Chaumette incarcéré au Luxembourg s'y était montré faible et découragé. Les mauvais traitements qu'il redoutait de la part de ceux qu'il avait fait emprisonner, s'étaient bornés à d'ironiques plaisanteries et il n'avait pas même eu la force d'y répondre. Devenu partisan de la clémence depuis que les rigueurs révolutionnaires le menaçaient, il partageait avidement les craintes et les espérances de ses compagnons de captivité.

Le soir du jour où les Dantonistes comparurent pour la première fois devant leurs juges, la femme de Chaumette vint le voir; elle lui apprit ce qui s'était passé au Tribunal, l'émotion populaire qui en avait été la conséquence et la possibilité d'un acquittement suivi d'un triomphe pour les chefs du parti modéré. Chaumette en conçut un espoir dont il fit part au général Dillon, son compagnon de captivité, dont l'intérêt pour Camille Desmoulins n'était pas douteux (1). Malheureusement, Dillon allégeait quelquefois les

---

(1) Chapitre XXIV.

ennuis de sa captivité par les plaisirs de la table ; après avoir trop copieusement dîné, et en présence du conventionnel Simond (1), il prit pour confident un autre détenu, Laflotte, ci-devant ministre de la République, à Florence ; il lui parla du prochain réveil des bons républicains et, sous l'influence des fumées du vin, il lui démontra la possibilité de soulever la multitude en faisant répandre des assignats par la femme de Camille Desmoulins.

Le misérable auquel il s'adressait feignit d'accéder à ses projets ; après lui avoir recommandé, ainsi qu'à Simond, le plus profond silence, il joua aux cartes avec eux pendant toute la soirée pour mieux les tromper, et les dénonça ensuite au concierge de la prison qui prévint immédiatement les administrateurs de police. C'est le rapport circonstancié de ces derniers qui parvint au Comité de salut public, plongé alors dans une inquiétude profonde par l'attitude des Dantonistes devant le tribunal.

A peine Saint-Just a-t-il jeté les yeux sur la dépêche que son plan est combiné ; il le commu-

---

(1) Arrêté en même temps que Hérault de Séchelles, son ami.

nique à ses collègues, qui tiennent une courte délibération et, le lendemain, il en porte le résumé à la Convention : « Les accusés, » dit-il, « sont en pleine révolte contre le tribunal ; leur » audace provient de leur alliance avec des cons- » pirateurs dont le Comité vient de découvrir les » trames dans la prison du Luxembourg. Ces en- » nemis de la République ont formé le projet d'é- » gorger les membres du Comité du salut public et » les juges du tribunal révolutionnaire ; ils veu- » lent aussi massacrer les patriotes de la Conven- » tion et les Jacobins. Ils doivent ensuite délivrer » tous les prisonniers, se porter au Temple et en » faire sortir le fils de *Capet*, etc. » Après l'exposition de ce tableau digne de son génie, Saint-Just demande à la Convention terrifiée d'accorder au président du tribunal révolutionnaire le pouvoir de mettre sur le champ hors des débats tout accusé qui manquera de respect à la justice. Le décret est rendu ; Voulland et Vadier, triomphants, le portent en toute hâte au tribunal qui tient sa troisième séance. Les Dantonistes continuent à demander énergiquement que l'on fasse comparaître les membres des deux Comités ; mais Fouquier-Tinville est tiré d'embarras par la décision fatale ; il la communique aux malheureux dont la perte est jurée ; leur indignation est partagée par tout l'auditoire, et le tumulte qui s'ensuit sert de prétexte à la clôture des débats.

Le lendemain, après une heure consacrée à un simulacre de délibération, les jurés déclarent que leur conscience est suffisamment éclairée, et les accusés sont condamnés. Tout le monde connaît l'attitude différente que tinrent Danton et Camille Desmoulins en allant à l'échafaud ; Westermann sourit avec mépris à la mort qu'il avait si souvent bravée sur le champ de bataille (16 Germinal-5 Avril).

Dans l'intervalle de douze jours qui sépara l'exécution des chefs des deux partis, ultrà-révolutionnaire et modéré, la terrible politique du Comité de salut public se signala aussi par deux mesures des plus importantes au point de vue de son omnipotence gouvernementale.

Aussitôt que l'arrestation des chefs Hébertistes avait annulé leur parti, les députations des Sociétés populaires (1) et celles des comités révolution-

---

(1) *Discours de l'orateur de la Société populaire et des Sans-culottes de la commune de Bouleurs (Seine-et-Marne) :*

« Législateurs, c'est à vous que j'devons la découverte d'une
» horrible conspiration toute prête à éclater contre nous ; c'est
» donc à vous que j'en rendons grâces. Restez à votre poste ; j'vous

naires s'étaient empressées d'en féliciter la Convention. Hanriot, préservé par Robespierre des conséquences probables de ses liaisons avec les ultra-révolutionnaires, vint aussi complimenter l'Assemblée à la tête de son état-major. L'*armée révolutionnnaire parisienne,* bien qu'elle fût atteinte dans ses principaux chefs, ne fut pas la dernière à suivre l'impulsion générale. Un nombreux détachement comparut à la barre pour protester que si Ronsin eût voulu faire un seul pas contre la Réprésentation nationale, « il n'eût pas » été, » dit l'orateur, « suivi de ses soldats, tous » pères de famille choisis par leurs Sections et, » par conséquent, difficiles à corrompre. » (29 Ventôse-19 Mars.)

Après avoir reçu les applaudissements de la

» en prions avec tous les bons sans-culottes..... Quand j'pensons
» que c'père Duchesne et bien d'autres, que je n'connaissons pas,
» voulaient assassiner la liberté........ Ah! les monstres ! j'pouvons dire l'avoir échappé belle; j'avons bien été trompés par ces
» gueux là. J'nous écrasions pour acheter et lire ces papiers d'Hébert, que j'croyions bon patriote; avec ses b..... et ses f..... il
» nous jetait de la poudre aux yeux; aussi, depuis que vous l'avez
» démasqué, j'l'avons guillotiné chacun dans notre cœur.

Le Président : « Ce langage naïf est celui de la bonne et simple
» nature. Respectables et utiles habitants des campagnes, c'est au
» milieu de vous qu'on trouve le bonheur et qu'on rencontre les
» mœurs douces et simples qui caractérisaient nos bons aïeux, etc.
— *Séance de la Convention* du 12 Germinal (1ᵉʳ Avril.)

Convention, cette députation se rendit au Club des Jacobins où elle tint un discours non moins *patriotique*. Sur la proposition de Boulanger, général de l'*armée révolutionnaire* et dévoué à Robespierre, le détachement fit serment de n'obéir qu'à l'Assemblée nationale, au Comité de salut public et au Comité de sûreté générale. Robespierre fit ensuite un chaleureux éloge de ces *défenseurs de la Patrie* (1); mais ses paroles furent courtes et sans signification précise, car le Comité de salut public avait décidé que le licenciement de cette horde dangereuse suivrait de près l'exécution de ses principaux chefs.

Effectivement, trois jours après le supplice de Ronsin (7 Germinal-27 Mars), Barère fit à la Convention un long rapport où il rappela l'origine de cette *armée*, *les services qu'elle avait rendus* et les inconvénients auxquels elle avait donné lieu. Il in-

---

(1) *Séance du 29 Ventôse de la Société des Amis de la Liberté et de l'Égalité, séant aux Jacobins de Paris.*

Robespierre : « Relativement aux sentiments que viennent
» d'exprimer les soldats de l'armée révolutionnaire, on ne doit pas
» en être étonné. Les défenseurs de la Patrie, sortis du sein du
» peuple, seront éternellement des modèles de patriotisme. On a
» dû reconnaître dans les nuages qui se sont élevés sur leur
» compte, l'ouvrage d'une faction qui voulait les perdre. C'est
» assez parler de nos défenseurs; leur vertu est au-dessus de tout
» éloge. »

sista sur ce que le nom de *révolutionnaire* qui lui avait été exclusivement attribué, constituait une injure pour les quatorze armées qui combattaient aux frontières; le décret de licenciement qu'il proposa ensuite, fut immédiatement approuvé(1).

Les dispositions ainsi consacrées étaient habilement prises. La solde devait être payée jusqu'au 1er Floréal (20 Avril), jour du licenciement. Les vingt-quatre compagnies de canonniers devaient alors redevenir, ce qu'elles étaient avant leur incorporation dans l'*armée révolutionnaire*, compagnies des Sections Parisiennes. Les fantassins et les cavaliers étaient déclarés libres, à cette

---

(1) *Décret* du 7 Germinal (27 Mars) :
I. « *L'armée révolutionnaire* est licenciée ; les volontaires qui
» la composent et qui voudront rentrer dans leurs foyers, remettront
» les chevaux, armes et effets d'équipement militaire qui ont été
» fournis par la République. Il leur sera expédié des feuilles de
» route pour se rendre au lieu de leur résidence ; les soldes et ap-
» pointements seront néanmoins payés jusqu'au 1er Floréal prochain.
II. « Ceux qui voudront continuer leur service seront incor-
» porés individuellement et à leur choix, dans les anciens cadres
» d'infanterie et de troupes à cheval des différentes armées de la
» République.
III. « Il n'est rien innové quand à l'artillerie Parisienne
» attachée à *l'armée révolutionnaire* et à son emploi actuel ; elle
» demeure en réquisition pour le service extraordinaire, et
» cependant, le Conseil exécutif provisoire ne pourra disposer
» d'aucune de ses parties sans un arrêté particulier du Comité
» de salut public. »

époque, de rejoindre quelqu'une des armées de la République ou de retourner dans leurs foyers.

Cette dernière latitude avait pour but d'éviter l'opposition qui, autrement, se serait peut-être manifestée parmi cette agglomération de bandits, dont nul n'avait envie de devenir véritablement soldat; les adhésions au licenciement qu'envoyèrent les détachements, alors à Lyon ou à Paris, en constatèrent la sagesse. Mais un mois après, lorsque tous ces éléments du désordre armé eurent perdu toute agrégation, un nouveau décret du Comité établit que la liberté qui leur avait été laissée, de devenir soldats ou de rentrer dans leurs foyers, ne pouvait cependant exempter du service militaire ceux qui étaient d'âge à faire partie de la réquisition concernant tous les jeunes républicains. Ceux qui se trouvaient dans ce cas durent donc, sous peine de mort, accepter des feuilles de route pour les frontières (7 Floréal-26 Avril) (1).

---

(1) *Décret* du 7 Floréal (26 Avril) :
« L'art. 1er du décret du 27 Germinal sur le licenciement de
» *l'armée révolutionnaire,* qui porte que les volontaires de cette
» armée licenciée, qui voudront rentrer dans leurs foyers, recevront
» des feuilles de route pour se rendre au lieu de leur résidence, ne
» pouvant excepter de la réquisition ceux qui sont d'âge à en faire
» partie d'après la loi du 23 Août dernier (vieux style), ceux de ces
» volontaires licenciés, qui par leur âge sont compris dans la

Ce fait, bien que concernant des gens sans aveu, constituait néanmoins un déni formel de la latitude qui leur avait été accordée; mais le Comité de salut public avait mis de côté bien d'autres scrupules.

La suppression des Ministères eut lieu à la même époque. Suivant une gradation dont le ministère de la Guerre occupait le point culminant, ils constituaient, depuis la création du *gouvernement révolutionnaire*, des foyers d'intrigues et d'entraves à l'unité de son pouvoir. D'ailleurs, indépendamment de leurs espérances subversives à l'égard du Comité de salut public, leur routine et leurs lenteurs traditionnelles étaient incompatibles avec la rapidité et l'imprévu des moyens dénommés *révolutionnaires*.

Déjà, la *Commission des armes et des poudres*

» réquisition, recevront des feuilles de route pour se rendre auprès
» des agents chargés de l'incorporation de l'armée la plus voisine
» du lieu de licenciement, pour y être incorporés.

II. « Ceux d'entre ces citoyens qui seraient déjà retournés chez
» eux ou qui seraient en marche pour s'y rendre, seront tenus sous
» peine d'être réputés déserteurs, de se rendre eux-mêmes, sur
» les feuilles de route qui leur seront données à cet effet, auprès
» des agents chargés de l'incorporation de l'armée la plus voisine
» du lieu où ils se trouvent actuellement. »

avait été chargée de tout le service qu'impliquait sa dénomination (13 Pluviôse-1ᵉʳ Février), au détriment des ministères de la guerre, de la marine et des contributions publiques (1). Le service des transports n'était pas moins important au point de vue de l'approvionnement des armées; or, la *Régie générale des Charrois*, l'*Administration des convois* et l'*Administration des relais* ressortaient de plusieurs ministères, se contrariaient entre elles et réunissaient une foule d'abus résultant d'une mauvaise organisation et des malheurs du temps. La *Commission des transports, postes et messageries,* composée de trois membres, leur fut substituée (14 Ventôse-4 Mars). Habillement et campement, vivres et fourrages, artillerie et ambulances, tout ce qui est traîné, conduit ou porté rentra dans son ressort, ainsi que la confection, l'entretien et la réparation des voitures et des harnais, l'achat et la réforme des attelages, les réquisitions à faire sur le parcours des routes et des canaux, etc.

Quelques jours après (21 Ventôse-11 Mars), les ministères de la guerre, de la marine et de l'intérieur se virent encore enlever une autre par-

---

(1) Chapitre XXXIII.

tie de leurs attributions par la création de la *Commission des travaux publics*, composée aussi de trois membres. Les ponts et chaussées, les voies et canaux publics, les fortifications, les ports, les monuments nationaux, les ouvrages hydrauliques, la levée des plans et tous les travaux dont les fonds étaient faits par le Trésor, lui furent exclusivement dévolus.

Le pouvoir, le prestige et les attributions des divers ministères avaient donc déjà reçu de rudes atteintes, lorsque, le 12 Germinal (1er Avril), Carnot, parlant au nom du Comité, proposa a la Convention la suppression définitive de « cette institution créée par les rois pour le gou-
» vernement héréditaire d'un seul et pour le
» maintien de distinctions et de préjugés incom-
» patibles avec le régime républicain. » Après avoir entendu un long exposé, dans lequel le rapporteur ne cita pas toutes les raisons qui faisaient agir le Comité, la Convention adopta, au bruit des applaudissements, le décret qui modifiait de fond en comble l'ancienne administration gouvernementale.

Art. Ier « Le Conseil exécutif provisoire est
» supprimé, ainsi que les six ministres qui le

» composent ; toutes leurs fonctions cesseront au
» 1ᵉʳ Floréal prochain (20 Avril).

II. « Le Ministère sera suppléé par douze Com-
» missions (1).

III. « Chacune de ces Commissions sera com-
» posée de deux commissaires et d'un adjoint (2).

. . . .

XVII. « Ces douze Commissions correspon-
» dront avec le Comité de salut public, auquel
» elles sont subordonnées; elles lui rendront
» compte de la série et des motifs de leurs opé-
» rations respectives.

« Le Comité annulera ou modifiera celles des

---

(1) Savoir :
1° Commission des administrations civiles, police et tribunaux ;
2° — de l'instruction publique ;
3° — de l'agriculture et des arts ;
4° — du commerce et des approvisionnements ;
5° — des travaux publics ;
6° — des secours publics ;
7° — des transports, postes et messageries ;
8° — des finances ;
9° — de l'organisation et du mouvement des armées de terre.
10° — de la marine et des colonies ;
11° — des armes, poudres et exploitation des mines ;
12° — des relations extérieures.

(2) L'art. IV. établit quelques exceptions à cette règle générale. La Commission de l'organisation et du mouvement des armées, entre autres, ne fut composée que d'un Commissaire et d'un adjoint.

» opérations qu'il trouvera contraires aux lois ou
» à l'intérêt public.

. . . .

XIX. « Tous les emplois ou commissions, tant
» civils que militaires, seront donnés au nom de
» la Convention et délivrés sous l'approbation
» du Comité de salut public.

. . . .

Peu après (29 Germinal-18 Avril), parurent les noms des commissaires choisis par le Comité (1); la plupart étaient des hommes nouveaux et des travailleurs étrangers à la politique, dont il pouvait attendre le concours utile et empressé qui lui avait fait défaut jusque-là de la part des ministres et de leurs employés.

Ainsi, en moins d'une quinzaine de jours, le *gouvernement révolutionnaire*, frappant sans relâche ses adversaires, avait abattu les éléments d'opposition qui avaient apporté jusque-là des entraves à son pouvoir ou à sa politique. Les Hébertistes, les Dantonistes, l'*armée révolution-*

---

(1) Pour la Commission de l'organisation et du mouvement des armées : Pille, commissaire ; Boulai, adjoint.
Pour la Commission des armes et des poudres : Capon et Benezeth, Commissaires; Campagne, adjoint.

naire et les Ministères avaient disparu. La Convention tremblait; les Montagnards étaient aussi honteux qu'effrayés d'avoir laissé sacrifier Danton; ceux qui avaient momentanément tenté de le défendre, luttaient d'humilité pour faire oublier leur hardiesse passagère.

Robespierre, avait ainsi atteint son premier but : l'omnipotence dictatoriale du Comité de salut public était désormais incontestable et il en était le membre le plus puissant. Il avait fait donner à deux de ses créatures, Payan et Moenne, les deux places importantes, vacantes à la Commune par l'emprisonnement de Chaumette et par la mort d'Hébert; Hanriot, qui se déclarait dévoué à celui qui l'avait détourné de partager l'égarement des Hébertistes, vit accroître son importance militaire par la réunion du commandement de la 17ᵉ Division (Paris) à celui de la Garde nationale (1). Peu après (21 Floréal-10 Mai), Robespierre fit aussi nommer Maire un de ses affidés, Fleuriot-Lescot, en remplacement de Pache compromis par ses liaisons avec les ultra-révolutionnaires.

---

(1) On comptait alors vingt-trois divisions militaires, y compris la Corse.

Dans ces circonstances, Barère annonça à la Convention que les pouvoirs mensuels du Comité venaient d'expirer (21 Germinal-10 Avril); à peine eût-il terminé sa phrase habituelle, que des cris : « Continuez ! Continuez ! » consacrèrent bruyamment une nouvelle prorogation de pouvoir pour lui et ses collègues.

Une telle puissance leur eût permis d'apporter quelqu'adoucissement au système de rigueurs qu'ils avaient suivi jusqu'alors. Indépendamment de toute autre considération, il serait absurde de supposer que des gens aussi intelligents n'eussent pas la secrète intention de mettre un terme à ces monstrueux sacrifices; mais, parvenus à régner par la crainte, ils n'étaient pas assez supérieurs pour dominer autrement la terrible situation à la tête de laquelle ils se trouvaient placés. Des inquiétudes nouvelles, des causes de défiance renaissantes, des événements imprévus surgissaient, et motivaient à leurs yeux la nécessité de persévérer dans les moyens coërcitifs, sous peine de perdre, en un instant, les résultats qu'ils en avaient obtenus; ils voyaient sans cesse s'élargir devant eux la voie dans laquelle on ne s'engage pas impunément.

Ainsi, suivant l'expression d'un juré du tribunal révolutionnaire, *il fallut d'abord déblayer le terrain* des réliquats des deux factions abattues. Les veuves d'Hébert et de Camille Desmoulins constituaient, par leur touchant désespoir, d'importunes accusatrices ; la logique révolutionnaire voulait que le supplice du général Dillon confirmât la prétendue conspiration invoquée pour frapper les Dantonistes; la mort de Chaumette et d'autres athéistes était la plus sûre garantie contre le retour d'extravagances religieuses opposées aux projets de régénération secrètement médités par Robespierre. Ces malheureux comparurent devant le tribunal, réunis à des ultra-révolutionnaires, à des officiers de l'*armée révolutionnaire* ainsi qu'à des *suspects* et, le 24 Germinal (13 Avril), c'est-à-dire huit jours après le supplice des Dantonistes, dix-neuf victimes montèrent sur l'échafaud (1).

---

(1) Savoir:

Chaumette; Gobel, ex-évêque de Paris, qui avait cédé à ses menaces en venant abjurer sa religion devant la Convention.

Le général Dillon et Simond, conventionnel, impliqué dans la prétendue conspiration de Dillon; Lambert, porte-clefs de la prison du Luxembourg.

Les veuves d'Hébert et de Camille Desmoulins.

Lebrasse, lieutenant de la Gendarmerie des tribunaux, agent de Ronsin; Grammont-Roselly, artiste du Théâtre-Français, et son fils, tous deux officiers de l'*armée révolutionnaire*.

Le général Beysser, accusé de fédéralisme, etc., etc.

D'autre part, il importait au Comité de salut public que le Comité de sûreté générale, qui le jalousait, ne pût l'accuser de *modérantisme* ; le Trésor attendait impatiemment les immenses dépouilles dont il devait hériter par la mort des fermiers généraux (1) et d'autres riches victimes; enfin, la crainte paraissait le seul moyen de maintenir dans l'obéissance la Nation dont on exigeait chaque jour de nouveaux sacrifices.

Les appréhensions de la lutte suprême qui allait s'ouvrir sur la frontière du Nord, concoururent aussi à pourvoir l'échafaud. On savait que les Coalisés maîtres, depuis l'année précédente, de Condé, Valenciennes et le Quesnoy, voulaient encore s'emparer d'un poste plus rapproché, Landrecies. Les mesures récemment décrétées dans le but de prolonger la défense des Places fortes jusqu'à la dernière extrémité (2)

---

(1) Les exécutions des Fermiers généraux et autres financiers eurent lieu pour la plupart, en Floréal; la plus nombreuse compta vingt-sept victimes, entre autres le célèbre Lavoisier (19 Floréal-8 Mai).

(2) Dans toute ville assiégée, bloquée ou cernée, les denrées et les approvisionnements de tous genres devenaient la propriété de l'État, moyennant indemnité, pour être distribués aux défenseurs en raison des besoins.

Tout commandant d'une ville fortifiée, capitulant sans avoir épuisé les derniers moyens et subi au moins un assaut sur la brèche ne parurent pas suffisantes : on voulut faire de sévères exemples. On exhuma de sa prison le lieutenant-colonel Lavergne qui commandait à Longwy, lorsque les Prussiens s'en étaient emparés *vingt mois auparavant* (23 Août 1792); traduit au tribunal révolutionnaire, il fut condamné à mort (11 Germinal—31 Mars) (1). Sa femme s'était placée dans une salle voisine pour entendre le jugement; dès qu'il fut prononcé, elle proféra à haute voix des propos royalistes qui la firent immédiatement conduire devant les juges de celui dont elle voulait partager le sort; son triste désir fut accompli.

Une semblable exaltation porta souvent des femmes à braver le terrible tribunal. Après l'exemple donné aux commandants des places assiégées, par le supplice du malheureux Lavergne, on voulut agir de même à l'égard des défenseurs et des habitants. Verdun s'était rendu aux Prussiens quelque temps après Longwy (30 Septembre 1792); depuis

---

du corps de place, devait passer devant un Conseil de guerre pour être condamné à mort.—Etc., etc.

(1) Pendant la longue détention de Lavergne, il y eut plusieurs fois, à la Convention, des débats contradictoires sur sa conduite à Longwy. Lavergne était un très-brave soldat, et la ville, où il n'était que depuis quelques jours lorsqu'elle fut prise, manquait des éléments les plus indispensables à la défense.

cette époque, on retenait en prison des militaires, des citoyens et des femmes, accusés d'avoir fomenté un complot pour livrer cette ville à l'Ennemi. Ils comparurent, au nombre de trente-cinq, devant le tribunal révolutionnaire (1) (5 Floréal-24 Avril); parmi eux, étaient les jeunes filles que la Poésie a glorifiées sous le nom de *Vierges de Verdun*. Elles eussent probablement échappé à la mort sans leur généreuse obstination à ne pas survivre à leurs parents (2); deux d'entre elles durent à leur âge d'être seulement con-

---

(1) Savoir : Officiers 5
Gendarmes 4
Professions civiles 7
Ecclésiastiques 5
Femmes mariées ou veuves. 6
Filles .... 8 dont 3 agées de moins de vingt ans. — *Verdun en 1792*, par Paul Mérat, lieutenant au 24ᵉ léger.

(2) Fouquier-Tinville avait sans doute reçu à l'égard de ces jeunes filles quelqu'ordre particulier dont leur noble enthousiasme empêcha l'accomplissement, si l'on en juge par le passage suivant du procès-verbal de cette audience : « Le tribunal............
» .... a cherché à savoir qui s'était plu à multiplier les
» crimes, en les faisant partager à de jeunes filles naturellement
» timides et ne connaissant d'autres volontés que celles de leurs
» parents............. Malheureusement pour le triomphe de l'in-
» nocence, ces jeunes personnes, soit par une opiniâtreté malen-
» tendue, soit par attachement pour leurs mères ou leurs co-
« accusées, n'ont point secondé les vues humaines du tribunal qui
» s'efforçait de les soustraire au glaive de la Loi............ »

damnées à la détention et au carcan; elles subirent cette dernière peine le lendemain du jour où leurs trente trois *complices* avaient péri sur l'échafaud (6 Floréal—25 Avril).

Ces rigueurs déployées envers des infortunés dont le *prétendu* crime (1) remontait à près de deux ans, ne constituèrent qu'une minime partie des mesures coercitives rendues à l'occasion de la reprise des hostilités. Les étrangers et les ex-nobles furent tenus de sortir de Paris, des villes maritimes et des places fortes dans le délai de dix jours, sous peine d'être mis hors la loi (26 Germinal - 15 Avril). On voulait éviter ainsi les intelligences que les Coalisés pouvaient entretenir dans ces postes importants avec les ennemis de la Révolution ; comme d'habitude, ce décret fut confirmé ou *justifié* par l'envoi à l'échafaud d'anciens nobles accusés de favoriser le succès des armes étrangères (2); la plupart étaient incarcérés depuis un temps suffisant pour que leur déten-

---

(1) Voir *Les Vierges de Verdun* dans *les Portraits politiques et révolutionnaires*, par Cuvillier Fleury.

(2) Voir les causes de la majorité des condamnations, en Germinal et Floréal, dans le *Moniteur universel* et la *Liste générale des condamnés à mort*.

tion constituât un obstacle matériel au fait dont le tribunal les déclarait convaincus : mais, peu importait à ce gouvernement assassin ; il n'avait pas le temps de chercher de vrais coupables. Les comités révolutionnaires remplissaient rapidement les vides ainsi produits dans les prisons (1).

Ainsi, à l'époque où le Comité de salut public acquit une omnipotence absolue (Germinal), la sanglante politique du *gouvernement révolutionnaire* reçut une impulsion nouvelle par les effets simultanés de causes nombreuses. La volonté de faire disparaître les débris les plus apparents des factions abattues, le besoin d'argent, la crainte d'être taxé de modérantisme et la résolution de vaincre l'Etranger y concoururent. En outre, ce redoublement de cruautés systématiques donna aux passions basses plus de facilités à se satisfaire : l'envie,

---

(1) Nombre des détenus dans les prisons de Paris (*Moniteur universel*) :

  19 Germinal (8 Avril). 6930
  25   —   (14 id). 7241
  28   —   (17 id). 7451
    6 Floréal (25 id). 7674

etc., etc.

la haine, la vengeance et la cupidité contribuèrent à élargir la voie du mal. Le nombre des victimes qui avait été jusque-là comparativement *restreint*, varia dès lors de dix à trente par jour (1). La nouvelle période, dans laquelle entrait ainsi le tribunal révolutionnaire, dura deux mois et demi environ; elle ne fut malheureusement, ni la dernière, ni la plus terrible.

---

(1) *Moniteur universel. — Liste des condamnés à mort.*

CHAPITRE XXXV.

RÉORGANISATION DE LA FORCE MILITAIRE — GÉNÉRAUX PLACÉS A LA TÊTE DES ARMÉES.

(Germinal, an II — Mars et Avril 1794) (1).

Sommaire.

Principes de la réorganisation militaire. — Difficultés à surmonter pour les mettre à exécution.

Infanterie. — Confusion qu'elle présentait à la fin de l'année 1793. — Moyens employés pour arriver à connaître les noms la position et les effectifs des divers Corps. — Suppression des Légions. — Suppression des bataillons de réquisition de la Levée en masse; répartition de leurs éléments dans les anciens bataillons de ligne ou de Volontaires. — Compression des murmures des jeunes officiers qui perdent ainsi leurs épaulettes. — Envoi à chaque armée de *Commissaires à l'embrigadement.* — Leurs opérations. — Composition nouvelle de l'Infanterie de ligne.

Infanterie légère. — Organisation analogue à celle de l'Infanterie de ligne.

Cavalerie. — Eléments divers dont elle se composait. — Cavaliers jacobins. — Composition nouvelle.

(*Nota*). Les opérations relatives à l'embrigadement de l'Infanrie, et celles de même nature pour les autres Armes durèrent plusieurs mois. Elles ont été réunies sous cette date, parce que les plus importantes devaient être terminées en Germinal, pour la reprise des hostilités.

Génie. — Les Compagnies de Mineurs et les bataillons de Sapeurs entrent dans ses attributions.

Artillerie. — Eléments dont elle se composait en 1793. — Organisation de l'Artillerie légère. — Artillerie à pied. — Compagnies de canonniers volontaires.

Effectif total des armées de la République.

Préparatifs pour l'ouverture de la campagne. — Acharnement réciproque dans la guerre de l'Ouest. — Mort de La Rochejacquelein. — Mort de Haxo. — Marceau est envoyé à l'armée des Ardennes; Kléber rejoint l'armée du Nord.

Généraux en chef. — Disgrâce de Jourdan; Pichegru le remplace à l'armée du Nord. — Michaud reçoit provisoirement le commandement de l'armée du Rhin. — Jourdan est rappelé pour remplacer Hoche à l'armée de la Moselle. — L'armée des Ardennes est sous les ordres de Charbonnier.

Dumas commande l'armée des Alpes. — Hoche arrive à l'armée d'Italie où il doit succéder à Dumerbion. — Il est arrêté, conduit à Paris et incarcéré.

Muller est à la tête de l'armée des Pyrénées occidentales. — Doppet est remplacé par Dugommier à l'armée des Pyrénées-Orientales.

Depuis quatre mois, peu de jours s'étaient passés sans que les Comités de salut public ou de la guerre eussent proposé à l'Assemblée nationale l'adoption de quelque mesure relative à la réorganisation de l'Armée. Quelques-unes avaient été appuyées de verbeuses considérations; pour la plupart, les rapporteurs se bornaient à la lecture des articles réglementaires que la Convention validait souvent par un vote accordé sans discussion. La composition d'un régiment ou la formation d'un conseil d'administration ne pouvait offrir qu'un intérêt très-secondaire à des députés, auxquels les détails de l'administration militaire étaient étrangers et dont la vie était absorbée par les surexcitations les plus émouvantes. L'ensemble de ces propositions que les Législateurs sanctionnaient avec indifférence, constitua cependant un magnifique travail dont les résultats concoururent puissamment au salut du pays. La multiplicité de ces décisions remplit des volumes (1); mais l'exposition des faits les plus saillants suffit pour faire apprécier la marche que suivit Carnot dans cette partie de la tâche immense à laquelle il s'était dévoué.

Les principes qui devaient ramener l'ordre et la régularité dans l'Armée avaient été décrétés en Février 1793 et confirmés dans le mois d'Août suivant : ils consistaient principalement à établir une identité parfaite entre les soldats de ligne et les volontaires de toutes sortes, et à en composer des Corps homogènes soumis aux mêmes lois. Ainsi l'Infanterie devait être orga-

---

(1) *Journal militaire* de Gournay et son *Supplément*.

nisée en *demi-brigades* formées, chacune, d'un bataillon de ligne et de deux bataillons de Volontaires, soutenus par une compagnie d'artillerie (1). Les autres Armes devaient être l'objet d'opérations analogues. Les exigences de la guerre et l'impuissance du gouvernement de la Convention, qui avait précédé le *gouvernement révolutionnaire*, avaient forcé d'ajourner l'exécution de ce projet jusqu'à la fin de la campagne de 1793.

Cependant, quelques généraux avaient été encouragés ou autorisés à procéder à l'*amalgame* d'un petit nombre de bataillons; les uns avaient réussi dans certains cas; les efforts des autres avaient échoué devant des difficultés ou des résistances inattendues. Il s'ensuivit que, au moment où Carnot devint membre du Comité de salut public, les armées se composaient de Corps offrant entre eux les plus étranges disparates. On comptait dans l'Infanterie :

Des demi-brigades, résultats d'essais isolés d'*embrigadement*;

Des régiments de ligne et des bataillons légers, derniers restes de l'armée de la Monarchie ;

---

(1) Chapitre XIX.

Des bataillons, ou plutôt des débris de ces bataillons de Volontaires dont on avait si inconsidérément augmenté le nombre, à toutes les époques de la Révolution ;

Des Légions, Françaises ou étrangères, composées de fantassins, de cavaliers et de canonniers ;

Quelques-unes de ces compagnies franches qui s'étaient tellement multipliées, lorsqu'il avait été permis à tout citoyen de lever des corps armés ;

Enfin, les bataillons de la Levée en masse, dénommés aussi *Volontaires* bien que les mesures les plus coercitives eussent, au besoin, présidé à leur formation.

La différence des effectifs entre Corps de même espèce s'augmentait chaque jour ; nul d'entre eux n'était au complet. Quelques-uns étaient même tombés dans un état de délabrement qui les annulait : en Novembre, la Légion Batave (réfugiés Hollandais) ne comptait plus que *vingt-six* officiers et *treize* soldats (1); cette anomalie provenait de ce que tout officier disparu était immédiatement remplacé, tandis que nul

---

(1) *Séance de la Convention* du 20 Brumaire (10 Novembre). — *Rapport des Comités de salut public et de la guerre.*

recrutement ne réparait les vides causés dans les rangs par la guerre, les maladies et la désertion.

Cette multitude de Corps hétérogènes favorisait tous les abus qu'engendraient les déplacements rapides, le désordre des finances, l'augmentation du prix des marchandises, la rapacité des fournisseurs et les efforts des malveillants. Un grand nombre de Conseils d'administration étaient composés d'hommes bien éloignés de posséder les connaissances, la sagacité et la probité nécessaires. Il était subvenu aux principaux besoins des troupes par des avances que faisaient les payeurs des armées sur les ordres des généraux ou des représentants du peuple. Nulle règle uniforme ne dirigeait ces mesures; les dilapidations étaient effrayantes; la comptabilité n'existait plus et, suivant l'expression du Comité de la guerre, la Nation engouffrait des millions dans le tonneau des Danaïdes. Carnot sut débrouiller cet inextricable chaos.

La première difficulté fut d'être exactement renseigné sur les noms, la position et l'effectif de tous les Corps. Les phases successives de la Révolution, les exigences de la guerre, les fréquentes destitutions des généraux, les changements multipliés des chefs de Corps et le droit d'initiative accordé aux représentants du peuple près des armées, avaient presque totalement interrompu les rapports qui doivent nécessairement rattacher les divers éléments de la Force militaire à une direction centrale. Des modèles d'*Etats* et de *Situations* à remplir par les colonels et les commandants de bataillon furent expédiés aux armées ; mais un grand nombre tombèrent entre les mains de gens qui ne savaient pas lire. Ces chefs ignares, effrayés à la seule vue de grimoires indéchiffrables pour eux, demandaient si l'on voulait les ramener aux *paperasses* de la Monarchie. L'ignorance et la mauvaise volonté risquaient ainsi d'arrêter l'œuvre de régénération dès le début ; les délinquans furent menacés de la prison et même de la mort ; dès lors, les renseignements affluèrent et l'on connut, du moins, l'immensité du mal.

La plupart des Légions créées dans le cours de la Révolution avaient disparu par l'effet de causes diverses. La Légion Germanique avait été supprimée à la suite de scandaleuses concussions (Juin 1793) ; la Légion du Nord avait été dissoute à l'occasion d'une de ces accusations qui s'étaient fréquemment reproduites contre Westermann (1). Celles qui subsistaient encore, telles que les Légions Batave, Belge et Liégeoise (2) constituaient la disparate la plus choquante avec le reste des troupes. Leurs débris reçurent l'ordre de se réunir à Péronne (5 Frimaire-25 Novembre); un représentant du peuple à l'armée du Nord, Duquesnoy, prononça leur dissolution définitive; leurs éléments furent répartis dans des Corps Français et le nom de Légion disparut des contrôles.

Parmi les opérations qui préparèrent celle de l'*embrigadement* de l'Infanterie de ligne, la plus importante fut effectuée aux dépens des bataillons de la Levée en masse. La formation de ces Corps avait constitué un mode régulier de départ pour l'universalité des jeunes citoyens, plutôt qu'une organisation de troupes destinées à marcher à l'Ennemi; aussi leur composition réglementaire n'était-elle pas absolument la même que celle des bataillons plus anciens (3).

---

(1) Chapitre XXIV.
(2) Dans ces Corps, soi-disant composés de réfugiés, il se trouvait beaucoup de Français qui avaient ainsi trouvé le moyen d'échapper à toute espèce d'investigation.
(3) D'après la loi de Février 1793, le bataillon d'Infanterie

Les soldats de ces jeunes Corps et les officiers qu'ils avaient élus, tous du même âge (18 à 25 ans) et enlevés le même jour à leurs foyers, étaient également inexpérimentés; au contraire, les anciens bataillons de ligne ou de volontaires, tous incomplets, étaient parfaitement aguerris ; il y avait donc le plus grand intérêt à compléter ces derniers aux dépens des premiers. Mais auparavant, le chiffre de l'effectif du bataillon d'infanterie fut porté de 777 hommes à 1067 (1).

Par cette double mesure, on faisait disparaître

---

devait être composé d'une compagnie de grenadiers (3 officiers et 62 hommes) et de huit compagnies de fusiliers (chacune de 3 officiers et 86 hommes) ; total, 777 hommes par bataillon (Chap. XIX).

Les bataillons de la Levée en masse comportaient neuf compagnies de fusiliers de 86 à 100 hommes, y compris les officiers; leur effectif variait donc de 774 à 900 hommes (Chap. XXVII).

(1) *Décret rendu par la Convention* sur la proposition du Comité de la guerre (2 Frimaire—22 Novembre) :

. . . .

« L'Infanterie à la solde de la République sera incessamment
» portée au complet de 3204 hommes par *demi-brigade*, non
» compris l'état-major et la compagnie de canonniers.

« Chaque *Bataillon* sera composé de neuf compagnies, dont
» une de grenadiers et huit de fusiliers.

« *Compagnie de grenadiers*. Un capitaine, un lieutenant, un
» sous-lieutenant, un sergent-major, quatre sergents, un caporal

les jeunes Corps dénués de toute instruction militaire, on augmentait la force de l'unité de bataille, et, tout en consrvant le même nombre d'hommes sous les drapeaux, on réalisait une économie notable par la suppression des états majors et des officiers des Réquisitionnaires, dont le sort fut ainsi réglé : « . . . . Les officiers
» et les sous-officiers des bataillons supprimés
» toucheront la paie affectée à leurs grades jus-
» qu'au jour de leur arrivée au point de rassem-
» blement qui leur sera indiqué; ils seront ensuite
» incorporés dans les anciens cadres, sans égard
» aux grades qu'ils ont occupés provisoire-
» ment. »

Les droits établis par la loi sur l'élection des officiers étaient ainsi ouvertement violés. On tenta, par le même décret, de prévenir les ma-

---

» fourrier, huit caporaux, soixante-quatre grenadiers, deux tam-
» bours.

« *Compagnie de fusiliers*. Même composition en officiers, ser-
» gents, caporaux et tambours. Cent quatre fusiliers.

« L'*état major* et la *compagnie de canonniers* de chaque demi-
» brigade restent tels qu'ils ont été autrefois décrétés.

« Les réquisitionnaires de la Levée en masse seront incorpo-
» rés, d'ici au 10 Nivôse, dans les cadres existants au 1er Mars
» dernier, jusqu'à ce qu'ils soient portés au complet prescrit par
» le présent décret. Les Corps qu'ils ont formés jusqu'à ce jour
» sont supprimés. »

« Etc., etc.

nifestations du mécontentement qui devait en résulter : « ..... Si quelqu'un d'entre eux ne se
» conformait pas sur le champ à ces dispositions
» et tenait des propos tendants à exciter du trou-
» ble ou à élever des réclamations contre la dis-
» solution des nouveaux bataillons, il sera ré-
» puté suspect et, comme tel, mis en état d'arres-
» tation sans préjudice de plus fortes peines, s'il
» y a lieu. »

Les Représentants du peuple en mission près des armées furent chargés d'employer tous les moyens en leur pouvoir pour accélérer cette opération; mais, malgré les menaces formulées contre les fauteurs d'opposition, elle ne s'accomplit pas sans exciter les murmures d'un grand nombre de ceux qui se voyaient ainsi privés inopinément de grades dont ils jouissaient depuis plus de trois mois; le Comité de salut public fit alors sanctionner par la Convention un nouveau décret en vertu duquel tout individu, qui tiendrait quelque propos contre l'incorporation, serait jugé comme conspirateur et puni de mort (1er Nivôse-21 Décembre). Dès lors, la répartition des réquisitionnaires entre les anciens Corps s'effectua sans soulever de nouvelles difficultés.

Après son achèvement, il n'y eut plus dans

l'Infanterie de ligne que trois espèces de Corps : des *demi-brigades* résultant d'essais d'embrigadement antérieurs, des *bataillons de ligne* et des *bataillons de Volontaires*, tous complétés au moyen des réquisitionnaires ; il ne restait donc plus qu'à *amalgamer* ces bataillons pour arriver à l'unité si désirée. Les bases de cette réunion définitive furent décrétées par la Convention, le 9 Nivôse (29 Décembre), et un représentant du peuple, dénommé *Commissaire à l'embrigadement*, partit pour chacune des armées avec la mission spéciale d'y procéder.

Arrivé à son poste, chacun de ces délégués omnipotents s'occupe d'abord des demi-brigades déjà existantes. Il vérifie si elles ont été formées d'un bataillon de ligne et de deux bataillons de Volontaires ; il congédie les hommes impropres au service(1) et il complète au besoin les trois bataillons au chiffre de 1067 hommes récemment adopté. Il examine les avances faites à ces Corps par les trésoriers et les payeurs, arrête provisoi-

---

(1) L'excès du zèle des autorités républicaines en sous-ordre, et la vive appréhension de commettre quelqu'infraction aux lois révolutionnaires, avaient eu pour effet de comprendre dans la Levée en masse une grande quantité d'individus que leur constitution rendait impropres au métier des armes.

rement tous les comptes (1) et installe un nouveau Conseil d'administration conformément aux règles de l'uniformité nouvelle.

Les bataillons non embrigadés, c'est-à-dire la presque totalité, sont ensuite séparément l'objet de mesures analogues. Après ces opérations préliminaires, le bataillon de ligne et les deux bataillons de Volontaires, qui doivent être *amalgamés* pour constituer une demi-brigade, sont so-solennellement rassemblés en armes. Les tambours ouvrent un ban ; le Commissaire à l'embrigadement annonce aux trois bataillons que désormais ils ne feront plus qu'un seul et même Corps, et il reçoit leur serment d'obéir à la discipline et de maintenir la Liberté, l'Egalité et la République. Le ban est fermé ; le chef de la nouvelle demi-brigade, choisi arbitrairement comme le plus méritant parmi les commandants des trois bataillons, fait poser les armes à terre ; on rompt les rangs ; Commissaire, généraux, officiers et soldats se jettent dans les bras les uns des autres en se donnant le baiser de la fraternité. Après quelques minutes d'épanchement, un roulement de tambour donne à chacun le signal de reprendre son poste et ses

---

(1) Ces opérations devaient, *d'après le décret*, être vérifiées plus tard à Paris.

armes, et la demi-brigade défile devant le représentant du peuple en chantant la Marseillaise.

Cet *amalgame* s'effectua ainsi de tous côtés sans opérer aucun déplacement de Corps, condition essentiellement recommandée aux Commissaires comme indispensable pour des troupes faisant face à l'ennemi (1); chacun de ces Représentants avait ordre de ne considérer sa mission comme terminée que lorsque toutes les demi-brigades organisées par ses soins fonctionneraient d'une manière uniforme, et que leurs Conseils d'administration seraient en activité. Le terme de rigueur était le 1er Germinal (21 Mars).

La force complète de l'Infanterie de ligne, y compris son artillerie (2), devait alors être de 196 demi-brigades, comprenant *au complet* 649,000 hommes et 1,176 pièces de campagne (3).

Les mêmes Représentants du peuple procédè-

---

(1) Par suite, quelques bataillons de ligne ou de Volontaires se trouvèrent en excédant de divers côtés ; ils rentrèrent peu à peu dans la loi commune par l'effet de décisions particulières.

(2) Les demi-brigades conservèrent d'abord l'artillerie attachée aux bataillons qui les composaient ; on s'occupa plus tard de l'organisation de ces compagnies de canonniers.

(3) D'après le projet adopté en Février 1793, chaque demi-brigade se composait d'un état major, de trois bataillons (chacun de

rent aussi à l'embrigadement de l'Infanterie légère (Décret du 9 Pluviôse—28 Janvier). Le nombre des bataillons fut porté de quatorze(1) à vingt-deux ; puis, chacun d'eux servit de noyau pour la formation d'une demi-brigade complétée au moyen des éléments des Compagnies franches et des troupes légères des Légions. Les cadres et la composition numérique furent les mêmes que pour l'Infanterie de ligne, sauf la compagnie d'artillerie ; en outre, chaque bataillon, au lieu d'une compagnie de grenadiers, comportait une compagnie de carabiniers choisis parmi les plus adroits tireurs. *Au complet*, les vingt-deux demi-brigades d'Infanterie légère eussent compris 67,474 hommes.

Les Corps de troupes à cheval n'offraient pas moins de disparates que ceux des troupes à pied.

---

777 hommes) et d'une compagnie d'artillerie; en tout, 2,437 hommes et 6 pièces de canon ; les 196 demi-brigades eussent ainsi compris 477,652 hommes et 1,176 pièces de campagne.

Dans la nouvelle organisation, l'état major et la compagnie d'artillerie ne reçurent pas d'abord de modification, mais le bataillon était porté de 777 hommes à 1067. Par suite, l'ensemble des 196 demi-brigades, *au complet*, devait comprendre 649,172 hommes et le même nombre de canons qu'auparavant.

(1) Chapitre XIX.

Des escadrons irréguliers avaient été réunis en régiments par divers décrets; il existait ainsi d'anciens et de nouveaux régiments, des compagnies irrégulières, des Corps francs à cheval, les troupes à cheval des Légions et les contingents fournis par la levée de 40,000 chevaux décrétée en Vendémiaire (Octobre) (1).

Une coutume, qui caractérise l'esprit du temps, procurait aussi des cavaliers montés et équipés. Le Club des Jacobins se préoccupait des moyens de recruter la Cavalerie (2), lorsque la Société populaire de Sédan lui annonça qu'elle offrait à la Patrie un cavalier armé et un cheval. Les louanges qu'elle reçut portèrent les autres Sociétés à l'imiter, et l'une d'elles proposa même de former de tous ces cavaliers un régiment spécial auquel on eût affecté le nom de *Jacobin*. « Si du fond de nos retraites nous épouvantons « les tyrans, » dit l'orateur, « quelle sera leur « terreur, lorsqu'ils sauront qu'ils vont avoir à « leurs trousses un régiment de Jacobins. » Le temps où l'on multipliait sans raison les Corps

---

(1) Chapitre XXVII.
(2) Les nombreuses discussions qui eurent lieu à ce sujet au Club des jacobins cessèrent par l'adoption du décret concernant la levée des 40,000 chevaux (Vendémiaire - Octobre). — Chapitre XXVII.

particuliers étant passé, cette motion n'eut pas de suites; mais, à partir de cette époque, il n'y eut, pour ainsi dire, pas de jour où la Convention ne reçut hommage d'un ou de plusieurs cavaliers jacobins qui venaient eux-mêmes faire part de leurs dispositions belliqueuses dans les termes les plus emphatiques (1).

Par des moyens analogues à ceux employés pour l'Infanterie, tous ces éléments de cavalerie furent soumis aux dispositions d'un décret rendu par la Convention, le 16 Nivôse (5 Janvier). Les Troupes à cheval formèrent ainsi :

29 régiments de *cavalerie* (carabiniers et cuirassiers) composés chacun d'un état-major et de huit compagnies réunies en quatre escadrons.

54 régiments de *cavalerie légère*, (20 de dragons, 23 de chasseurs et 11 de hussards,) composés chacun de douze compagnies réunies en six escadrons.

---

(1) *Séance de la Convention* du 16 Ventôse (6 Mars) :

..... Un citoyen faisant partie d'une députation de la Section du Temple présente au nom de la Société populaire de cette Section, un cavalier jacobin armé et équipé qui s'exprime ainsi: « Je » viens faire mon serment. Je pars dans trois jours pour la fron- » tière; je n'en reviendrai point, tant qu'un ennemi de la Répu- » blique Française, de l'Égalité et de la Liberté osera s'y mon- » trer ! » (Vifs applaudissements).

La force totale des troupes à cheval eût été, *au complet*, de 96,000 hommes (1).

---

(1) Cette organisation, mise à exécution au commencement de l'année 1794, n'est, sauf les changements indiqués, que la réalisation de ce qui avait été projeté au commencement de l'année 1793; mais, à cette époque, on n'avait pas décidé, comme pour l'Infanterie, la composition des corps de troupes à cheval; on le fit alors; les dispositions principales peuvent être ainsi résumées :

Cavalerie.

29 régiments de *cavalerie* (cuirassiers et carabiniers), composés de 4 escadrons, chacun de 2 compagnies.
Compagnie. — 1 capitaine, 1 lieutenant, 1 sous-lieutenant, 1 maréchal-des-logis-chef, 2 maréchaux-des-logis, 1 brigadier-fourrier, 4 brigadiers et 74 cavaliers, dont 1 maréchal-ferrant. En tout, 85 hommes.
État-major du régiment. — 1 chef de brigade, 2 chefs d'escadrons, 1 quartier-maître-trésorier, 2 porte-étendards, 2 adjudants-sous-officiers, 1 chirurgien-major, 1 aide-chirurgien, 1 maître maréchal, 1 maître sellier, 1 maître armurier-éperonnier, 1 maître tailleur, 1 maître culottier, 1 maître bottier et 8 trompettes, le plus ancien de service faisant les fonctions de trompette-brigadier.
Deux étendards.
Force d'un régiment de cavalerie au complet : 704 hommes tous montés, sauf les maîtres ouvriers.
Force de la *cavalerie* : 20,416 hommes.

Cavalerie légère.

20 régiments de dragons, 23 de chasseurs et 11 de hussards, compris sous la dénomination de *cavalerie légère*; tous à 6 escadrons, chacun de 2 compagnies.
Compagnie. — Comme les compagnies de *cavalerie*, si ce n'est qu'il y a 2 sous-lieutenants, 4 maréchaux-des-logis, 8 brigadiers et 96 cavaliers (y compris le maréchal-ferrant). En tout, 114 hommes.

Depuis plus de cent ans, les mineurs et d'autres troupes analogues avaient été placées tantôt dans les attributions du Génie, et tantôt dans celles de l'Artillerie, lorsqu'ils n'avaient pas été reconnus comme Corps indépendants. En dernier lieu, en 1790, le Génie n'était composé que d'officiers sans troupes au nombre de 334 (1). Carnot fit proposer par le Comité de la guerre et la Convention adopta pour cette Arme une composition qui n'a varié depuis que par les détails. Les six compagnies de mineurs que l'organisation de 1790 avait attribuées à l'Artillerie, furent déclarées appartenir au Génie (2 et 14 Brumaire — 23 Octobre et 4 Novembre), ainsi que douze bataillons de sapeurs créés récemment (25 Frimaire — 15 Décembre). L'effectif total fut ainsi de 5,313 hommes, y compris les officiers.

A la fin de 1793, l'Artillerie offrait, sous le

État major du régiment. — Comme dans la *cavalerie*, sauf 3 chefs d'escadrons, 3 porte-guidons, 3 adjudants-sous-officiers, et 24 trompettes. Pas de maître culottier.

Trois guidons.

Force d'un régiment de cavalerie légère : 1,410 hommes tous montés, sauf les maîtres ouvriers.

Force de la cavalerie légère : 76,140 hommes.

(1) Chapitre X.

rapport de sa composition, la même diversité que le reste de l'Armée ; elle se composait de compagnies appartenant aux anciens régiments, de compagnies hétérogènes servant les deux pièces de chaque bataillon d'infanterie de ligne, de l'artillerie des Légions et des neuf compagnies d'*artillerie volante* formées lors de la création de cette nouvelle Arme (Avril 1792). Ces dernières rendirent de tels services que, un an après, leur nombre fut porté à vingt (1) ; mais ce décret d'augmentation n'avait été suivi d'aucun effet.

On voulut donner à l'Artillerie légère un effectif en rapport avec les services que semblaient promettre ses commencements. Le peu d'expérience acquise occasionna les propositions les plus diverses ; les uns demandaient qu'elle formât un corps entièrement séparé de l'Artillerie à pied ; les autres proposaient, au contraire, qu'elle lui fut entière-assimilée en temps de paix, et subitement mise à cheval au moment de la guerre ; d'autres projets moins absolus furent aussi mis à jour.

En somme, il fut décidé que l'*Artillerie volante* serait entièrement distincte de l'Artillerie à pied,

---

(1) Chapitre XIX.

et que chacune des neuf batteries légères, alors existantes, formerait le noyau d'un régiment composé d'un état-major et de six compagnies ; en tout, 514 hommes, y compris les officiers, ce qui donnait pour l'Arme *au complet* 4,626 hommes (19 Pluviôse-7 Février) (1).

Les sept régiments d'artillerie à pied conservèrent l'ancienne organisation qui leur attribuait au complet un effectif de 8,442 hommes ; il en fut de même des dix compagnies d'ouvriers (2).

---

(1) Décret du 19 Pluviôse (7 Février).—*Composition d'un régiment d'artillerie légère* : un état-major et six compagnies.

État-major. — 1 chef de brigade, 1 commandant d'escadron, 1 quartier-maître, 1 adjudant officier, 1 adjudant sous-officier, 1 artiste vétérinaire, 1 sellier, 1 bottier, 1 tailleur et 1 trompette brigadier.

Compagnie. — 1 capitaine, 1 lieutenant, 2 sous-lieutenants, 1 maréchal des logis, 1 brigadier fourrier, 4 brigadiers, 30 premiers canonniers, 30 seconds canonniers, 2 trompettes, 4 ouvriers en bois et 4 ouvriers en fer.

Les ouvriers ne sont pas montés ; ils suivent les caissons sur la voiture qui porte les moyens de réparation et leurs outils.

(2) Effectif des sept régiments au complet. — 7 colonels, 42 lieutenants-colonels, 7 quartiers-maîtres, 14 adjudants majors, 280 capitaines, 280 lieutenants, 28 adjudants, 7 tambours majors, 56 musiciens, 21 maîtres ouvriers, tailleur, cordonnier et armurier, 700 sergents, 140 caporaux fourriers, 560 caporaux, 560 appointés, 2,240 canonniers et bombardiers, 3,360 apprentis, 140 tambours ; en tout 8,442 hommes.

Compagnie d'ouvriers. — 2 capitaines, 2 lieutenants, 5 ser-

Quant aux nombreuses compagnies de canonniers volontaires formées successivement à Paris ou dans les départements, elles se composaient généralement d'un nombre d'hommes très-variable. Le 18 Ventôse (8 Mars), Barère, parlant à la Convention au nom du Comité de salut public, représenta que leur service, leurs dangers et leur zèle pour la République étaient les mêmes que ceux des compagnies de régiment; il en conclut qu'il convenait de les faire jouir des mêmes avantages, en leur donnant la solde de l'Artillerie de ligne qu'elles avaient souvent réclamée (1). Il fut décidé en même temps qu'elles seraient mises sur le même pied que celles des régiments; l'assimilation la plus complète fut ainsi établie. Quelque temps après, un nouveau décret fixa leur organisation qui devint aussi celle des compagnies de régiments auxquelles il apporta de légères modifications (6 Floréal - 25 Avril).

L'effectif de chacune d'elles fut alors de 93 hom-

---

gents, 1 caporal fourrier, 4 caporaux, 4 appointés, 24 ouvriers, 16 apprentis, 1 tambour; en tout : 59 hommes.

(1) Jusqu'alors, ces compagnies n'avaient eu que la solde des volontaires qui était un peu moins forte que celle des régiments d'artillerie.

mes, officiers compris (1). En supposant que chacune des 196 demi-brigades d'Infanterie de ligne fut accompagnée de la compagnie à laquelle elle avait droit, c'était encore 18,228 hommes d'artillerie à ajouter à l'effectif général.

Ce rapide exposé suffit pour faire apprécier la méthode par laquelle Carnot ramena l'Armée aux principes d'uniformité qu'avait détruits la Révolution.

En additionnant les effectifs ainsi déterminés pour chaque Arme, en y ajoutant la Gendarmerie qui ne fut réorganisée que plus tard, le personnel des établissements de l'Artillerie et du Génie, les administrations, etc., on obtient un total de 800 à 850,000 hommes; mais aucune des Armes, n'atteignait alors le chiffre qui lui avait été assigné réglementairement. Cependant, à l'époque où ce remaniement général faisait momentanément varier les contingents, il était habile de profiter de cette confusion apparente pour grandir la puissance de la

---

(1) *Décret* du 6 Floréal (25 Avril).
Effectif d'une compagnie de canonniers : 1 capitaine commandant, 1 second capitaine, 1 premier lieutenant, 2 seconds lieutenants, 1 sergent-major, 5 sergents, 1 caporal fourrier, 5 caporaux, 35 premiers canonniers, 40 seconds canonniers, dont 4 artificiers et 4 ouvriers. 1 tambour. — Total : 93 hommes.

République aux yeux de la Nation et de l'Ennemi. Aussi parla-t-on d'abord du million de défenseurs que possédait le pays. Ce chiffre fut ensuite dépassé : Cambon alla jusqu'à dire à l'Assemblée que la France avait 1,500,000 hommes sous les armes ; néanmoins l'effectif généralement admis par les orateurs fut 1,200,000 ; cette appréciation, sans cesse reproduite aux diverses tribunes, devint un article de foi.

Sans atteindre ces chiffres exagérés, on s'en rapproche un peu lorsqu'on évalue, non pas les défenseurs du pays, mais la quantité de ceux qui touchaient une solde et d'autres prestations militaires. De tous côtés, dans les villes frontières surtout, les représentants du peuple et les généraux mettaient à chaque instant en réquisition les Gardes nationaux sédentaires, et les assimilaient ainsi aux troupes régulières pour diverses fournitures. Puis, la circonstance qui avait motivé cette mesure exceptionnelle, disparaissait ; celui qui l'avait ordonnée, oubliait en partant de révoquer l'ordre de réquisition ; nul ne songeait à le faire cesser, et les Gardes nationaux continuaient ainsi à bénéficier de ses avantages sans avoir à se déplacer. Souvent même, des Municipalités sollicitèrent la mise en réquisition de leurs Gardes nationales en prétextant le bien général, mais en réalité pour donner à leurs administrés des droits aux distributions de vivres que le renchérissement des denrées rendait chaque jour plus précieux (1).

On doit admettre que, au commencement de l'année 1794, les forces sérieuses de la République étaient de 600,000 hommes environ (2), recruté au moyen des jeunes gens qui atteignaient l'âge de

---

(1) *Rapport sur la solde des troupes, fait par Cochon à la Convention nationale.* — Séance du 3 Thermidor an II (21 Juillet 1794).

(2) *Extrait des archives du ministère de la guerre.*
Effectifs des armées de la République en Janvier 1794 (Nivôse et Pluviôse).

Armées.	Effectifs.	Présents.
Du Nord,	237,640	145,000
Des Ardennes,	39,487	39,487
De la Moselle,	98,476	85,000
Du Rhin,	98,893	98,893
Des Alpes,	50,206	50,000
Des Pyrénées-Occidentales,	41,286	36,000
Des Pyrénées-Orientales,	50,552	40,000
D'Italie,	32,020	24,000
De l'Ouest,	78,151	70,000
Des Côtes-de-Brest,	42,221	42,221
Des Côtes-de-Cherbourg,	»	»
De l'Intérieur,	2,000	1,500
	770,932	632,101

— *Histoire parlementaire de la Révolution Française*, par Buchez et Roux.

la réquisition. En défalquant de ce total les troupes qui occupaient la Vendée, on est amené à conclure que la France républicaine opposa 500,000 soldats aux 400,000 Coalisés qui l'attaquaient de tous côtés (1).

L'œuvre de réorganisation, l'instruction des réquisitionnaires et les autres préparatifs occupèrent les armées pendant tout l'hiver; de son côté, l'Ennemi s'approvisionnait et se renforçait également ; aussi, sur les diverses frontières, la mauvaise saison se passa-t-elle dans une expectative mutuelle qu'interrompaient parfois des engagements de médiocre importance.

Dans l'Ouest au contraire, les abominations commises par les *colonnes infernales* de Turreau,

---

(1) Savoir :
150,000 Autrichiens, Allemands, Hollandais et Anglais dans les Pays-Bas ;
30,000 Autrichiens à Luxembourg ;
65,000 Prussiens et Saxons aux environs de Mayence ;
50,000 Autrichiens, mêlés de quelques Émigrés, bordant le Rhin de Manheim à Bâle ;
40.000 Piémontais } Armée Piémontaise.
8.000 Autrichiens auxiliaires }
60,000 Espagnols, répartis entre les Pyrénées orientales et les Pyrénées occidentales.

403,000 — *Histoire de la Révolution*, par A. Thiers.

avaient eu pour effet de rendre les Vendéens et les Chouans formidables. La guerre n'était plus dans ce malheureux pays qu'une suite d'incendies, de massacres et d'atrocités réciproques. Des deux côtés, chacun tuait ses ennemis avec acharnement jusqu'au jour où, tombé entre leurs mains, il n'attendait et ne demandait ni pitié ni merci.

Le 9 Pluviôse (28 Janvier), des troupes, sorties de Chollet pour incendier le bourg de Nouaillé, sont repoussées par la bande de La Rochejaquelein. Après la retraite des républicains, le chef royaliste aperçoit dans un champ de blé, près de la route, deux *Bleus* dont la mort est certaine. Voulant les interroger, il court vers eux et leur crie que, s'ils se rendent, il ne leur sera fait aucun mal. Mais l'un d'eux se retourne, feint de présenter son fusil au général, l'ajuste et l'atteint d'une balle au front. La Rochejaquelein tombe et son meurtrier est tué immédiatement (1).

---

(1) Le secret de la mort de La Rochejaquelein fut recommandé aux quelques témoins de cette scène. Les Vendéens ne l'apprirent que peu après; les républicains l'ignorèrent d'abord et en doutèrent tellement ensuite que, six semaines après, on cherchait le lieu où il avait été enterré pour s'assurer de la véracité du fait. Il en résulta une indécision qui se retrouve dans les *Biographies* au sujet de la date exacte de la mort de ce géné-

Six semaines après (29 Ventôse — 19 Mars), dans un combat où ses troupes exténuées fuient devant celles de Charette, Haxo a la cuisse percée d'une balle et tombe de cheval ; resté seul, il s'adosse contre un arbre ; sa taille et sa force prodigieuse lui permettront encore de vendre chèrement sa vie. Un paysan s'approche croyant avoir bon marché de ce blessé à cheveux blancs ; Haxo l'abat d'un coup de sabre. Un cavalier, couvert d'un casque de républicain, apparaît ; le général croit voir un ami et l'appelle à son secours ; au contraire, c'est un nouvel adversaire dont il fait sauter le sabre à quelques pas ; il résiste non moins énergiquement à cinq autres cavaliers qui l'entourent en lui criant de se rendre ; enfin, l'un d'eux met pied à terre, et le vise froidement avec un mousqueton ; Haxo tombe frappé de trois balles ; mais, avant de mourir, il blesse encore un de ses ennemis d'un coup de pistolet.

L'exemple du soldat se sacrifiant pour tuer La Rochejaquelein qui lui offrait la vie, celui du

---

ralissime de vingt et un ans. Une lettre adressée à Turreau (30 Pluviôse-18 Février) par Poché, commandant de place de Chollet, semble lever tout doute à cet égard. Elle est insérée dans les *Guerres des Vendéens et des Chouans, par un officier supérieur.*

vieil Haxo combattant jusqu'au dernier soupir, montrent quelle était la haine des républicains pour leurs adversaires; d'après la rage qui animait les persécuteurs, on peut juger des sentiments de leurs victimes.

Marceau ne prit aucune part à cette phase de la guerre de la Vendée; rélégué par Turreau dans une sorte d'exil à Chateaubriant, il y était tombé malade de fatigue et dégoût; après s'être fait soigner à Rennes, il achevait sa convalescence à Paris auprès de sa sœur, lorsqu'il obtint un commandement dans l'armée des Ardennes (26 Germinal — 15 Avril).

Il fut remplacé à Chateaubriant par Kléber qui y resta quelque temps dans une inaction forcée, parce que le mauvais vouloir de Turreau diminuait chaque jour l'effectif des quelques centaines d'hommes laissés à sa disposition. Mais peu après, il fut envoyé avec 3000 soldats dans le Perche et le Maine où les bandes insurgées devenaient de plus en plus redoutables. Il disposa des cantonnements et créa des colonnes mobiles avec lesquelles il battit tout le pays. Il traquait ainsi depuis huit jours les Chouans de forêts en forêts, lorsqu'il reçut à la fois le brevet de général de division et l'ordre vivement souhaité de rejoindre l'armée du Nord.

C'était celle dont allait principalement dépendre le salut du Pays. Le Comité de salut public avait fini par acquiescer aux raisons pour lesquelles Jourdan avait fait prendre à cette armée ses quartiers d'hiver après la victoire de Wattignies (1); néanmoins, le général qui avait trouvé des obstacles invincibles dans les intempéries et dans les fatigues des soldats, ne lui parut pas doué d'un caractère assez audacieux et assez entreprenant pour les opérations suprêmes qui restaient à accomplir. « Il fallait, » dit Barère à la Convention (17 Pluviôse-5 Février), « s'éle-
» ver au-dessus des règles ordinaires; il fallait
» aussi braver les éléments et l'intempérie
» de la saison. Le général Jourdan a oublié le
» mot de César qui doit être la règle constante
» de tout homme de guerre, que rien n'est fait
» tant qu'il reste quelque chose à faire. »
Ensuite, tout en rendant justice aux bonnes intentions et au patriotisme de Jourdan (2), Barère

---

(1) Chapitre XXX.

(2) *Séance de la Convention nationale* du 17 Pluviôse (5 Février).

Barère : « .... Jourdan rentrera quelque temps dans ses

proposa de le remplacer par Pichegru, qu'il appelait « le vainqueur de l'armée du Rhin. »

Effectivement, par suite de la haine qu'il avait conçue pour Hoche (1), Saint-Just, dans ses rapports au Comité, avait attribué à Pichegru toute la gloire qui eût dû revenir au jeune général en chef de l'armée de la Moselle. Pichegru reçut en conséquence l'ordre d'aller prendre le commandement de l'armée du Nord ; une lettre écrite dans le style du temps lui évita la corvée d'aller, à son passage à Paris, haranguer les Jacobins et recevoir leurs applaudissements (2); puis, il par-

» foyers, non pas à la manière de ces officiers suspects ou de ces
» généraux douteux que la loi suspend ou destitue, et qu'elle re-
» jette à une certaine distance de Paris, des armées et des fron-
» tières. Il peut rendre encore des services à la patrie dans les
» divers postes qu'elle offre à ses défenseurs. Il obtient une retraite
» honorable digne de sa probité et de son patriotisme : il est pau-
» vre, c'est son éloge et son titre à la reconnaissance nationale.
» Le vainqueur de Wattignies, le libérateur de Maubeuge ne doit
» pas exister sans un témoignage de la patrie reconnaissante.
» Nous vous proposons de lui accorder sa retraite, conformément
» aux lois établies. »

(1) Chapitre XXX.

(2) *Lettre du général Pichegru à la Société populaire des Amis de l'Égalité, séant aux Jacobins.*

Paris, 18 Pluviôse an II (6 Février 1794).

« Je n'attendais, frères et amis, que ma confirmation au com-
» mandement de l'armée du Nord pour venir au milieu de mes
» frères, dans le sanctuaire de la liberté, répéter le serment bien
» gravé dans mon cœur de défendre et maintenir la liberté et

tit pour sa nouvelle destination muni des instructions du Comité de salut public. Michaud (1) reçut provisoirement le commandement de l'armée du Rhin.

Jourdan, ne resta pas longtemps dans la position de retraite anticipée qui lui avait été

» l'égalité, l'unité et l'indivisibilité de la République. La néces-
» sité de me rendre à mon poste me prive de cette douce satisfac-
» tion; recevez-en mes regrets, frères et amis. Je vole au milieu
» de mes frères d'armes et je jure de ne m'en séparer que lorsque
» nous aurons vaincu les tyrans coalisés. Déjà, j'ai eu l'avantage
» de partager les succès de l'armée du Rhin : les soldats de l'armée
» du Nord n'ont pas moins de courage ; il suffit d'être républicain
» Français et de combattre pour la liberté, pour que la victoire ne
» soit plus incertaine.

» Continuez, fondateurs du droit de l'homme, à propager dans
» tous les cœurs l'amour de la République, tandis que nous com-
» battons pour elle. Je jure de faire triompher ses armes, d'exter-
» miner les tyrans ou de mourir en les combattant. Mon dernier
» mot sera toujours : Vive la République ! Vive la Montagne !

» PICHEGRU. »

(1) Michaud, né en 1751 à Chaux-Neuve (Doubs), s'enrôla dans le 5ᵉ régiment de chasseurs à cheval. Suivant la *Biographie des hommes vivants*, il servit ensuite comme tambour-major jusqu'en 1783, époque à laquelle il se retira dans ses foyers. Il reprit du service au moment de la Révolution, et fut fait capitaine au 2ᵉ bataillon de Volontaires du Doubs, puis lieutenant-colonel du même Corps et général de brigade (Mai 1793). Il se distingua à la droite de l'armée du Rhin et fut nommé général de division dans le mois de Septembre de la même année. — *Biographie universelle des Contemporains.*

assignée ; son rappel, après un mois de disgrâce, fut encore une des conséquences de la haine de Saint-Just pour Hoche. Ce dernier n'était pas d'un caractère à supporter tranquillement l'injustice commise à son égard ; lorsque l'armée de la Moselle fut rentrée dans ses limites habituelles (de Bitche à Longwy), il se plaignit au Comité de salut public et lui envoya même un de ses officiers. Saint-Just, de plus en plus irrité, insista sur ce que Hoche ne savait ou ne voulait pas obéir, et le jeune général en chef put s'apercevoir fréquemment qu'il avait au sein du gouvernement un ennemi puissant et implacable. Bien plus, Carnot, trompé dans sa religion par les impostures de son collègue, conclut à l'arrestation du vainqueur de Wissembourg.

Il eût été dangereux et impolitique d'y procéder au milieu d'une armée qui n'avait pour lui que des sentiments d'admiration ; on prit le parti de l'en séparer d'abord, en lui faisant envisager, comme récompense de ses services, la mission difficile de régénérer l'armée d'Italie ainsi qu'il avait fait pour celle de la Moselle. Il ne fut pas dupe de louanges qui succédaient aussi subitement à des procédés malveillants, et il partit pour Nice (26 Ventôse - 16 Mars) agité de sombres pressentiments (1). Le commandement qu'il laissait vacant fut décerné à Jourdan.

Indépendamment des armées du Nord, du Rhin et de la Moselle, les 250,000 Coalisés qui s'apprêtaient à envahir la France par le Nord, avaient aussi devant eux une quatrième armée, celle des Ardennes ; elle était sous les ordres de Charbonnier (2).

A l'Est, l'armée des Alpes était commandée par Dumas, et celle d'Italie, par le vieux Dumerbion (3).

---

(1) Avant son départ, Hoche envoya, au représentant du peuple Lacoste, la copie de ses ordres et de sa correspondance avec une lettre où se trouve cette phrase : « Je désire que cela serve à faire » luire la vérité et à retracer à nos neveux ce qu'il en a coûté à » leurs pères pour conquérir leur liberté. » — *Essai sur la vie de Lazare Hoche*, par E. Bergounioux.

(2) Charbonnier, né à Clamecy (Nièvre) en 1754, entra au service, en 1780, comme simple soldat et devint, en 1789, capitaine de la Garde nationale de Clamecy. Il fut chef de bataillon trois ans plus tard et enfin, lieutenant-colonel dans le 21e bataillon de Volontaires. Il fit les campagnes de la Belgique sous les ordres de Dumouriez, fut blessé à Menin, et assista aux batailles de Jemmapes et de Neerwinden. — *Biographie universelle des Contemporains*.

(3) Dumas, né en 1762 à Saint-Domingue, fils naturel d'une négresse et du marquis de la Pailleterie. Il entra au service en 1786 et fut longtemps simple dragon dans le régiment de la Reine.

Le bruit de l'arrivée de Hoche l'y avait précédé; soldats, officiers, généraux, tous, excepté celui qu'il venait remplacer, lui préparaient un accueil aussi chaleureux que l'avaient été les regrets de l'armée de la Moselle. Pour lui, sa tristesse s'était accrue des impressions de ce voyage pendant lequel il avait été frappé de la misère et du deuil général ; cependant, en approchant de Nice, son enthousiasme belliqueux et les succès éclatants qu'il prévoyait sur un nouveau théâtre, dissipèrent ces pénibles sentiments.

A peine a-t-il mis pied à terre qu'il déploie la carte de la Haute Italie; après l'avoir étudié pendant une heure : « C'est de l'autre côté » de ces montagnes, » dit-il en montrant la chaîne des Alpes, « que se trouve le véritable » champ de bataille où la question doit se vider » avec l'Autriche. » En vain ses aides de camp

---

Lorsque survinrent les premières guerres de la Révolution, plusieurs faits d'une bravoure éclatante lui valurent un rapide avancement. Général de division, le 3 septembre 1793. — *Biographie universelle des Contemporains.*

Dumerbion entra de bonne heure au service et fut longtemps capitaine de grenadiers. Lors de la Révolution, il servait sous les ordres de Biron et se distingua plusieurs fois d'une manière particulière. Il obtint les grades de colonel, de général de brigade et de division dans les campagnes de 1792 et 1793 à l'armée d'Italie. — *Biographie universelle des Contemporains.*

le pressent de se mettre à table, il reste absorbé dans ses combinaisons, lorsqu'on introduit près de lui un général à cheveux blancs. Hoche croit voir un de ses subordonnés; il se lève et lui demande en riant s'il veut partager un déjeuner « qui n'a d'autre mérite que de rappeler les » repas de Pythagore avec ses disciples » : des olives, du pain et de l'eau (1). Mais le nouveau venu est Dumerbion qui, pour toute réponse, lui lit d'une voix rude l'ordre d'arrestation envoyé par le Comité de salut public (2). Contre son habitude, Hoche reste calme et remet son épée à Dumerbion ; des factionnaires sont placés à sa porte. Cependant, les autres généraux de l'armée d'Italie, venus pour complimenter le vainqueur de Wissembourg, apprennent avec stupéfaction qu'il est prisonnier et va être conduit à Paris sous l'escorte de deux gendarmes. Tous lui en

---

(1) *Lettre de Mermet,* aide de camp du général Hoche. — *Essai sur la vie de Lazare Hoche,* par E. Bergounioux.

(2) « Le Comité de salut public arrête que l'expédition d'O-
» neille, qui devait être faite par le général Hoche, sera confiée
» au citoyen Guillaume Petit, général à l'Armée des Alpes, au-
» quel il a été donné des ordres à cet effet. Les représentants du
» peuple près l'armée d'Italie, feront mettre sans délai le géné-
» ral Hoche en état d'arrestation, et l'enverront à Paris sous
» bonne et sûre garde.»

Signé : CARNOT, COLLOT-D'HERBOIS.

témoignent leur douloureux étonnement ; quelques uns lui offrent de le soustraire au sort dont il est menacé en favorisant sa fuite que facilitera la proximité de la frontière. Mais Hoche répond qu'il veut paraître devant ses accusateurs et ne pas donner un exemple qui puisse servir d'excuse aux traîtres passés ou à venir. Il s'entretient ensuite avec eux de ce qu'a déjà fait et de ce que fera sans doute encore l'armée d'Italie.

Arrivé à Paris, il se fait conduire par ses deux gendarmes au Comité de salut public. Tout à coup, Saint-Just passe dans la salle d'attente : « Que demandez-vous ? » dit-il au général, d'un air menaçant. — « Justice ! » s'écrie impétueusement Hoche. — « On vous fera celle que vous » méritez, » répond ironiquement Saint-Just qui s'éloigne.

Néanmoins, Carnot fut chargé d'interroger le jeune général. A la suite de cette enquête sommaire, il rapporta au Comité que Hoche avait en effet refusé d'exécuter quelques parties du plan de campagne qui lui avait été indiqué, « mais » que cette affaire exigeait un plus sérieux exa» men, et qu'en attendant, pour la sûreté même » du général, il fallait le retenir en prison et ne

» pas l'exposer au choc de certaines passions. »
Cette réponse voilait sans doute le regret d'une erreur alors irréparable; elle constitua, du moins, un atermoiement auquel le général dut son salut (1). Hoche fut d'abord conduit à la prison des Carmes, et peu après à la Conciergerie.

L'armée des Pyrénées occidentales était sous les ordres de Muller. Celle des Pyrénées orientales, la seule qui eut perdu du terrain à la fin de la campagne précédente, avait eu, jusqu'en Nivôse, Doppet pour commandant. Mais, à cette époque, ce général jacobin tomba malade; le Comité de salut public désigna pour le remplacer Dugommier qui, après le siége de Toulon, s'apprêtait à venir siéger à la Convention en qualité de député de la Martinique.

Ainsi, au commencement de Germinal, l'embrigadement de l'Infanterie de ligne était terminé et la réorganisation des autres Armes, quoiqu'inégalement avancée, n'offrait pas d'obstacle aux opérations stratégiques. Les principes de discipline et d'obéissance avaient été remis en hon

---

(1) *Mémoires* de Barère.

neur parmi les troupes. Les réquisitionnaires exercés pendant l'hiver étaient pleins d'enthousiasme. Les subsistances devaient manquer à la population avant de faire défaut à ses défenseurs. La France était devenue une immense manufacture d'armes et de salpêtre. Enfin, des généraux éprouvés étaient placés à la tête des armées. C'était au canon à faire le reste ; il allait retentir à la fois sur toutes les frontières.

CHAPITRE XXXVI.

SUCCÈS DES ARMÉES DES PYRÉNÉES ORIENTALES, D'ITALIE ET DES ALPES. — OPÉRATION DES ARMÉES DU NORD, DES ARDENNES, DE LA MOSELLE ET DU RHIN. — TENTATIVES DE RÉGÉNÉRATION ANTI-RÉVOLUTIONNAIRE.

(Floréal et Prairial an II. — Avril et Mai 1794.)

Sommaire.

Ouverture de la campagne de 1794.

Armée des Pyrénées occidentales. — Elle conserve ses positions.

Armée des Pyrénées orientales — Diversion opérée par Dagobert dans la Catalogne. — Sa mort. — Dugommier force les Espagnols d'évacuer le camp de Boulou. — Blocus de Collioures et de Port-Vendres. — Heureuses opérations des généraux Pérignon et Augereau.

Armée d'Italie. — Mouvement combiné pour tourner la position de Saorgio. — Il est exécuté par Bonaparte et Masséna. — Les Piémontais repassent la grande chaîne des Alpes.

Armée des Alpes. — Prise du Petit-Saint-Bernard et du Mont-Cenis.

Rapports de Barère à la Convention.

Armées du Nord, des Ardennes, de la Moselle et du Rhin. — Le centre de l'armée du Nord est refoulé; Landrecies est investi. — Jonction de l'Aile droite de l'armée du Nord avec l'armée des

Ardennes. — Succès de l'Aile gauche; Souham prend Courtray et Moreau investit Menin. — Le feld-maréchal Clerfayt est battu; Menin est pris. — L'ennemi s'empare de Landrecies. — Pichegru renforce les deux ailes de l'armée du Nord aux dépens du centre. — Victoire de Turcoing. — Le Comité de salut public envoie à Jourdan l'ordre de rejoindre l'aile droite de l'armée du Nord avec l'armée de la Moselle et 45,000 hommes de l'armée du Rhin.

Tentatives de régénération sociale. — Propositions *patriotiques* repoussées au Club des jacobins par Couthon et Collot-d'Herbois. — Dénonciations contre des généraux également repoussées. — Un comité est institué pour recevoir les accusations et les soumettre au Comité de salut public. — Suppression des comités révolutionnaires des Communes rurales. — Suppression des Sociétés populaires. — Le peuple Français reconnaît l'existence de l'Être suprême. — Enthousiasme pour Robespierre. — Ses partisans et ses détracteurs. — Asservissement de la Convention. — Elle décide qu'il ne sera plus fait aucun prisonnier Anglais ou Hanovriens. — Indignation causée dans les armées par ce décret; il n'y est pas exécuté. — Belle conduite de Moreau et du représentant du peuple Richard.

Le 1er Floréal (20 Avril), à la suite d'un long rapport de Billaud-Varennes, la Convention décréta « qu'appuyée sur les vertus du peuple Fran» çais, elle ferait triompher la République dé» mocratique et punirait tous ses ennemis. ». Quelques jours auparavant (16 Germinal — 5 Avril) (1), Barère avait annoncé que les armées étaient en mouvement, mais que de petits succès n'étaient pas dignes d'être présentés à une République comptant 1 200,000 hommes sous les

---

(1) Jour du supplice des Dantonistes.

armes ; il se disait chargé seulement d'apprendre à la Convention que des prisonniers avaient été faits par l'armée des Alpes et par l'armée des Pyrénées occidentales. Néanmoins, cette dernière ne fit alors que conserver ses positions à Saint-Jean-de-Luz et à Saint-Jean-Pied-de-Port.

Il en fut autrement à l'armée des Pyrénées orientales. Elle avait pris ses quartiers d'hiver à Perpignan, tandis que les Espagnols, victorieux par l'impéritie du général jacobin Doppet, avaient hiverné sur les bords de la Tech où ils occupaient le camp de Boulou (1); ils étaient aussi maîtres de Collioures et de Port-Vendres. Une partie du personnel et du matériel, qui avaient servi à prendre Toulon, ayant été envoyé à Perpignan, Dugommier se trouva à la tête de 35,000 hommes environ. Du côté de l'Ennemi, les renforts n'étaient pas encore arrivés, et l'habile général Ricardos, auquel les Espagnols avaient dû les succès de l'année précédente, était mort; son successeur, le comte de La Union, était bon soldat, mais médiocre général. Toutes les circonstances favorisaient ainsi l'armée républicaine.

(1) Chapitre XXX.

Les opérations commencèrent par une diverversion qu'effectua Dagobert, vieux général qui, à la tête d'une division, soutenait depuis longtemps la guerre dans la Cerdagne avec la fougue et l'énergie d'un jeune homme (1). Il s'avança rapidement en Catalogne et s'empara de Monteilla et d'Urgel ; mais la fièvre et les fatigues triomphèrent alors du courage de cet héroïque vieillard ; on le transporta à Puycerda où il mourut (29 Germinal — 18 Avril). Sa perte excita le plus vif regret dans son armée ; à Paris, où tous les moyens de surexciter l'enthousiasme militaire étaient saisis avec avidité par le gouvernement, les éloges auxquels avaient droit sa vie et sa mort, furent multipliés dans un but politique. Il avait été décidé, quelque temps aupa-

---

(1) Dagobert avait alors plus de 60 ans. — Né d'une famille noble, il fut dès sa plus tendre jeunesse sous-lieutenant au régiment de Touraine ; il fit avec distinction la guerre de Sept-Ans. Maréchal de camp en 1792, il fut employé à l'armée d'Italie sous Anselme et Biron, et partout se fit remarquer avantageusement. Il passa ensuite à l'armée des Pyrénées orientales sous le général de Flers, et fut enfin mis à la tête du corps d'armée avec lequel il combattit longtemps dans la Cerdagne.—En 1793, il s'était rendu à Paris pour se plaindre du dénûment dans lequel on laissait l'armée des Pyrénées. Mais il fut mis en prison et se trouva heureux qu'on lui laissât l'alternative de rejoindre ses soldats il les aimait comme un père et ils avaient pour lui un profond sentiment de vénération.

ravant, que le représentant du peuple Fabre (de l'Hérault) tué à l'armée des Pyrénées orientales, aurait son nom inscrit au Panthéon; cette glorieuse récompense accordée aussi à la mémoire de Haxo, fut également décrétée pour celle de Dagobert.

Dugommier, avec la Gauche de son armée, parvint à occuper les hauteurs qui dominent le camp de Boulou; cette position n'étant plus alors tenable pour les Espagnols, ils voulurent l'évacuer par la chaussée de Bellegarde; mais leur habile adversaire s'en était déjà emparé. Ils prirent la seule route qui leur restât, à travers le col de Porteil; elle était étroite et difficile; ils y furent chargés si vivement et avec tant d'à-propos, que leur retraite devint une déroute dans laquelle ils abandonnèrent au vainqueur un précieux butin. Dugommier établit aussitôt ses troupes sur les hauteurs qui entourent Collioures et Port-Vendres d'un demi-cercle très-resserré; la voie de mer resta ainsi seule ouverte à l'Ennemi qui en profita pendant quelques jours; mais une flottille Française, retardée par les vents contraires, apparut enfin : Collioures et Port-Vendres se trouvèrent entièrement bloqués (15 Floréal — 4 Mai).

En même temps, le général Pérignon (1), avec le Centre de la même armée, s'empara des positions qu'occupaient les Espagnols autour de Bellegarde, et le général Augereau (2), qui commandait la Droite, les chassa de Prats-de-Mollo et de Saint-Laurent-de-Cerda. Il entra ensuite en Espagne avec 4,000 hommes, par Costoge et le Col des Horts, battit l'ennemi à Saint-

---

(1) Pérignon, né à Grenade près de Toulouse, en 1754. Un goût décidé pour le métier des armes le détermina, après d'excellentes études dirigées dans ce but, à entrer comme sous-lieutenant dans le corps des Grenadiers-Royaux de Guienne. Il fut aussi aide-de-camp du comte de Preissac. Nommé, en 1791, député du département de la Haute-Garonne à l'Assemblée législative, il quitta bientôt des fonctions aussi étrangères à ses dispositions, pour aller prendre le commandement d'une Légion des Pyrénées-Orientales. A la suite de plusieurs affaires brillantes, il fut promu au grade de chef de brigade et de général de division. — *Biographie universelle des Contemporains.*

(2) Augereau, né en 1757, dans un faubourg de Paris. Son père était maçon et sa mère, marchande de fruits; aussi son éducation première fut-elle extrêmement négligée. Elle influa sur toute sa vie; mais il fut l'un des plus intrépides militaires de son temps. Il embrassa par goût la carrière des armes, s'engagea dans les Carabiniers, et, devenu sous-officier, il fut choisi pour aller à Naples en qualité d'instructeur des troupes Napolitaines. Là, sa conduite turbulente, au moment où éclata la révolution Française, le rendit suspect au gouvernement et l'obligea à rentrer en France. Il se jeta dans les rangs des Volontaires où son heureuse intrépidité le fit souvent remarquer. Après avoir passé rapidement par tous les grades intermédiaires, il était, en 1794, général de brigade à l'armée des Pyrénées. — *Biographie universelle des Contemporains.*

Laurent-de-Monga et s'empara de la fonderie située à une demi-lieue de là, sur la rivière de même nom.

Les débuts de l'armée d'Italie ne furent pas moins brillants. Elle avait passé l'hiver en face des Piémontais occupant le poste important de Saorgio, qu'on n'avait pu leur enlever l'année précédente et dont ils avaient encore fortifié les abords. Le général en chef, Dumerbion, était brave et dévoué ; mais il était vieux et de cruelles attaques de goutte l'empêchaient parfois de quitter son lit pendant des semaines entières. Heureusement, le général Bonaparte était venu récemment prendre le commandement de l'artillerie de l'armée, et Dumerbion écoutait favorablement les avis de son jeune collègue, auquel la prise de Toulon assurait, de la part de tous, une considération exceptionnelle.

Après avoir reconnu l'inutilité de chercher à attaquer de front la position principale des Piémontais, Bonaparte imagina de la tourner en faisant avancer une division dans la vallée d'Oneille, qui est parallèle à celle de Saorgio, et en faisant ensuite remonter ces troupes vers les sources du Tanaro et le mont Tanarello, c'est-à-dire, en arrière de la gauche des Piémontais. L'inconvénient de cette combinaison était qu'une partie de l'opération stratégique devait se passer sur un territoire neutre, celui de Gênes. Mais, l'année précédente, les Piémontais en avaient eux-mêmes violé la neutralité, en le traversant en armes et tambour battant, afin de gagner Oneille et de s'y embarquer pour Toulon. En outre, les Anglais y avaient agi d'une manière perfide en enlevant dans le port de Gênes une frégate Française qui eut dû y être à l'abri des traités (1). L'autorisation de l'expédition fut, en conséquence, immédiatement accordée par le Comité de salut public.

---

(1) En Octobre 1793, la frégate Française *la Modeste*, amarrée dans le port neutre de Gênes, fut tout à coup assaillie par l'équipage d'un vaisseau anglais de 74 qui était venu se placer à côté d'elle. Une partie des matelots Français, pris ainsi à l'improviste, furent tués ou blessés et la frégate fut enlevée. La colère du peuple Génois fit courir des dangers au représentant de l'Angleterre à Gênes; mais nulle réparation ne fut obtenue et la frégate ne fut pas restituée. L'embargo fut, en conséquence, mis sur les navires Génois qui étaient dans le port de Marseille et l'on croyait que la guerre allait être déclarée à cette République. Mais la famine qui désolait le Midi de la France, rendait le commerce Génois presqu'indispensable pour approvisionner la Provence. Le gouvernement Français dissimula et déclara que, cette malheureuse affaire n'ayant été causée que par la faiblesse des Génois, les relations devaient continuer comme par le passé.

Aussitôt, 14,000 hommes formant cinq brigades, traversent la rivière de la Roya (17 Germinal-6 Avril); deux d'entre elles commandées par le général Masséna (1) prennent position sur le Mont-Tanardo et à Monte-Grande; les trois autres, sous les ordres de Bonaparte, culbutent une division Autrichienne et entrent à Oneille (19 Germinal-8 Avril) dont le port est immédiatement débarrassé des corsaires qui y trouvaient refuge. Masséna remonte ensuite jusqu'au Tanarello, tandis que Bonaparte s'avance vers Orméa dans la vallée du Tanaro; il y entre, le 28 Germinal (17 Avril), et s'y empare de vingt canons et d'un approvisionnement considérable de draps d'habillement. Dans cette

---

(1) Masséna, né à Nice en 1758, perdit ses parents de bonne heure; il tomba ainsi sous la tutelle d'un oncle, commandant un navire marchand, qui le prit à son bord en qualité de mousse et lui fit faire plusieurs voyages de long cours. Mais à dix-sept ans, sa vocation le porta à prendre service dans l'armée de terre; il entra dans le régiment Royal-Italien où l'un de ses oncles était capitaine. Il devint rapidement sous-officier; mais l'épaulette d'officier vingt fois promise ne lui arrivant jamais, parce qu'il se trouvait toujours quelque jeune noble à pourvoir avant lui, il se rebuta, se retira en 1786 dans sa ville natale et y fit un mariage avantageux. A l'époque de la Révolution dont il embrassa les principes avec ardeur, il fut nommé adjudant major et bientôt chef d'un des bataillons du Var (1er août 1792). Un an après, il était général de brigade (22 août 1793), puis général de division (20 Décembre 1793). — *Biographie universelle des Contemporains.*

marche victorieuse, le jeune général est accompagné d'un des représentants du peuple à l'armée d'Italie, Robespierre jeune, qui a conçu pour lui un vif attachement.

Dès que les brigades Françaises sont réunies dans la vallée du Tanaro, elles tournent la gauche des Piémontais que Dumerbion attaque de front avec le Centre de son armée ; la Gauche des républicains s'empare aussi des vallées qui sont devant elle. L'Ennemi, ainsi débordé des deux côtés, abandonne Saorgio (10 Floréal-29 Avril), se replie sur le col de Tende, est obligé de quitter encore cette position et se réfugie enfin à Limone, au-delà de la grande chaîne des Alpes (21 Floréal-10 Mai).

L'armée des Alpes se montra la digne émule des armées d'Italie et des Pyrénées orientales. Les premières opérations qui lui avaient été prescrites étaient l'occupation successive du Petit-Saint-Bernard et du Mont-Cénis. Après une marche de plusieurs jours au milieu de rochers couverts de neige, en dépit des précipices qui rendaient presqu'inaccessibles les retranchements qu'il s'agissait d'attaquer, toutes les redoutes du Petit-Saint-Bernard furent enlevées (5 Floréal-24

Avril). Vingt pièces de canon ; des obusiers, des fusils et des approvisionnements de toutes sortes tombèrent au pouvoir des vainqueurs. Quelques jours après, les défenses du Mont-Cénis éprouvèrent le même sort (25 Floréal-14 Mai).

Ainsi, en Floréal, les armes de la République étaient victorieuses aux Pyrénées, en Savoie et dans les Alpes; mais le Comité de salut public n'attendit pas ces résultats pour donner un retentissement éclatant aux succès militaires. Chaque soir, Carnot remettait à Barère un portefeuille rempli des dépêches des généraux ; ce dernier en extrayait un rapport sur quelque fait particulier, sur l'état des armées, sur la conduite de la guerre etc., toujours rédigé de manière à tirer parti des plus minces avantages. La Convention applaudissait ; le bruit de la victoire se répandait immédiatement dans la ville ; le triomphe était célébré dans les lieux publics, dans les Sociétés populaires et jusque dans les prisons (1). Les décrets portant que telle ou telle armée avait bien mérité de la Patrie, étaient rapidement transmis aux frontières où ils excitaient une sublime émulation, gage as-

---

(1) *Tableaux des prisons.*

suré de nouveaux triomphes. Le nom de Barère acquit ainsi dans les camps une certaine notoriété. « Mes enfants, » dit un jour un colonel de l'armée des Alpes à ceux qu'il allait guider à l'attaque d'une redoute, « il s'agit aujourd'hui d'envoyer Barère à la tribune ! » Le mot fut répété, et le cri de « Barère à la tribune ! » devint un des accompagnements du signal de la charge.

Mais les succès remportés à l'Est et au Midi ne suffisaient pas ; c'était seulement au Nord que pouvait être définitivement vaincue la ligue formée contre la France. Heureusement les Coalisés, divisés d'intérêts, avaient passé l'hiver à s'observer et à se tromper diplomatiquement ; ils s'étaient bornés à conserver leurs positions et à accumuler leurs forces, comptant sur les dissensions intestines de de la République pour en triompher facilement. Des deux côtés 250,000 hommes étaient en présence ; ils avaient pour champ de bataille tout l'espace compris entre les Vosges et la mer.

L'Ennemi voulait, en s'appuyant sur les trois places Françaises en son pouvoir, Condé, Valenciennes et le Quesnoy, s'emparer encore de Landrecies et marcher ensuite sur Paris. L'armée du Nord, commandée par Pichegru, lui faisait face ;

le Centre s'étendait de Bouchain et Cambrai à Guise; l'Aile droite occupait le camp de Maubeuge; l'Aile gauche, ceux de Lille et de Dunkerque.

Les mouvements commencèrent vers la fin de Germinal (milieu d'Avril). L'Ennemi refoula les divisions Françaises disséminées devant lui et investit Landrecies; le Centre de Pichegru se trouva ainsi entièrement séparé de l'Aile droite. Un premier combat fut livré pour rétablir les communications interrompues (2 Floréal — 21 Avril); mais il ne fut suivi d'aucun résultat satisfaisant. Une action générale qui fut entreprise dans le même but eut des résultats divers pour les trois grandes divisions de l'armée du Nord (7 Floréal — 26 Avril). Le Centre ne remporta aucun avantage décisif; mais l'Aile droite, forçant le passage de Bossut, fit jonction à Beaumont avec l'armée des Ardennes, commandée par Charbonnier, et présenta dès lors une force plus imposante du côté de la Sambre. A l'Aile gauche, Souham et Moreau (1) partirent de

---

(1) Souham, né en 1760 à Tulle, servit comme simple cavalier au régiment de Royal-Cavalerie, depuis 1782 jusqu'en 1787. Une taille gigantesque, une force prodigieuse, une bravoure à toute épreuve et beaucoup d'esprit naturel, quoiqu'il fut dépourvu

Lille; le premier prit Courtray et le second investit Menin. Le feld-maréchal Clerfayt s'étant avancé pour couper leurs communications avec Lille, les deux généraux se replièrent sur lui, le battirent non sans peine, et le forcèrent à la retraite. L'Ennemi perdit des prisonniers, des canons et des drapeaux (1); mais le résultat le plus important de cette heureuse journée fut l'in-

---

d'instruction, lui donnèrent une certaine influence dans son pays, au commencement de la Révolution, et le portèrent rapidement aux premiers grades militaires. — *Biographie des hommes vivants.*

Moreau, né à Morlaix en 1763, fils d'un avocat estimé, fut destiné d'abord à la même profession. Entraîné par son penchant, il s'engagea dans un régiment; mais son père acheta son congé et exigea qu'il reprît ses études. L'air de franchise de Moreau, ses formes agréables et ses connaissances lui valurent une grande influence sur ses camarades; il en usa honorablement dans tous les troubles qui eurent lieu à Rennes en 1787, pour calmer la populace et prévenir l'effusion du sang. Au commencement de la Révolution, il forma dans la Garde nationale, une compagnie de canonniers volontaires, dont il fut le commandant jusqu'en 1792. Alors, las d'une carrière qui ne semblait devoir le conduire à rien, il fit des démarches pour entrer dans la Gendarmerie, même avec un grade subalterne. Ayant échoué, il s'enrôla dans un des bataillons de Volontaires qui partaient pour l'armée du Nord. Il fit sa première campagne sous Dumouriez, comme chef de bataillon, devint, en 1793, général de brigade et l'année suivante général de division sous les ordres de Pichegru. — *Biographie universelle.*

(1) 1,200 prisonniers dont 84 officiers, 33 canons, 4 drapeaux et 500 fusils. — *Histoire de la Révolution Française*, par A. Thiers.

fluence morale que cette première victoire exerça sur l'armée du Nord. La prise immédiate de Menin en fut aussi la conséquence; une division d'Émigrés qui s'y trouvait échappa aux républicains en se faisant bravement jour, le fer à la main.

Les succès obtenus par les deux Ailes de l'armée du Nord et le résultat négatif auquel avaient abouti les tentatives du Centre, portèrent Pichegru à opérer au moyen des deux premières la diversion sur laquelle il comptait pour entraver les projets de ses adversaires. Laissant 20,000 hommes à Guise, c'est-à-dire entre Paris et Landrecies investi par l'Ennemi, il envoya 20,000 hommes sous les ordres du général Bonnaud(1) pour maintenir les communications de Moreau et de Souham avec Lille; le reste des troupes du Centre fut didirigé sur Maubeuge. Les troupes réunies sur la Sambre furent alors : l'Aile droite ainsi qu'une partie du Centre de l'armée du Nord et l'armée des Ardennes, en tout 56,000 hommes.

---

(1) Bonnaud entra au service en 1776 dans le Corps des dragons; mais il n'obtint d'avancement qu'à l'époque des premières guerres de la Révolution. Il fut lieutenant en 1792, peu après capitaine et bientôt général de brigade. Il fit partie de l'armée du Nord, sous les ordres du général Souham, en qualité de général de division. — *Biographie universelle des Contemporains.* (*Supplément.*)

La diversion sur laquelle comptait Pichegru se réalisa; les Coalisés, bien que Landrecies fût tombé en leur pouvoir (12 Floréal—1ᵉʳ Mai), durent changer leur plan primitif; le prince de Cobourg ne pouvait plus avancer, ayant ainsi en arrière deux armées ennemies : d'un côté, 70,000 Français occupant Lille et la Flandre maritime, et de l'autre, 56,000 s'apprêtant à passer la Sambre.

Le feld-maréchal Clerfayt ayant fait sur Courtray une tentative à la suite de laquelle il fut encore battu par Souham, (22 Floréal—11 Mai), les Coalisés imaginèrent un plan *de destruction* de l'armée Française. La première opération consistait à anéantir les 70,000 républicains que commandaient Souham, Moreau et Bonnaud : les deux premiers devaient d'abord être culbutés vers la mer; toutes les forces de l'Ennemi devaient ensuite se réunir sur le troisième. A cet effet, 100,000 hommes, formant six colonnes commandées par le duc d'York, l'archiduc Charles, Clerfayt, Otto, etc. s'avancèrent en manœuvrant par un mouvement concentrique autour de Turcoing; mais le grand nombre de ces Corps d'armée, l'éloignement de leur point de départ, quelques retards difficiles à éviter dans une aussi vaste opération entravèrent l'exécution de cette combinaison pour laquelle l'Empereur d'Autriche s'était rendu lui-même au quartier général. Pichegru visitant alors les troupes sur la Sambre, ce furent Moreau et Souham qui déjouèrent les projets des Coalisés. Ils parvinrent à empêcher leur jonction et combattirent réunis les colonnes ennemies séparées. Le résultat fut la victoire de Turcoing (29 Floréal — 18 Mai) qui donna aux Français le prestige d'un succès remporté par 70,000 hommes sur 100,000.

L'Aile droite de l'armée du Nord, renforcée d'une partie du Centre et de l'armée des Ardennes, était séparée de l'Ennemi par la Sambre. Carnot avait habilement jugé que là était le nœud de la guerre, et qu'en frappant les Coalisés sur la Sambre et la Meuse, il les séparait de leur base d'opération et renversait tous leurs projets. Il fallait donc réunir sur ce point important, alors occupé par 56,000 hommes, des forces très-considérables ; le Comité enjoignit à Jourdan, commandant l'armée de la Moselle, de ne laisser sur le versant occidental des Vosges que les troupes indispensables pour former un rideau devant l'Ennemi, d'emprunter 15,000 hommes à l'armée du Rhin et de se diriger à marches forcées vers la Sambre, où se trouverait ainsi concentré un effectif total de 90 à 100,000 hommes. Cet ordre fameux dans nos fastes militaires fut expédié du Comité de salut public, le 11 Floréal (30 Avril).

La situation extérieure permettait alors de concevoir des espérances justement fondées ; mais la situation intérieure s'assombrissait chaque jour davantage. La population souffrait toutes les privations de l'extrême misère, et les persécutions révolutionnaires continuaient avec le redoublement d'intensité qu'elles avaient acquis depuis la mort des Dantonistes. A Paris, les exécutions de dix, vingt et trente victimes n'étaient plus rares ; on en compta vingt-cinq le jour où la vertueuse sœur de Louis XVI monta sur l'échafaud (21 Floréal-10 Mai). Les arrestations augmentaient chaque jour le nombre des détenus (1). Les essais de régénération sociale, tentés ouvertement ou secrètement par Robespierre, complètent le tableau de cette époque.

---

(1) Le nombre des détenus dans les prisons de Paris était de 7,084, le 21 loréal (10 Mai).—*Moniteur universel*.

CHAPITRE XXXVI. — FLOR. AN II — AVRIL 1794.

Avant la chute des factions Hébertiste et Dantoniste, de nombreux indices dénotent les arrière-pensées de réorganisation de ce sombre législateur (1); mais à partir de cette double victoire du Comité de salut public, on peut constater la nouvelle ligne de conduite suivie par le *gouvernement révolutionnaire* pour réagir contre la prépondérance de la démagogie. Couthon, Collot d'Herbois, Carrier lui-même et d'autres conventionnels furent les instruments de Robespierre dans cette tentative de régénération sociale effectuée sous l'action continue de la guillotine.

---

(1) Il suffit d'en citer quelques-uns :

Le 3 Octobre 1793, Robespierre s'oppose à ce que la Convention décrète d'accusation les soixante-treize députés signataires d'une protestation contre les résultats des journées qui ont abouti à la chute des Girondins (31 Mai, 1 et 2 Juin).

Le 1er Frimaire (21 Novembre 1793), il dit dans un discours prononcé au Club des Jacobins contre les Hébertistes : « Ce n'est » point en vain que la Convention a proclamé la déclaration des » droits de l'Homme en présence de l'Etre suprême. »

Le 30 Frimaire (20 Décembre 1793), il est décidé, sur sa proposition, que les membres de l'Assemblée nationale ne doivent plus y parler le chapeau sur la tête, et que les pétitionnnaires se découvriront en entrant dans la salle.

Le 29 Ventôse (19 Mars 1793), il fait repousser par les Jacobins la proposition de poursuivre les signataires des *pétitions des* 8000 *et des* 20,000 présentées, peu avant le 10 Août, dans le but d'empêcher la dissolution de la Garde nationale.

Etc. Etc.

Dès le lendemain de la mort des Dantonistes, Couthon annonça à la Convention que le Comité de salut public lui soumettrait incessamment cinq rapports importants, relatifs à la politique et à la marche du *gouvernement révolutionnaire*. L'un d'eux concerne, dit-il, « un projet de fête » décadaire dédiée à l'Eternel dont les Héber- » tistes n'ont pu ôter au peuple l'idée consolante. » Le dernier devait « indiquer les moyens d'épu- » rer la morale publique, et montrer aux citoyens » le bonheur dans l'exercice de leurs devoirs et » dans la pratique de la vertu. » Les applaudissements qui suivirent cette communication firent présager que l'obéissance habituelle de la Convention ne ferait pas défaut au Comité, ou plutôt à Robespierre, dans l'œuvre de réédification.

Le dictateur savait pouvoir compter sur le concours aveugle du Club des Jacobins; c'était par l'influence sans égale de cette Société qu'on pouvait obtenir les premiers résultats. Il s'agissait d'abord de se débarrasser des entraves et des difficultés que suscitait sans cesse l'active intervention de la multitude *patriote* et ignorante. Ses exagérations désordonnées avaient eu leur utilité pour combattre les factions; elles parurent dangereuses dès que le

Comité de salut public eut triomphé de tous ses ennemis. Une règle nouvelle fut alors adoptée au Club des Jacobins à l'égard des orateurs de députations populaires, des pétitionnaires des départements, des héros de clubs et autres *patriotes* ineptes ou turbulents, dont le *civisme* se trouva subitement et complétement désappointé.

Le 28 Germinal (17 Avril), un *délégué* du département des Ardennes se présente devant les Jacobins; il vient, dit-il, demander des armes pour que ses concitoyens puissent repousser l'Ennemi qui menace de tous côtés les frontières; aussitôt un fervent *patriote* lui offre un sabre et un fusil; tous deux s'attendent à recevoir les applaudissements que de semblables démonstrations ont toujours excités jusque-là. Mais Collot d'Herbois prend la parole : « ……. Man-
» quons-nous donc d'armes et de moyens pour
» repousser les satellites de la tyrannie? Y a-t-il
» donc quelqu'endroit ou l'Ennemi puisse se
» présenter sans trembler? Si le pétitionnaire est
» un patriote, il n'a pas senti l'importance de ce
» qu'il disait. Mais peut-être a-t-il été envoyé ici
» pour donner quelqu'utile avis à nos ennemis,
» car nos ennemis ne pourraient faire eux-mêmes
» plus que lui…… D'après lui, il n'y a pas d'ar-

» mes ! Quel avertissement précieux pour la ty-
» rannie! Cet homme veut-il donc décourager les
» défenseurs de la Patrie en leur faisant croire
» qu'il y a un seul point, où le territoire de la
» Liberté n'est pas inexpugnable, et en disant à
» l'Ennemi : Venez de ce côté, il n'y a que des
» bâtons pour le défendre......., etc. »

Le *patriote* Ardennais reste abasourdi des intentions qu'on lui prête ; Collot d'Herbois s'adresse ensuite au Jacobin qui a voulu donner ses armes : « L'offre d'un sabre et d'un fusil, faite
» tout-à-l'heure, ne doit pas être agréée; une os-
» tentation pareille convient peu, lorsque des
» milliers de fusils sont fabriqués par heure dans
» la République. Celui qui veut donner un fusil
» doit le remettre en silence, sans chercher
» à en faire une vaine parade aux yeux des
» autres..., etc. »

Le membre auquel s'adresse cette réprimande, proteste de son patriotisme ; il affirme que ses deux fils sont aux frontières et qu'il y a aussi *envoyé* quinze de ses ouvriers; mais cette nouvelle preuve de civisme n'est pas mieux accueillie que la première : « Que signifie ce langage ? » s'écrie Collot d'Herbois. » Qui donc peut dire : j'avais
» quinze ouvriers, j'ai disposé de leurs affec-

» tions, de leurs sentiments et ils ont marché
» aux frontières parce que je les y ai envoyés;
» c'est moi qui leur ai donné ce mouvement de
» patriotisme. Dire que l'on a envoyé des citoyens
» aux armées, c'est le grand moyen employé par
» les aristocrates; celui qui ne sert pas la Liberté
» par lui-même, dit qu'il la sert par les au-
» tres....., etc. »

Il se passe dès lors peu de séances où des *patriotes* n'entendent avec étonnement repousser leurs propositions, bien qu'elles soient du genre de celles qui obtenaient naguère une approbation aussi bruyante que flatteuse. Un Jacobin, voulant renchérir sur les vertus républicaines à l'ordre du jour, demande que la Société, au lieu d'applaudir aux succès des armées, reçoive désormais les bonnes nouvelles qui arriveront des frontières, avec une *tranquillité stoïcienne*; mais il est immédiatement confondu par Carrier qui nie son patriotisme : « Est-il possible à un bon citoyen
». de contenir l'expression de sa joie, quand il
» voit que tout se prépare à l'anéantissement de
» la tyrannie? » Toute banale ostentation de *civisme* tourne ainsi à la confusion de son auteur; l'initiative absurde qui a fait jusque là les délices des démagogues de bas étage leur est refusée,

et le *patriotisme* des aventureux faiseurs de motions est souvent révoqué en doute. Peu à peu, une crainte salutaire s'empare de ceux qui ont cru jusqu'alors que tout leur était permis; on re-remarque aussi que ce n'est plus seulement sur des têtes aristocratiques que tombe la hache révolutionnaire; parmi les victimes, on compte des menuisiers, des coiffeurs, des porteurs d'eau, etc.

« Nos soldats sont vainqueurs aux frontières et le » Pouvoir n'épargne aucun coupable, » dit Collot d'Herbois. « Que peuvent désirer de plus » les vrais républicains? »

Les accusations portées avec emphase à la tribune des Jacobins, reçoivent aussi un accueil bien différent de l'empressement avec lequel on les admettait auparavant. Le 29 Germinal (18 Avril), un démagogue se plaint vivement de ce que le *Journal de la Montagne* n'a pas inséré une dénonciation faite par les sans-culottes de Coutances contre le général Vial. La discussion s'engage sur le mérite et le patriotisme de Vial ainsi que sur les obligations du *Journal de la Montagne*. Mais Collot d'Herbois y met fin :
» C'est une mauvaise méthode d'insérer les
» dénonciations dans les journaux; ceux qui sont
» dénoncés reçoivent ainsi un avertissement qui

» est très-utile aux traîtres........ D'ailleurs,
» c'est par ostentation que l'on veut faire impri-
» mer son opinion dans les journaux, tandis que
» le devoir d'un bon républicain est de servir sa
» patrie en silence......... Pourquoi le citoyen
» n'est-il pas venu simplement dénoncer les faits
» au Comité de salut public, où il eût été écouté
» avec attention......... etc. » La Société passe à
l'ordre du jour à la stupéfaction du dénonciateur.

Plusieurs réunions populaires éprouvent des désappointements analogues. Les délégués de celle de Landau, entre autres, viennent dénoncer les généraux Delmas et Laubadère, ainsi que des officiers et une partie de la garnison (29 Germinal-18 Avril). Le conventionnel Veau, alors président des Jacobins, se trouve assez embarrassé d'avoir à repousser des accusations écoutées jusqu'alors si favorablement : il ne s'en tire qu'au moyen de considérations des plus amphigouriques : «......... Les défenseurs armés
» pour la Liberté sont des jacobins, car qu'est-ce
» qu'être jacobin sinon d'être résolu à verser son
» sang pour la Liberté. Les citoyens qui font re-
» tentir les tribunes des Droits de l'homme sont
» aussi, dans les Sociétés populaires, les soldats
» de la Liberté. La Société ne peut voir qu'avec

» douleur s'élever des nuages entre les jacobins
» de Landau et les soldats de cette garnison qui
» ont bien mérité de la République......... Le
» Comité de salut public déjouera toutes les trahi-
» sons, saura discerner la vérité des faits allé-
» gués........ etc. » Après cette réponse embrouil-
lée qui réalise si peu ses espérances, la députation
de Landau se retire confuse et mortifiée.

Collot d'Herbois écarta de même, mais avec
plus de talent oratoire, des dénonciations
de même nature concernant les généraux
Dagobert et Charbonnier, au moment où le
premier mourait dans la Cerdagne, et où le
second opérait, devant l'Ennemi, la jonction de
l'armée des Ardennes avec l'Aile droite de l'armée du Nord. Enfin, il proposa et fit adopter par
la Société qui lui obéissait si docilement, l'institution d'un comité spécialement chargé de recevoir les accusations et de les transmettre au Comité de salut public: les dénonciations devaient
ainsi remonter jusqu'au Pouvoir jaloux de cen-
traliser toute initiative. Ce pas immense dans la
voie des nouveaux principes n'était cependant
encore qu'un prélude.

Couthon représenta aux Jacobins que les

comités révolutionnaires des Communes rurales étaient « composés de ci-devant nobles qui per- » vertissaient l'esprit des bons habitants de la » campagne, » et il proposa de demander leur suppression au Comité de salut public (1ᵉʳ Floréal — 20 Avril). Le résultat de cette comédie fut la dissolution des comités révolutionnaires des petites localités, qui échappaient par leur nombre et par leur éparpillement à l'action immédiate du gouvernement ; on ne maintint que ceux des chefs-lieux de district, faciles à surveiller et à diriger.

Les délibérations et les manifestations turbulentes des sociétés populaires constituaient aussi une gêne perpétuelle pour le gouvernement ; cependant, il eût été dangereux de contester ouvertement le droit illimité de délibération si préconisé depuis quatre ans. Robespierre prit un moyen terme; il adopta l'idée de diminuer considérablement le nombre des ces réunions d'agitateurs et de réduire celles qui survivraient à n'être que l'écho des Jacobins, dont cette perspective flattait singulièrement l'ambition. Collot d'Herbois et Couthon employèrent deux séances à représenter aux membres du fameux Club les inconvénients de la multiplicité des sociétés populaires, les tiraillements qui résultaient de leurs divergences d'opinion, le refuge qu'y trouvaient les aristocrates, etc. Leurs auditeurs étaient persuadés d'avance; aussi le Club déclara-t-il, sur leur proposition, qu'il n'entretiendrait plus de correspondance avec les Sociétés formées depuis le 10 Août (1); chacune des autres devait ensuite être l'objet d'un examen particulier, dont le résultat ferait connaître s'il convenait de la laisser jouir de l'avantage et de l'honneur de correspondre avec la Société-mère (26 Floréal—15 Mai).

L'effet de cette décision fut immédiat. Les sociétés populaires intimidées se hâtèrent de lutter de *patriotisme* en venant faire la même déclaration: elles s'étaient réunies, disaient-elles, dans un but d'intérêt public, mais puisque les Jacobins, leurs guides, étaient d'avis qu'elles nuisaient à la cause républicaine, leur *civisme* leur commandait de se dissoudre immédiatement. Il ne resta donc plus à Paris que la Société-mère, entièrement dévouée à Robespierre, et dans les provinces, les Sociétés affiliées qui tremblaient que le fameux

---

(1) C'est-à-dire les sociétés qu'on pouvait suspecter de n'avoir professé l'amour du républicanisme qu'après l'établissement de la République.

Club ne les jugeât pas dignes de correspondre avec lui.

Ainsi, en Germinal, le Comité de salut public avait assuré sa dictature en faisant disparaître les Hébertistes, les Dantonistes, les Ministères et l'*armée révolutionnaire*. Devenu omnipotent, il anéantissait ou disciplinait, avec l'appui du Club des Jacobins, les forces désordonnées dont il s'était servi pour triompher; la basse démagogie, les comités révolutionnaires et les sociétés populaires étaient alors frappés ou réduits au rôle d'agents du Pouvoir.

Comme par le passé, l'ambitieux auteur de cette habile politique, Robespierre, se ménagea le principal rôle de la période nouvelle dans laquelle il faisait entrer le *gouvernement révolutionnaire*. L'Assemblée nationale, adoptant ses conclusions, décida que «le peuple Français reconnais- » sait l'existence de l'Être suprême et l'immorta- » lité de l'âme», et qu'il serait institué des fêtes *décadaires* pour « rappeler l'homme à la pensée » de la Divinité et à la dignité de son être.» Le conventionnel David fut chargé d'organiser le plan d'une fête en l'honneur de l'Être suprême.

Ces décisions furent rendues au bruit des applaudissements enthousiastes de la Convention; le soir, le rapport de Robespierre relu au Club des Jacobins y excita une sorte de délire approbateur; il fut ensuite distribué à chaque député au nombre de six exemplaires, et adressé aux armées, aux départements, aux administrations, etc. Placardé dans toutes les rues de Paris, il était commenté avec une avide émotion par la population qui voyait enfin reparaître quelques-unes des salutaires idées inculquées à son enfance; en un moment, les inscriptions qui décoraient les temples de la Raison furent remplacées par d'autres en l'honneur de l'Être suprême.

Dès lors, la puissance de Robespierre devint immense; il eut des fanatiques dans tous les départements et fut l'objet d'adulations idolâtres; de nombreuses lettres lui en apportaient l'expression la plus outrée; une d'elles, entre autres, le qualifia de *Messie promis par l'Éternel pour réformer toute chose* (1).

Ses admirateurs lui attribuaient le mérite de toutes les mesures qui semblaient tendre à un avenir plus clément : la fin des massacres dans la ville de Lyon qui coïncida avec le licenciement de l'ar-

---

(1) *Examen des papiers trouvés chez Robespierre*. — Numéros I, II, IV, X, XI, XII, XIV.

mée révolutionnaire (20 Germinal — 9 Avril) (1); la mise en liberté de laboureurs incarcérés pour résistance aux mesures vexatoires du *maximum* ou des réquisitions (22 Floréal — 11 Mai); la nomination d'une Commission populaire de cinq membres, chargée d'examiner les motifs de l'incarcération des détenus, et d'envoyer aux Comités la liste de ceux qui avaient été mis en prison injustement (25 Floréal — 14 Mai); etc.

Sa vie austère dans la famille d'un menuisier, sa sobriété et son désintéressement contribuaient à entretenir, à son égard, la ferveur de ses parti-

---

(1) *Les représentants du peuple envoyés dans Commune-Affranchie pour y assurer le bonheur du peuple avec le triomphe de la République, dans tous les départements environnants et près les armées des Alpes, à la Convention nationale.*

Le 20 Germinal, l'an 2e.

« Citoyens collègues, la justice révolutionnaire vient de termi-
» ner son cours à Commune-Affranchie. Les prisonniers, que les
» défenseurs de la République et les commissions extraordinaires
» avaient précipités dans les cachots, ont subi leur jugement.
» 1,682 rebelles de l'infâme Lyon ont été frappés du glaive de la
» loi; 1,684 personnes ont été rendues à la liberté, et 162 individus
» suspects sont condamnés à la détention jusqu'à la paix.

» Tel est, citoyens collègues, le résultat des pénibles travaux
» du tribunal, dont l'établissement ne remonte qu'à cinq mois.

» Puisse cet exemple terrible porter l'épouvante dans l'âme de
» tous les conspirateurs, etc., etc.

RÉVERCHON, MÉAULLE, LAPORTE.

sans. Par prudence personnelle et par politique, il repoussait ouvertement les manifestations exagérées qui semblaient le désigner comme chef suprême de l'État ; mais, en particulier, il les accueillait avec avidité de la part de ses familiers. Sans savoir encore de quel titre il parviendrait à l'orner dans l'Histoire, il attachait une sorte d'importance mystique à son prénom de Maximilien. Son orgueil et son ambition étaient secrètement flattés de ce que les Étrangers qualifiaient souvent les troupes républicaines de *soldats de Robespierre* ; pourtant, il ne se dissimulait pas les appréhensions que pouvait en ressentir la susceptibilité républicaine, et il projetait de les dissiper d'une manière éclatante, tout en poursuivant ses manœuvres pour personnifier en lui seul le *gouvernement révolutionnaire*.

Il y était déjà parvenu à un degré suffisant pour que l'immensité des malheureux, opprimés par cet affreux régime, vissent en lui l'auteur de tous leurs maux ; ils lui imputèrent tous les crimes de l'époque, les horreurs qu'avaient commises Barras et Fréron à Toulon, Fouché à Lyon, Tallien à Bordeaux, Carrier à Nantes, etc. ; Lebon exerçait alors à Arras son sanglant proconsulat, et Maignet, poursuivant le cours de ses atrocités, brûlait la ville de Bédouin (Vaucluse), coupable, d'après lui, d'un *forfait inoui*; un arbre de liberté y avait été coupé pendant la nuit (28 Floréal — 17 Mai).

L'opinion, qui se formait ainsi sur le *régime de Robespierre*, était corroborée par l'accroissement du nombre des exécutions depuis le supplice des Dantonistes. On sait aujourd'hui que ses crimes furent les conséquences de l'orgueil, de l'ambition et de la ténacité en lutte avec une incapacité relative. Pour dompter ses adversaires, son étroit génie ne lui fournit jamais d'autre moyen que l'échafaud ; son esprit naturellement faux entretenu dans l'erreur par des démonstrations serviles, lui faisait entrevoir le jour où, ayant abattu tous ses ennemis, il n'aurait plus qu'à dicter des lois à une population soumise et reconnaissante.

Loin de là, de nouvelles complications prolongeaient sans cesse la durée du bail qu'il avait contracté avec la guillotine. Les obstacles qui ajournaient sans cesse son triomphe, accusaient une impuissance désavouée par sa volonté et par son orgueil ; ils aigrissaient au plus haut degré son caractère irascible, inquiet et impérieux ; la moindre contradiction l'irritait ; il était continuellement en proie à une agitation convulsive (1); on ne le voyait jamais sourire. Au moment où les événements semblaient le rapprocher de l'unité du Pouvoir, but de ses mystérieux projets (2), ce terrible dictateur était profondément malheureux.

Ordinairement, les préoccupations de la con-

---

(1) Robespierre a vécu trente-cinq ans. Sa taille était de cinq pieds et deux ou trois pouces; son corps était jeté d'à-plomb; sa démarche était ferme, vive et même un peu brusque; il crispait souvent les mains, comme par une espèce de contraction de nerfs; le même mouvement se faisait sentir dans ses épaules et dans son cou, qu'il agitait convulsivement à droite et à gauche; ses habits étaient d'une propreté élégante et sa chevelure toujours soignée ; sa physionomie un peu renfrognée n'avait rien de remarquable; son teint était livide et bilieux, ses yeux mornes et éteints; un clignotement fréquent semblait la suite de l'agitation convulsive dont on vient de parler; il portait presque toujours des lunettes.

Il savait adoucir avec art sa voix naturellement aigre et criarde, et donner de la grâce à son accent artésien....... Il avait calculé le prestige de la déclamation et, jusqu'à un certain point, il en possédait le talent; il se dessinait assez bien à la tribune....... L'orgueil était le fond de son caractère; la gloire littéraire était un de ses vœux; il ambitionnait encore plus la gloire politique; il parlait avec mépris de Pitt, et il ne voyait rien au-dessus de ce ministre, si ce n'est lui-même. — *Précis historique de la vie, des crimes et du supplice de Robespierre*, par le citoyen Desessarts.

(2) *Rapport sur l'examen des papiers trouvés chez Robespierre.* N° XLIX : *Note essentielle écrite de la main de Robespierre* : « Il faut une volonté, une....... etc.

servation personnelle disparaissent pour ceux auxquels échoit le lourd fardeau de diriger les peuples; elles sont absorbées par la grandeur des desseins et par la multiplicité des obligations. Il n'en fut pas ainsi pour Robespierre; il était agité de sinistres pressentiments que multipliaient des lettres anonymes, dans lesquelles on l'accablait de malédictions et on le menaçait de l'assassinat (1).

Indépendamment de sa pusillanimité naturelle, peut-être craignait-il de succomber avant que le jour de la régénération ne fût venu jeter une lumière réparatrice sur ses intentions véritables. Quoiqu'il en soit, les vengeances qu'il appréhendait, troublaient jusqu'à son repos nocturne; il ne sortait qu'accompagné de séides vigilants qui portaient d'énormes bâtons et des armes cachées sous leurs carmagnoles. Malgré ces précautions, ses craintes faillirent se réaliser.

Le 3 Prairial (22 Mai), Ladmiral, ancien serviteur de plusieurs grandes familles, se rend dans la galerie qui conduit à la salle du Comité de salut public pour assassiner Robespierre à son passage. Il l'attend en vain plusieurs heures, et

---

(1) *Rapport sur l'examen des papiers trouvés chez Robespierre*. Numéros LVIII et LX.

se décide alors à tuer Collot d'Herbois qui demeure dans la même maison que lui, rue Favart. Effectivement, le membre du Comité de salut public rentre vers minuit ; Ladmiral lui tire, dans l'escalier, deux coups de pistolet qui ratent et un troisième qui ne l'atteint pas. Aux cris de Collot, une patrouille pénètre dans la maison et veut s'emparer de l'assassin ; mais il s'est renfermé dans sa chambre et menace de tuer le premier qui se présentera. Néanmoins, la porte est enfoncée ; un serrurier garde national, Geoffroy, s'y précipite ; il est frappé d'un coup de feu ; Ladmiral est saisi et traîné en prison. Interrogé aussitôt, il avoue son projet de tuer Robespierre, exprime le regret de n'avoir pu rendre ce service à son pays et ajoute que seul il en a conçu l'idée sans obéir à aucune suggestion.

Dans la journée, Barère et Couthon, pérorant à la Convention, attribuent la conception du crime aux prêtres, aux nobles et surtout à l'Angleterre. Le soir, un nouvel incident ajoute à l'indignation des partisans du dictateur. A neuf heures, une jeune fille, Cécile Renault, s'introduit dans la maison du menuisier Duplay et demande à parler à Robespierre. Son insistance inspire des soupçons ; elle est arrêtée,

interrogée et répond que « elle a voulu voir com-
« ment est fait un tyran. » Deux petits couteaux
trouvés dans son panier sont considérés comme un
indice de projets criminels ; cette opinion est corroborée par la vue de quelques effets de rechange
dont elle s'est munie, dit-elle, pour aller en prison.

Les *purs patriotes* sont exaspérés de la double tentative d'assassinat projetée contre leur
idole ; l'excès de leur colère favorise le
projet, conçu par l'*Incorruptible*, de repousser
à tout jamais les suppositions de secrète
connivence que peut faire naître l'obstination de certaines feuilles Anglaises à personnifier en lui seul le gouvernement de la France. Le
7 Prairial (26 Mai), Barère monte à la tribune
et accuse l'Angleterre d'avoir voulu faire assassiner Robespierre. Il déploie un journal soldé
par le Cabinet de Londres, *Le Courrier de l'Europe,* qui ne rend compte des événements militaires qu'en les attribuant aux *soldats de Robespierre*(1) ; il fait ressortir les relations qui existent,

---

(1) Extraits du journal *Le Courrier de l'Europe.*
« Les soldats de Robespierre ont attaqué Menin........ »

« Sept à huit cents soldats de Robespierre se sont avancés vers
» Furnes . . . . »
« Des lettres d'Ostende nous apprennent que les soldats de
» Robespierre évacuent les avant-postes du côté de Courtray.. . »

suivant lui, entre l'idée qui attribue la puissance suprême à un membre du Comité et le projet de l'assassiner. Il conclut en proposant de décréter qu'il ne sera plus fait aucun prisonnier Anglais ou Hanovrien.

La Convention ne constitue plus qu'une sorte de parlement dont les membres se hâtent de sanctionner l'expression des volontés du Comité de salut public; dans cette assemblée où l'on parle sans cesse d'humanité, de sensibilité et de vertu, aucune voix ne s'élève contre cette motion sauvage; nul ne représente qu'un pareil décret réduira au désespoir des ennemis qui se défendront jusqu'à la dernière extrémité au lieu de se rendre, et que d'inexorables représailles atteindront sans doute les soldats de la République. Le fatal décret est rendu à l'unanimité : « Il ne sera plus fait aucun prison-
« nier Anglais ou Hanovrien. »

Il serait superflu de dépeindre le dégoût et l'indignation qu'excita dans les armées la publication de cette loi barbare ; il est inutile d'ajouter qu'on n'y obéit pas. A l'armée du Nord, le général Moreau hésita quelque temps, et se décida à la faire connaître à ses troupes après l'avoir ainsi annotée : « J'ai trop bonne opinion de » l'honneur Français pour croire qu'une telle » prescription soit exécutée. » Le registre d'ordres, porteur de cette inscription, fut ensuite présenté à la signature du représentant du peuple, Richard : « C'est bien dangereux pour nous, » dit simplement le conventionnel en apposant son paraphe à côté de celui de Moreau.

La République avait ainsi fourni à ses ennemis l'occasion de lui donner une humiliante leçon. Le duc d'York fit recommander à ses troupes d'user de la plus stricte humanité à l'égard des prisonniers Français.

CHAPITRE XXXVII

DISSENSIONS DANS LE COMITÉ DE SALUT PUBLIC. — SAINT-JUST A L'ARMÉE DU NORD. — CRÉATION DE L'ÉCOLE DE MARS. — CONSÉQUENCES DE LA FÊTE DE L'ÊTRE SUPRÊME. — SUCCÈS MILITAIRES. — ARMÉE DE SAMBRE ET MEUSE.

(Prairial et Messidor an II — Mai, juin et juillet 1794.)

Sommaire.

Dissidences entre les membres du Comité de salut public — Haine de Robespierre et de Saint-Just pour Carnot.

Troupes réunies sur la Sambre (Aile droite et une partie du Centre de l'armée du Nord, armée des Ardennes.) — Saint-Just les rejoint. — Ses rigueurs. — Sa présomptueuse impétuosité. — La Sambre est passée cinq fois sans résultats. — Arrivée de Jourdan à la tête de l'armée de la Moselle et de 15,000 hommes de l'armée du Rhin.

Robespierre rappelle vainement Saint-Just à Paris.

Création de l'Ecole de Mars. — Principes de son institution.

Fête de l'Être-Suprême. — Murmures des conventionnels contre les tendances de Robespierre. — Loi affreuse du 22 Prairial. — Robespierre affecte de se séparer des Comités. — Accroissement du nombre des victimes du tribunal révolutionnaire; *terreur dans la terreur.*

Armée des Pyrénées-Orientales. — Dugommier s'empare du fort Saint-Elme, de Collioures et de Port-Vendres.

Bataille navale. — Arrivée dans les ports Français d'une flotte, venant d'Amérique, chargée de grains.

Armée des Alpes. — Prise de la vallée de Sture et du poste des Barricades.

Aile gauche de l'armée du Nord. — Succès de Pichegru dans la Flandre maritime. — Il bat Clerfayt. — Prise d'Ypres.

Armées réunies sur la Sambre. — Passage de la rivière effectué sous les ordres de Jourdan. — Investissement de Charleroi. — Jourdan résiste à l'ordre donné par Saint-Just de faire fusiller trois généraux. — Reddition de Charleroi. — Victoire de Fleurus. — Les troupes sous les ordres de Jourdan reçoivent le nom d'armée de Sambre-et-Meuse.

Chacun des membres du Comité de salut public dirigeant en maître quelqu'une des parties de l'administration générale, les décisions qu'il prenait dans son ressort exclusif étaient validées par les signatures que ses collègues lui accordaient de confiance ; le nombre des approbations ainsi données sans examen par un seul membre, s'élevait parfois à six cents par jour. Il eût été impossible d'agir autrement dans ce mode de gouvernement où tout s'exécutait *révolutionnairement*, c'est-à-dire d'une manière soudaine et avec le caractère de l'urgence ; un refus eût entraîné un temps d'arrêt dans la marche précipitée des affaires. Il fallait entretenir une correspondance énorme, donner de nombreuses audiences, rédiger des lois sur toutes sortes de matières, présenter les décrêts à l'Assemblée nationale, suffire aux missions aux armées, aux séances du Club des Jacobins, etc.

Cette immensité de travaux et la manière spéciale dont ils étaient exécutés, concoururent pendant un certain temps à maintenir l'accord entre les membres du Comité; d'ailleurs, tant qu'ils eurent à combattre les factions, la raison d'état ajourna l'explosion des germes de mésintelligence; mais, après la chute des Dantonistes, Robespierre, Saint-Just et Couthon prirent une allure étrange aux yeux de leurs collègues; ils ne se quittaient plus, causaient sans cesse entre eux et étaient toujours du même avis; il devint bientôt évident qu'ils formaient une association dirigée par des vues particulières.

La mort de Hérault de Séchelles avait réduit à onze le nombre des membres du gouvernement; Jean-Bon-Saint-André et Prieur (de la Marne) étaient en mission; Robespierre, Saint-Just et Couthon avaient donc à lutter contre six collègues sur lesquels ils s'attribuaient complaisamment une grande supériorité. A leurs yeux, Collot d'Herbois était un déclamateur de club; Billaud Varennes, un esprit sombre, médiocre et envieux; Barère, un être pusillanime disposé en toute circonstance à servir le parti le plus fort. Les trois autres, Carnot, Robert-Lindet et Prieur (de la Côte d'Or), n'étaient pas considérés par eux comme des hommes politiques ; c'était des *travailleurs*.

Carnot s'était déjà trouvé plusieurs fois en désaccord avec Saint-Just. Pour ne citer qu'un seul fait, ce dernier l'avait traité de modéré lorsqu'il avait refusé de signer l'ordre d'arrestation du général Omoran, en prouvant que le dénonciateur de cet officier était un concussionnaire qui voulait donner le change sur ses propres dilapidations. Saint-Just furieux avait répondu que les *patriotes* ne pouvaient être concussionnaires, puisque tout leur appartenait. Omoran monta sur l'échafaud.

Carnot avait blâmé l'exécution des Girondins ; plein de mépris pour les absurdités des démagogues, il n'avait jamais mis le pied au Club des Jacobins. La rigidité de son caractère antique, la fermeté de ses principes franchement manifestés, l'impassibilité de sa vie stoïque et sa supériorité évidente avaient attiré l'attention particulière et l'envie de Robespierre. L'inquiet dictateur ayant chargé un de ses affidés de découvrir quels étaient à son égard les sentiments du collègue qui exci-

CHAPITRE XXXVII.— PRAIR. AN II—MAI 1794.

tait sa jalousie, Carnot tourna brusquement le dos au maladroit émissaire. Il n'en fallait pas tant pour s'assurer la haine de l'*Incorruptible*; d'autres causes l'envenimèrent encore.

Carnot était le chaud protecteur de tous ceux qui portaient l'uniforme avec talent et intelligence ; le souvenir de la sotte injustice dont il avait été victime de la part d'un ministre de la Monarchie (1), n'avait plus alors pour effet que

---

(1) Carnot était capitaine du Génie et chevalier de Saint-Louis, lorsque le cardinal Loménie de Brienne, devenu premier ministre, demanda au ministre de la guerre un mémoire raisonné sur les améliorations dont étaient susceptibles les fortifications des places de guerre du Royaume. Carnot, déjà connu avantageusement, fut chargé de ce travail auquel il consacra trois mois et qui lui valut, de la part du ministre de la guerre, une lettre des plus flatteuses et un espoir d'avancement. Cependant, le temps passa et des promotions considérables eurent lieu dans le Génie sans apporter au jeune officier la satisfaction à laquelle il se croyait des droits. Il écrivit alors directement au Roi, qui enjoignit au cardinal de Brienne de satisfaire l'espérance de l'ingénieur ; mais le ministre irrité de ce qu'un simple officier eût osé le compromettre près du Monarque, adressa à Carnot une lettre des plus vives où l'on remarquait entre autres cette phrase qui était au moins déplacée, même pour le temps où elle était écrite : « Que vous faut-il de plus, Monsieur ? Depuis quand un » pauvre roturier n'est-il pas content d'être capitaine et cheva- » lier ? » — *Vie privée, politique et morale de Carnot,* par le baron de B.

Carnot dévora cet affront en silence ; sa famille même n'en sut rien ; mais le ressentiment qu'il dût en éprouver peut expli-

de lui rappeler l'immensité du bien et du mal que peut commettre un homme au pouvoir; insoucieux des opinions politiques et du passé de ceux qui alliaient le mérite et la bravoure à l'amour du pays, ils les recherchait jusque dans les rangs les plus obscurs et en composait les listes qui furent si utiles à ses successeurs (1 et 2). Robespierre, au contraire, redoutait instinctivement la rivalité de tout chef militaire illustré par des victoires ; c'était parmi les offi- ciers marquants qu'il avait plusieurs fois choisi les victimes dont la mort était destinée à donner du relief à son *patriotisme*. Sa haine poursuivait les généraux dont le mérite lui portait om-

---

quer les propositions subversives qu'il émit à l'Assemblée législative et qui contrastent tellement avec la conduite qu'il tint, lorsqu'il fût membre du Comité de salut public.

(1) Le ministre de la guerre Aubry appelait les listes dressées par Carnot *ses mines de guerriers*; elles mentionnaient les qualités, les aptitudes et les connaissances de chacun, sans aucune indication sur ses opinions politiques. Des généraux, dont Carnot avait à se plaindre personnellement, y étaient très honorablement notés.

(2) « .... Je n'ai jamais été ni l'ami, ni l'ennemi personnel
» d'aucun des généraux en chef de la République. J'ai estimé et
» recherché ceux qui étaient habiles et je les ai employés autant
» que je l'ai pu : ceux qui étaient malheureux, j'ai tâché de les
» écarter, sans leur donner aucun déboire. » — *Réponse de Carnot au rapport fait au Conseil des Cinq-Cents sur la conjuration du 18 Fructidor.*

brage (1); les seuls qu'il protégeât étaient des misérables sur lesquels il comptait pour servir ses projets.

A Paris, c'était Hanriot, commandant de la Garde nationale, ancien massacreur de Septembre; Boulanger, ex-général de l'*armée révolutionnaire parisienne* et chef de ses gardes-du corps à bonnets rouges; Lavalette, qui avait concouru à envoyer Lamarlière à l'échafaud, et qui avait autrefois imaginé de donner à chacun des bandits de l'*armée révolutionnaire Lilloise* une carte de civisme où était représentée une guillotine ambulante, etc. Dans l'Ouest, c'était Turreau, l'inventeur des *colonnes infernales* (2); Hu-

---

(1) *Déclaration faite par Fouquier-Tinville* dans la séance de la Convention du 21 Thermidor an II (8 Août 1794).

« ...... Ce fut encore au Comité que Robespierre voulut con-
» naître les noms des députés qui avaient déposé à la décharge
» de Kellermann; je dis que je ne m'en rappelais pas. Il insista
» et me dit : N'est-ce pas Dubois-Crancé, Gauthier? Je m'excusais
» toujours sur ma mémoire. Il fit la même chose à l'égard du gé-
» néral Hoche.......... »

Voir aussi les notes, pages 113 et 116.

(2) *Séance de la Convention* du 8 Vendémiaire an III (29 Septembre 1794).

BILLAUD-VARENNES : « .... Quand le Comité de salut pu-
» blic a été instruit que, contre son vœu, Turreau commettait des
» infamies dans la Vendée, sa destitution a été demandée; nous
» n'avons pu l'obtenir que quand Robespierre a cessé de venir au
» Comité. »

chet, qui tuait les femmes après les avoir violées (1), etc. La protection de Robespierre, acquise à de tels misérables, constitue un argument pour ceux qui l'accusent d'avoir fait entrer dans ses mystérieux desseins la prolongation de la guerre en Vendée (2).

Lorsqu'il devint évident que Robespierre, Saint-Just et Couthon avaient formé une mystérieuse alliance, Carnot leur appliqua la dénomination de *Triumvirs*. Saint-Just en fut tellement

---

(1) *Même séance que la note précédente.*
CARNOT : « .... Le général Huchet fut dénoncé au Comité
» de salut public pour les cruautés qu'il avait exercées dans la
» Vendée et, par suite de cette dénonciation, mis en état d'arres-
» tation ; arrivé au Comité de salut public, Robespierre le défen-
» dit et il fut renvoyé à l'armée avec un grade supérieur, que je
» fus obligé de signer malgré mon opposition..... »
DUQUESNOY : « Non-seulement, le général dont a parlé Carnot
» était soutenu au Comité de salut public, mais Turreau l'était
» aussi ; lorsque nous le dénonçâmes, Robespierre le défendit.
» Cependant, il est la seule cause de la retraite de bons généraux,
» qui, disaient-ils, ne voulaient pas combattre avec un coquin. »
(2) *Même séance que la note ci-dessus.*
LEQUINIO : « Robespierre a empêché qu'on fît à la tribune de
» la Convention le rapport de ce qui se passait dans la Vendée....
» Il y a quatre mois, je vins ici avec un mémoire dans lequel je
» faisais connaître ce qui avait amené cette guerre et les moyens
» d'en finir. Je le présentai au Comité de salut public ; Carnot
» fut frappé des grandes vérités qu'il contenait ; cependant Robes-
» pierre les étouffa et empêcha l'exécution des mesures que je
» proposais...... »

irrité que, même en sa présence, il proposa de l'expulser du Comité. « Tu en sortiras avant moi, » répondit fièrement Carnot. « Triumvirs, « vous disparaîtrez. »

La haine qu'ils ressentaient pour ce rude adversaire, ne se borna pas à des altercations dans l'intérieur du Comité; elle se manifesta, à différentes reprises, par des faits vexatoires, dignes plaisanteries de semblables despotes. Un soir, Carnot rentrant à son domicile, fut étonné de n'y rencontrer que des visages improbateurs; il s'enquit aussitôt des causes d'un tel changement, et apprit que la femme vénérable dans la maison de laquelle il occupait un logement, venait d'être arrêtée en vertu d'un ordre qu'il avait signé lui-même sans le lire. Il parvint à la faire remettre en liberté immédiatement. Le même fait eut lieu à l'égard du traiteur chez lequel il allait prendre ses repas à la hâte; il fut moins heureux en ce qui concernait deux de ses commis les plus utiles, dont il avait également signé l'ordre d'arrestation; il ne put parvenir à les faire sortir de prison (1).

---

(1) *Séance de la Convention nationale* du 6 Germinal an III.
LEVASSEUR (de la Sarthe) : « Je me trouvais au Comité un jour » où Carnot avait une dispute très-vive avec Robespierre, au su-» jet de l'arrestation de deux commis de ses bureaux, laquelle » avait été ordonnée par ce dernier. Carnot dit à Robespierre : Il

Malgré les difficultés plus sérieuses que la haine de ses deux collègues lui suscitait, Carnot persévérait dans l'œuvre de salut qu'il avait entreprise. Maître de tous les plans militaires conservés dans les bureaux de la guerre depuis Louis XIV, il s'en servait pour combiner les mouvements des armées, écrivait lui-même aux généraux, leur traçait sans relâche les mouvements stratégiques qui devaient conduire à la

---

» ne se commet que des actes arbitraires dans ton bureau de po-
» lice générale...... Carnot ajouta en s'adressant à Robespierre :
» Tu es un dictateur. Robespierre furieux prit les membres pré-
» sents à témoin de ce que Carnot venait de lui dire.....

CARNOT : « J'avais la plus grande confiance dans les commis
» que Robespierre avait fait arrêter, et pour prouver de quelle
» manière se donnaient les signatures au Comité de salut pu-
» blic, je dirai que j'avais moi-même signé leur arrestation sans
» le savoir. Il était impossible de signer autrement que de con-
» fiance, car il fallait donner cinq à six cents signatures chaque
» jour...... Je ne pus obtenir ni la mise en liberté de mes com-
» mis, ni leur transferement dans une maison de santé, quoi-
» qu'ils fussent malades. J'ajoute un autre fait. Je me livrais
» tellement à mon travail, que je ne me donnais pas le temps
» d'aller manger avec ma femme ; quoique je demeurasse rue
» Florentin, j'allais dîner tous les jours sur la terrasse des Feuil-
» lants, chez un traiteur nommé Gervais. Robespierre l'apprit;
» il décerna un mandat d'arrêt contre lui, quoiqu'il ne sût pas
» son nom ; il ordonna que le premier traiteur, en entrant dans
» les Tuileries par la porte du manège à droite, serait arrêté.

« Je signai, moi-même, ce mandat d'arrêt, ainsi que Collot,
» sans le savoir ; et lorsque nous y fûmes dîner, on nous montra
» notre signature ; nous courûmes à l'instant au Comité, et nous
» fîmes rapporter ce mandat. »

victoire, et défendait opiniâtrement ses plans contre l'impétueuse présomption de Saint-Just. Cette ligne de conduite que ne pouvaient faire varier les attaques, les vexations et le sentiment du danger personnel, irritait profondément Robespierre. « S'être emparé de toutes les opéra-
« tions militaires, » disait-il en parlant de Carnot, « constitue un acte d'égoïsme. Refuser obsti-
« nément de se mêler aux affaires de politique
« intérieure, c'est se ménager un accommode-
« ment avec les ennemis du pays. » Il alla même jusqu'à déplorer devant Cambon de n'avoir pas étudié l'art militaire et de ne rien comprendre aux tracés des fortifications, ce qui obligeait le Comité à subir la suprématie de l'*odieux* Carnot. « Au premier revers, *indice de sa trahison*, » ajoutait-il, « sa tête tombera. » Le misérable attendait qu'une défaite lui fournît l'occasion de perdre celui dont il enviait et détestait les qualités; ce jour-là, comptant encore se grandir aux dépens du malheur public, il voulait pouvoir se déclarer étranger aux combinaisons suivies d'insuccès; aussi ne signait-il jamais les ordres relatifs aux opérations stratégiques.

Cette espérance impie ne devait pas se réaliser.

Landrecies était tombé au pouvoir de l'Ennemi (12 Floréal — 1ᵉʳ Mai) ; mais l'importante manœuvre, conçue dans le but de porter à la coalition un coup décisif, s'accomplissait : Jourdan s'était mis en marche avec l'armée de la Moselle et 15,000 hommes de l'armée du Rhin, pour aller rejoindre les troupes que la Sambre séparait des Coalisés (1).

Il eût été sage d'attendre l'arrivée de ce puissant renfort avant de tenter le passage de la rivière pour attaquer Charleroi ; mais Saint-Just avait conçu l'audacieux projet d'obtenir avec l'armée du Nord des résultats aussi étonnants et aussi rapides que ceux qu'il avait réalisés, quelques mois auparavant, avec l'armée du Rhin. Son départ de Paris eut pour premier effet d'apaiser momentanément les appréhensions que le *triumvirat* inspirait aux autres membres du Comité.

Arrivés à Guise (13 Floréal—2 Mai), Saint-Just et Lebas y déploient immédiatement les moyens coercitifs dont ils ont fait usage à Strasbourg. Les soldats ou les officiers qui font venir au camp leurs maîtresses, ceux qui sont atteints du mal

---

(1) L'Aile droite et une partie du Centre de l'armée du Nord, et l'armée des Ardennes.

vénérien, ceux qui s'enivrent sont emprisonnés ou destitués ; ceux qui ne montrent pas assez de fermeté dans les engagements d'avant-postes sont fusillés. Pour activer la répression de la mollesse, du manque d'instruction ou du mauvais vouloir, il est décidé par les deux représentants du peuple que le tribunal militaire de l'armée du Nord *jugera sans être astreint à la formalité du jury.* Des employés de l'administration des vivres, indolents ou cupides, sont remplacés sur l'heure par des habitants du pays choisis arbitrairement et menacés des dernières rigueurs s'ils n'exercent pas leurs nouvelles fonctions d'une manière satisfaisante; plusieurs de ces dignitaires, inopinément chargés d'un service auquel ils sont étrangers, échappent par la fuite à la responsabilité qu'on a prétendu leur imposer. Les contre-révolutionnaires, ou du moins ceux qui passent pour tels, sont activement recherchés : un capitaine d'artillerie, Foy (1), n'est pas épargné, bien qu'il

---

(1) Foy naquit à Ham en 1775. Son père, un des vainqueurs de Fontenoy, devenu maire et directeur de la poste dans la même ville, mourut quatre ans et demi après la naissance de son fils ; mais il trouva dans sa mère les soins les plus éclairés. Son aptitude aux études de l'enfance fut telle, qu'il les avait terminées au collége de Soissons à quatorze ans. Les dispositions qu'il

ait été condisciple de Saint-Just au collége des Oratoriens de Soissons; ce dernier a déjà prouvé à Strasbourg que sa rigidité révolutionnaire ne faiblit pas devant les souvenirs de la camaraderie d'enfance (1). La maison habitée par Foy lui est donnée pour prison jusqu'au jour où il comparaîtra devant le tribunal. Heureusement, par un trou pratiqué au mur, il pénètre dans la maison voisine, et une fenêtre donnant sur l'Oise lui fournit un moyen de fuite (2). Après quelques jours d'un semblable régime, on fait observer à Saint-Just que les prisons de Guise sont encombrées : « Ce ne sont pas

---

montrait pour l'état militaire le firent envoyer à l'école d'artillerie de Laférc; dix-huit mois après, il fut admis le troisième sur plus de deux cents concurrents aux examens de Châlons-sur-Marne. Il en sortit bientôt comme second lieutenant d'artillerie et se rendit à l'armée du Nord. — *Biographie des Contemporains.*

(1) Un officier de Noyon, ami d'enfance de Saint-Just, avait aussi commis une faute contre la discipline (armée du Rhin). Saint-Just le fit venir, l'embrassa et lui dit, en le livrant à l'escorte qui l'emmena devant la Commission militaire, c'est-à-dire au supplice : « Le Ciel soit loué doublement, puisque je t'ai revu, » et que je puis donner, dans un homme qui m'est si cher, une » leçon de discipline et un exemple de justice en t'immolant au » salut public. » *Saint-Just et la Terreur,* par M. Édouard Fleury.

(2) *Saint-Just et la Terreur,* par M. Édouard Fleury.

« les prisons qui doivent regorger de traîtres, » répond-il, « ce sont les cimetières. »

Saint-Just ne déploie pas moins d'ardeur contre l'Ennemi ; bien que l'arrivée de Jourdan soit prochaine, il veut passer la Sambre sans délai et attaquer Charleroi. Mais les troupes, dont il dispose, ont été successivement réunies ; chaque contingent considérable a été accompagné de représentants du peuple, de sorte qu'indépendamment de son ami Lebas, il a pour collègues les conventionnels Goupilleau (de Fontenay), Guyton de Morveau, Choudieu, Richard et Levasseur (de la Sarthe). La discorde existe entre tous ces délégués omnipotents ; la division n'est pas moindre entre les généraux (1). Les conseils de guerre sont orageux et les opérations qui les suivent s'exécutent sans l'ensemble indispensable. La Sambre est franchie à quatre reprises (29 Floréal, 1ᵉʳ, 3 et 6 Prairial-18, 20, 22 et 25 Mai) ,et les républicains sont quatre fois obligés de rétrograder ; mais après chaque échec, Saint-Just force le conseil de guerre à décider une nouvelle attaque. Une cinquième tentative

---

(1) Pichegru était allé rejoindre Souham et Moreau dans la Flandre maritime.

(10 Prairial-29 Mai) semble devoir être plus heureuse; le passage de la rivière est effectué; Charleroi est bombardé et brûlé en partie : cependant, après ce combat qui se prolonge pendant trois jours, l'armée républicaine est encore obligée de se retirer derrière la Sambre.

Heureusement Jourdan se rapprochait à marches forcées à la tête de l'armée de la Moselle et de 15,000 hommes de l'armée du Rhin ; il chassa l'Ennemi de Dinant (11 Prairial-30 Mai), traversa la Meuse le lendemain et opéra enfin sa jonction avec les troupes qui venaient d'exécuter inutilement le passage pour la cinquième fois (15 Prairial-3 Juin). Investi du commandement général, il s'apprêta à reprendre, avec expérience et autorité, l'opération stratégique qu'avaient fait échouer jusque là le défaut d'entente entre les généraux, la discorde entre les représentants du peuple et la précipitation intempestive de Saint-Just.

Cependant, l'absence de ce jeune collègue privait Robespierre de son plus solide appui ; aussi lui fit-il adresser une lettre par laquelle le Comité l'engageait à revenir de l'armée, au moins pour quelque temps (6 Prairial-25 Mai). Cette invitation, rédigée par celui qui la proposa, alléguait pour motifs les difficultés de la situation politique ; elle fut également signée par Prieur, Carnot, Billaud-Varennes et Barère, bien qu'ils fussent peu désireux de revoir parmi eux celui qu'ils rappelaient ainsi. Néanmoins, cette concession de leur part resta sans effet : Saint-Just, acharné au passage de la Sambre et désireux de s'entendre avec Jourdan pour combiner la suite des opérations militaires, ajourna le moment de déférer à l'avis de ses collègues (1).

La situation des membres du gouvernement resta donc la même : Robespierre couvant ses projets de prédominance personnelle et de régénération sociale ; Carnot poursuivant activement ses combinaisons stratégiques. Les dissensions intestines du Comité n'ayant pas encore transpiré, l'accord le plus parfait semblait y régner. D'ailleurs, les mesures importantes y recevaient souvent l'approbation des membres dont les opinions étaient les plus opposées, parce que chacun les envisageant à un point de vue,

---

(1) Saint-Just fit, dans le milieu de Prairial, une courte apparition à Paris ; il retourna presque immédiatement à l'armée son retour définitif eût lieu le 11 Messidor. — *Moniteur universel.*

différent, en tirait des conséquences ou en espérait des résultats conformes à ses vues particulières. Ainsi l'*École de Mars*, dont la création fut alors proposée à la Convention, offrait à Robespierre la perspective d'une garde nombreuse composée de jeunes prétoriens enthousiastes; Carnot y voyait la fondation d'une pépinière de soldats instruits.

Les Écoles militaires avaient rapidement perdu, dans les premiers temps de la Révolution, le caractère exclusif d'aristocratie qu'elles possédaient auparavant ; elles étaient ensuite tombées dans le délabrement et enfin avaient été entièrement supprimées (9 Septembre 1793)(1). Les autres maisons d'éducation s'étaient également fermées pour la plupart, et la nouvelle génération grandissait dans une ignorance dont l'effet, le plus immédiatement menaçant, semblait devoir être une lacune impossible à combler dans la répartition des emplois civils et militaires. Parmi les projets de régénération qui tendaient alors à se faire jour, il existait de

---

(1) Ces Écoles constituaient, avant la Révolution, des colléges militaires dont les jeunes gens sortaient pour entrer comme cadets-gentilshommes dans les régiments. Elles étaient au nombre de douze : Auxerre, Beaumont, Brienne, Dôle, Effiat, Pont-à-Mousson, Pont-le-Vey, Rebais, Sorrèze, Tournon, Tyron et Vendôme.

nombreux plans pour rouvrir les écoles primaires, rétablir les différents degrés de l'instruction et raviver les lettres ainsi que les sciences; le plus urgent était incontestablement de doter d'une sorte d'éducation militaire une partie de la génération qui, y étant apte par son âge, avait déjà reçu les premiers éléments de l'instruction *sous l'infâme monarchie*.

« Ce premier projet, » dit Barère à la Convention (13 Prairial—1ᵉʳ Juin), « concerne ceux qui
« sont arrivés à cet âge où la Patrie dit à chaque
« citoyen : Que feras-tu pour moi, et quels moyens
« prendras-tu pour défendre mon unité et mes
« lois, mon territoire et mon indépendance ? La
« Convention répond aujourd'hui à la Patrie :
« Une *École de Mars* va s'ouvrir. 3,000 jeunes ci-
« toyens, choisis parmi les plus intelligents et les
« plus robustes, et ayant donné des preuves de
« constante bonne conduite, vont remplir cette
« institution nouvelle..... Ils vont se former aux
« emplois militaires; ils seront réunis dans une
« école commune; ils vivront sous la tente; ils
« mangeront à la même table; ils travailleront
« dans un camp sous les yeux mêmes des Repré-
« sentants du peuple. Les principes qui fondent
« cette résolution sont ceux des Républiques; là,

« tout citoyen est soldat; chacun se doit à la dé-
« fense de sa patrie et doit se préparer à la
« servir, etc., etc. »

Comme d'ordinaire, la Convention approuva la proposition du Comité de salut public avec acclamations. Il fut décidé que Paris fournirait quatre vingts *Élèves*; chaque district de la République devait en envoyer six; tous choisis par les agents nationaux parmi les enfants des Sansculottes et âgés de seize à dix-sept ans et demi. Ils devaient s'acheminer vers la capitale, à pied et sans armes, de manière à y arriver du 1ᵉʳ au 20 Messidor (19 Juin au 8 Juillet). Habillés, armés, campés et nourris aux frais de la République, ils devaient apprendre les manœuvres de l'infanterie, de la cavalerie et de l'artillerie, et recevoir des notions de mathématiques, de fortifications, etc., avec l'urgence hâtive de toutes les mesures dites révolutionnaires. La plaine des Sablons, près Paris, fut désignée pour l'emplacement du camp de la nouvelle école (1).

---

(1) Les principes, d'après lesquels devait être constituée et dirigée l'École de Mars, furent ainsi exposés par Barère, devant la Convention, dans la séance du 13 Prairial (1ᵉʳ Juin) :

« L'École de Mars sera divisée en trois corps de mille hommes
» chacun, sous le nom de *Millerie;* chaque Millerie se divisera
» en dix *Centuries,* et chaque Centurie en dix *Décuries*... Le génie

CHAPITRE XXXVII.—PRAIR. AN II—JUIN 1794.

Quelques jours après (16 Prairial-4 Juin), Robespierre fut, conformément à sa volonté, élu

---

» de David, en s'occupant de l'amélioration du costume national,
» prépare pour elle un costume militaire tel qu'il convient à nos
» climats, à nos mœurs, à notre Révolution....... L'Institut na-
» tional fournira à l'École de Mars un corps de musique dont les
» tons sévères et majestueux seront propres à exalter tous les cou-
» rages, au lieu d'efféminer et d'amollir les âmes. Il faut que la
» République pénètre par tous les sens dans l'âme des citoyens.
« . . . .

« L'instruction sera dirigée par un instructeur général d'in-
» fanterie par mille élèves, un instructeur général pour la cava-
» lerie, un instructeur général pour l'artillerie et un autre pour
» le génie. Les cent cinquante instructeurs de centuries d'infan-
» terie, les quinze instructeurs de centuries pour les cavaliers et
» les artilleurs, seront choisis parmi les défenseurs de la Répu-
» blique que des blessures glorieuses empêchent encore de com-
» battre l'ennemi. . . . .

« Deux baraques seront élevées en forme d'amphithéâtre
» pour donner aux élèves les connaissances qu'ils ne peuvent ac-
» quérir sur le terrain. Les élèves feront eux-mêmes la butte
» et tous les travaux que l'emplacement exigera pour apprendre
» à tirer. Partout seront tracés les préceptes inaltérables de l'é-
» galité. Les fonctions du camp ne seront remplies par les élèves
» que pendant dix jours; après ce temps, ils rentreront dans les
» rangs sans titres, ni prérogatives. . . . .

« Chacun sera *décurion* à son tour, en commençant par le plus
» ancien d'âge. Le sort nommera le *centurion* parmi les décu-
» rions, et les centurions choisiront de même le *millerion*. . .

« Quant aux repas, tous, sans distinction de rang, mangeront
» à la gamelle dans la décurie à laquelle ils seront attachés.

« L'argent ne viendra pas corrompre nos jeunes élèves; il n'y
» aura pas de solde; ainsi l'avarice et ses signes chéris sont
» bannis de l'École de Mars. Les élèves seront campés, habillés,
» armés et entretenus en nature aux frais de la République. . . .

« Ils demeureront sous la tente pendant tout le temps que la

Président de l'Assemblée pour la quinzaine qui devait voir la célébration de la fête de l'Être-Suprême.

Le 20 Prairial (8 Juin), le soleil se lève radieux sur un ciel magnifique. Toutes les maisons sont décorées de feuillages, de guirlandes de fleurs et de tentures tricolores; dès le matin, une foule immense en habits de fête remplit les rues, les jardins et les places publiques. A huit heures, une salve d'artillerie donne aux députations des Sections le signal de se rendre au Jardin national (Tuileries); chacune d'elles se met en marche sur

---

» saison le permettra. A cette époque, le camp sera dissous;
» chaque élève pourra revenir dans ses foyers y porter l'exemple
» des vertus républicaines, y répandre la haine des tyrans et
» l'amour de la République.

« L'éducation... ... est un bienfait assez grand pour qu'il doive
» suffire aux élèves de l'École de Mars. Cependant, ceux qui au-
» ront montré le plus de vertus civiles et morales, ceux qui an-
» nonceront le plus d'aptitude et de talents, seront admis à
» d'autres degrés ou d'autres genres d'instruction, ou placés
» dans des fonctions ou des travaux analogues à leurs vertus et
» à leurs talents........ Mais il est nécessaire que les élèves re-
» viennent dans leurs familles pour apprendre que cette éduca-
» tion nationale ne donne pas un privilége, ne fournit aucun
» titre particulier pour avoir droit aux places....... Le républi-
» cain doit s'instruire et se préparer en silence aux diverses fonc-
» tions publiques; mais il ne doit annoncer aucune prétention.
» Il doit attendre, dans son honorable solitude, que la Répu-
» blique et ses concitoyens l'appellent à exercer un em-
» ploi, etc., etc.

deux colonnes. A droite, sont les hommes et les garçons tenant à la main des branches de chêne, *symbole de la Force et de la Liberté;* à gauche sont les mères ornées de bouquets de roses, *symbole des Grâces*, et les filles portant des corbeilles de fleurs, *symbole de la Jeunesse.* Les adolescents s'avancent au centre, marchant sur douze de front, et armés de sabres, de fusils et de piques.

Lorsque toutes les Sections sont réunies aux Tuileries, la Convention sort du palais par le balcon du pavillon de l'Unité et prend place sur des gradins disposés en amphithéâtre. Les députés sont vêtus du costume de cérémonie récemment décrété (1); tous portent à la main un bouquet composé d'épis de blé, de fleurs et de fruits. Lorsqu'ils ont pris place, on s'étonne de ne pas voir arriver Robespierre ; les regards de la multitude sont attachés avec une bienveillante impatience sur l'estrade qui lui est réservée et dont la forme exceptionnelle a déjà excité les remarques improbatrices de ses collègues ; le retard, dont il se rend coupable, confirme aussi les soupçons que ses allures ont inspiré depuis

---

(1) Habit bleu, gilet blanc, culotte de peau de daim jaune, bottes à revers, écharpe tricolore, chapeau rond ombragé de plumes tricolores.

quelque temps à la susceptibilité républicaine. Midi sonne, et Robespierre n'arrive pas.

Celui que les Conventionnels et la population attendent ainsi avec des sentiments différents, prolonge à dessein ce moment. Du logement de Vilate, un de ses espions qui demeure dans le haut du palais, il contemple avec ivresse cette foule dont tous les yeux le cherchent et dont toutes les bouches répètent son nom. Il apparaît enfin sur l'amphithéâtre : sa figure terne et bilieuse a pris une expression de satisfaction qu'on ne lui a jamais vue. Au bruit de mille acclamations, il monte à la place d'où il domine tous ses collègues; ces derniers ont déjà remarqué que son habit est d'une nuance beaucoup plus claire que celle qui a été adoptée officiellement.

Après un discours dans lequel il invite le peuple à honorer l'*Auteur de la Nature*, Robespierre se dirige vers une statue colossale de l'Athéisme, érigée par David au-dessus du bassin en avant du palais; il y met le feu avec *le flambeau de la Raison*; l'enveloppe combustible, qui figure le manteau de l'Athéisme, disparaît, et laisse voir la statue de la Sagesse indiquant du doigt le séjour de l'Être suprême. Le jardin national retentit de cris d'allégresse; mais ceux qui plaisantent à voix basse sur la divinité de l'Être suprême reconnue au scrutin, font observer que la Sagesse est singulièrement ternie par le procédé employé pour la mettre à jour.

Le cortége se met en marche. Robespierre affecte de se tenir à quelques pas en avant de ses collègues; ceux-ci augmentent encore, à dessein, la distance qui les sépare du Président aspirant au rôle de Pontife.

Au Champ de la réunion, l'Autel de la Patrie a été remplacé par une vaste Montagne symbolique. Les bataillons carrés des adolescents l'entourent; les mères de famille, les filles, les vieillards et les garçons, qui doivent chanter des hymnes en l'honneur de l'Être suprême, occupent la partie inférieure de la Montagne; au-dessus d'eux sont les Conventionnels; Robespierre se place sur le sommet qui est très-étroit et très-escarpé; Couthon y est de même hissé dans son fauteuil.

Après que les différents groupes ont chanté leurs hymnes, les jeunes filles jettent des fleurs vers le Ciel, les adolescents tirent leurs sabres en jurant de mourir pour la Patrie, les vieillards leur donnent la bénédiction paternelle; une décharge d'artillerie, *interprète de la vengeance na-*

tionale, retentit, et Robespierre proclame la profession de foi religieuse du Peuple Français.

La population est dans l'ivresse; mais la Convention, qui ne doute plus des intentions de son Président, reste morne et indignée. Ce dernier sentiment se manifeste, pendant le retour au Palais national, par des gestes et des regards menaçants. Robespierre entend des allusions à la proximité de la Roche Tarpéïenne et du Capitole; furieux et effrayé (1), il précipite sa marche; ses collègues le suivent dans un désordre et une agitation qui donnent au cortége une apparence de déroute. Cependant, la foule attroupée, le soir, devant la maison du dictateur lui prodigue les plus bruyantes approbations; des billets, lancés par ses fenêtres, contiennent un seul mot : *Osez*. Mais Robespierre n'est audacieux qu'en paroles et en projets; cette fois, Saint-Just n'est pas là pour exécuter hardiment les conceptions de son maître; ce dernier est dupe de lui-même; son manque d'initiative, ses hésitations et sa faiblesse ne sont à ses yeux que le respect dû à la légalité.

---

(1) « Robespierre devenait plus sombre, son air renfrogné re-
» poussait tout le monde; il ne parlait que d'assassinat, encore
» d'assassinat, toujours d'assassinat. Il avait peur que son ombre
» ne l'assassinât. » — *Causes secrètes de la révolution du 9 au 10 Thermidor*, par Vilate.

CHAPITRE XXXVII.—PRAIR. AN II.—JUIN. 1794.

Aussi projette-t-il de frapper *légalement* les députés les plus hostiles à sa marche usurpatrice ; son moyen consiste à obtenir de la Convention un décret, conçu dans des termes assez ambigus pour qu'il puisse l'*épurer* elle-même à son gré. Effectivement, deux jours après la fête de l'Être-Suprême (22 Prairial-10 Juin), Couthon monte à la tribune et, avec la douce expression de visage qui lui est habituelle, il y fait lecture d'un projet de loi qui tend à réorganiser le tribunal révolutionnaire sur des bases effroyables (1), et ne désigne les futures victimes que par la vague dénomination d'*ennemis du peuple*.

Les Conventionnels ne se trompent pas sur le but de cette terrible motion. Dans les deux jours qui suivent, quelques députés tentent de faire mitiger l'extension du fatal décret; Robespierre, que cette résistance irrite profondément, impose silence à ces faibles essais d'opposition, et la loi

---

(1) Les principales dispositions de ce projet draconien consistaient dans la suppression complète des témoins et des défenseurs pour les accusés, bien que leur office fut déjà à peu près illusoire ; les *preuves morales* devaient suffire pour motiver la condamnation; la seule peine à infliger était la mort. Le tribunal devait être divisé en quatre sections, etc.

de mort est définitivement sanctionnée par ceux qu'elle menace le plus (1).

D'un autre côté, Couthon dit au Club des Jacobins (26 Prairial-14 Juin) que la Convention renferme quelques mauvais esprits disposés à faire naître de funestes divisions; il se hâte d'ajouter que leur nombre est restreint, cinq ou six peut-être; mais cette réticence ne rassure que faiblement les Conventionnels. Le bruit se répand parmi eux que des listes sont déjà dressées; les plus compromis en font courir une, qu'ils doivent, disent-ils, à l'infidélité d'un secrétaire, et sur laquelle un grand nombre de leurs collègues peuvent lire leurs noms; dès lors, plus de soixante députés cessent de passer la nuit dans leur domicile.

Un autre fait augmente encore leurs appréhensions : l'échafaud change de place. Depuis longtemps, les habitants de la rue Honoré se plaignaient du passage journalier des hideuses charrettes, à l'approche desquelles se fermaient les portes, les fenêtres et les boutiques. L'horrible machine est transférée à la Barrière renversée

---

(1) Les Conventionnels avaient encore une garantie; pour que l'un d'eux comparût devant le terrible tribunal, il fallait que l'Assemblée donnât son assentiment; mais le souvenir de Danton faisait sentir à chacun combien cette sauvegarde était précaire.

(du Trône) (25 Prairial-13 Juin); là, elle pourra fonctionner avec la rapidité nouvelle que lui imprimera le tribunal révolutionnaire réorganisé, car les habitants du faubourg Antoine sont, croit-on, assez *patriotes* pour ne pas être émus de la multiplicité des supplices des *ennemis du peuple.*

Alors, il se forma parmi les Conventionnels plusieurs ligues secrètes, inconnues les unes aux autres, bien qu'elles eussent un but commun; mais la plus dangereuse pour le dictateur était déjà organisée; c'était celle des principaux membres du Comité de sûreté générale, Amar, Vadier, Vouland, Jagot, Louis (du Bas-Rhin), etc., auxquels Robespierre et Saint-Just avaient enlevé une partie de leurs attributions (1)..

Avant la fête de l'Être suprême ils avaient déjà médité le coup dont ils voulaient frapper celui qui avait affaibli leur puissance pour grandir la sienne. Leur police avait découvert le siége d'une

---

(1) Robespierre et Saint-Just n'osant pas faire abolir, ou renouveler conformément à leurs vues, le Comité de sûreté générale, avaient imaginé de créer un bureau de police dans l'intérieur du Comité de salut public. Saint-Just en prit la direction; lorsqu'il s'absenta, Robespierre le remplaça. Le Comité dépossédé n'avait pas osé s'opposer ouvertement à l'envahissement de ses fonctions; mais les deux polices étaient immédiatement entrées dans une série d'hostilités funestes à une foule de malheureux.

religion nouvelle, établi au troisième étage d'une maison de la rue Contrescarpe par une vieille fille, Catherine Théot (1). Le principal assesseur de cette folle était Dom Gerle, ancien constituant, dont l'imagination faible avait été aussi égarée par des rêves mystiques. Tous deux furent arrêtés. Une enquête immédiate fit connaître que Dom Gerle était protégé par Robespierre, qu'il le visitait fréquemment et qu'il en avait reçu un certificat de civisme, entièrement écrit de sa main. Parmi les femmes qui composaient une sorte de cour au dictateur, plusieurs étaient initiées aux mystères dévoilés par la *Mère de Dieu*; pour elles, le Messie annoncé était Robespierre. Enfin on saisit, dans un matelas, une lettre de la prophétesse qui le qualifiait de *Verbe éternel, Fils de Dieu*, etc.

Ces découvertes concordèrent avec la fête de l'Être Suprême : « Non content d'être dictateur et

---

(1) Catherine Théot avait passé une partie de sa vie à la Bastille et à la Salpêtrière pour cause d'illuminisme. Ayant repris ses allures de prophétesse, elle se disait la Mère de Dieu et annonçait la prochaine apparition d'un nouveau Messie. Elle faisait aux initiés le récit des visions célestes dont elle était honorée, et se livrait avec eux aux pratiques ridiculement symboliques d'un culte qui promettait à la fois l'immortalité de l'âme et du corps.

» pontife, » dirent les ennemis de Robespierre, » il veut encore devenir Dieu. » Leur haine saisit avidement la pensée d'attaquer par le ridicule celui que nul n'eût osé affronter ouvertement. Le nom de Théot fut changé en celui de *Théos*; la secte à cervelle détraquée fut transformée en centre de conspiration révolutionnaire; Barère rédigea un rapport aussi habile que perfide; Vadier se chargea de le lire à la Convention (1), et de malignes confidences instruisirent les Députés du sens de la comédie qui allait être jouée devant eux. Pendant deux heures (27 Prairial-15 Juin), sans que Robespierre fut aucunement désigné, les plaisanteries acérées et les allusions ironiques dont le rapport était rempli, excitèrent à ses dépens les rires de l'Assemblée, heureuse de se venger ainsi de son dominateur.

Le dictateur bafoué indirectement garda le silence; mais la rage était dans son cœur. Les conséquences de la fête de l'Être Suprême avaient trompé son espoir; les Conventionnels avaient entrevu le but de la loi du 22 Prairial; leur oppo-

---

(1) Robespierre, averti par ses sectaires de la dérision qui allait rejaillir sur lui, tenta de s'opposer à l'éclat que l'on voulait donner à la découverte de « cette conspiration chimérique, in-» ventée, » disait-il, « pour en cacher de réelles. » Ce fut en vain, Vadier résista.

sition s était même manifestée momentanément; enfin, le rapport sur la *Mère de Dieu* le tournait en ridicule. Ainsi, les ennemis qu'il avait abattus un à un avec la guillotine, étaient remplacés par d'autres plus nombreux. Il affecta, dès lors, de se séparer du gouvernement et de ne plus paraître dans les Comités ainsi qu'à la Convention.

Néanmoins, la loi hideuse du 22 Prairial suivit son cours ; le tribunal révolutionnaire fut réorganisé sur de nouvelles bases; les créatures de Robespierre y furent installées en qualité de juges et de jurés, et cette atroce combinaison, manquant le but dans lequel elle avait été conçue, tourna contre la malheureuse population des prisons. Alors commença, ainsi qu'on l'a dit, *la terreur dans la terreur* (1).

Ainsi s'augmentait sans cesse le contraste entre les évènements de l'intérieur et ceux de l'extérieur.

---

(1) Un des plus sanglants sacrifices eut lieu presqu'immédiatement. Le 29 Prairial (17 Juin), on compta cinquante-quatre victimes, parmi lesquelles étaient Ladmiral et Cécile Renault. Leurs compagnons de mort, nobles, militaires, artistes, femmes, etc., qui ne les connaissaient même pas, furent déclarés, par l'odieux tribunal, complices des deux tentatives d'assassinats que les juges assimilèrent au parricide ; tous furent conduits au supplice revêtus de chemises rouges.« Quelle belle fournée de cardi- » naux ! » dit facétieusement Fouquier-Tinville en jetant un coup d'œil de satisfaction sur l'horrible cortége.

Le 15 Prairial-3 Juin, Dugommier s'était emparé du fort Saint-Elme, de Collioures ainsi que de Port-Vendres, et le 28 Prairial (16 Juin), Barère annonça à la Convention une nouvelle qui délivrait le Comité de salut public d'une terrible appréhension cachée depuis trois mois.

Une flotte de 116 bâtiments, chargés de grains et de riz, était sortie des ports d'Amérique faisant voile vers la France. Les transactions relatives à cet achat avaient été conduites avec le plus grand mystère; cependant, la trahison d'un agent politique ayant averti les Anglais, une escadre de trente-trois vaisseaux de guerre et de douze frégates croisait, sous les ordres de l'amiral Howe, devant les côtes de la Normandie et de la Bretagne. Une escadre de trente vaisseaux, organisée à Brest par les procédés coercitifs du *gouvernement révolutionnaire*, avait pris la mer pour protéger le précieux convoi; elle avait ordre de ne combattre que pour assurer la sûreté des transports, mais elle devait au besoin savoir se sacrifier. Sa composition justifiait ces instructions limitées. Son chef, Villaret-Joyeuse, était un capitaine (1) promu de la veille à sa nouvelle di-

---

(1) Villaret de-Joyeuse, né à Auch en 1750. Sa famille, qui tenait un rang distingué dans la noblesse de Gascogne, le des-

gnité ; la plupart des officiers de vaisseau étaient, comme lui, novices dans leurs grades; le plus grand nombre des matelots se composait de paysans que la réquisition avait enlevés à la charrue. Jean-Bon-Saint-André, membre du Comité de salut public, qui avait organisé cet ensemble également inexpérimenté des grandes évolutions et des manœuvres de détail, était sur le vaisseau amiral, *La Montagne*.

---

tinait à l'état ecclésiastique; mais il avait un penchant décidé pour la marine. Par une sorte de compromis, on le fit d'abord admettre parmi les Gendarmes de la Maison du Roi. Un duel, dans lequel il tua son adversaire, le força de quitter ce Corps; il entra ainsi dans la marine à l'âge de seize ans. Il fit plusieurs brillantes campagnes dans les mers de l'Inde, sous les ordres du bailli de Suffren. Chargé d'une mission importante, il soutint avec la frégate *la Naïade*, qu'il commandait, un combat de cinq heures contre *le Sceptre*, vaisseau anglais de 64 canons, après lequel, sa frégate fut tellement maltraitée qu'il fut forcé d'amener son pavillon. Prisonnier, la paix de 1783 lui rendit la liberté; il fut alors décoré de la croix de Saint-Louis. En 1791, il prit comme capitaine de vaisseau, le commandement de la frégate *la Prudente*, et contribua par sa fermeté à retarder les évènements déplorables de Saint-Domingue. Quoiqu'opposé aux principes de la Révolution, il continua à servir son pays, et prit, en 1793, le commandement du vaisseau *le Trajan*, qui faisait partie de l'escadre aux ordres du vice-amiral Morard de Galles. L'année suivante, il fut élevé au grade de contre-amiral, et Jean-Bon-Saint-André le proposa au Comité de salut public, pour remplacer Morard de Galles qui venait d'être destitué : « Je sais, » écrivait ce représentant, « que Villaret est un aristocrate; mais » il est brave et il servira bien. » — *Biographie universelle*.

Les deux escadres se rencontrèrent vers le point présumé du passage de la flotte de transport ; le combat s'engagea et divers accidents de mer le firent durer quatre jours (10 au 13 Prairial-29 Mai au 1ᵉʳ Juin) ; la supériorité des Anglais dans les manœuvres fut en partie neutralisée par des luttes à courtes distances. En somme, les Français perdirent sept vaisseaux, entre autres *Le Vengeur*, et la victoire resta aux Anglais ; mais ils furent tellement maltraités qu'ils durent regagner leurs ports, tandis que la flotte impatiemment attendue traversait paisiblement une mer couverte des débris du combat et apportait l'abondance dans les ports de la République.

Sur terre, les heureux résultats du génie de Carnot continuaient à se manifester. L'armée des Alpes venait de s'emparer de la vallée de Sture et du poste des Barricades, envisagé jusqu'alors comme imprenable. Le Midi pouvait être considéré comme sauvé. Dans le Nord, la lutte était soutenue avec acharnement, à droite par Jourdan et à gauche par Pichegru.

Ce dernier, continuant ses opérations sur la Lys et l'Escaut, avait pour adversaires le prince de Cobourg et le feld-maréchal Clerfayt ; il avait commencé le siége d'Ypres et manœuvrait de manière à maintenir ses deux ennemis écartés l'un de l'autre, afin d'avoir à les combattre séparément. Il se trouva enfin vis-à-vis de Clerfayt du côté de Rousselaer et d'Hooglède. Sa division de droite, débandée par l'effet d'une attaque impétueuse, compromit momentanément le succès ; mais la fermeté avec laquelle le commandant de la division de gauche, Macdonald (1), soutint les attaques auxquelles il se trouva exposé de front et de flanc, décida la victoire (25 Prairial-13 Juin). Clerfayt dut se retirer avec des pertes considérables, et Ypres se rendit quelques jours après (29 Prairial-17 Juin). Cobourg voulut se porter au secours de Clerfayt et de la ville d'Ypres ; mais il n'était plus temps ; il se dirigea alors du côté de la Sambre, laissant Clerfayt à Thielt ; son projet était d'empêcher Jourdan de couper les communications Autrichiennes qu'il menaçait. Le duc d'York resta sur l'Escaut, car les Anglais ne vou-

---

(1) Macdonald né, en 1765 à Sancerre (Berry), d'une noble famille d'Irlande qui avait suivi en France le roi d'Angleterre Jacques II. Après avoir fini ses études, il entra comme lieutenant dans le régiment de Dillon (infanterie Irlandaise) et servit, en 1784, dans la Légion de Maillebois, qui devait appuyer les patriotes de la Hollande. Il adopta les principes de la Révolution avec sagesse ; sa conduite à la bataille de Jemmapes lui valut le grade de colonel. Général de brigade, à l'armée du Nord, il s'y distingua fréquemment. — *Biographie universelle des Contemporains.*

laient pas s'éloigner des provinces maritimes qui les intéressaient spécialement. Cette diversité perpétuelle dans les vues et dans les efforts des Coalisés concourut puissamment au salut de la République.

Jourdan se trouvait sur la Sambre à la tête de 90,000 hommes ; 15,000 furent laissés sous les ordres du général Schérer pour garder les rives de Thuin à Maubeuge ; les autres furent guidés au passage de la rivière, que l'aveugle impétuosité de Saint-Just avait tenté cinq fois sans résultat.

Le 24 Prairial (12 Juin), la Sambre est franchie, et la division Hatry investit Charleroi, tandis que l'armée s'apprête à protéger les opérations du siége. Dans ce but, faisant face à l'Ennemi et tournant le dos à Charleroi, elle forme un demi-cercle dont les deux extrémités s'appuient sur la Sambre. Kléber commande la Gauche ; la Droite est sous les ordres de Marceau ; au Centre sont Championnet et Lefebvre (1). Le prince d'Orange est à la tête de l'armée ennemie.

---

(1) Championnet, né en 1762 à Valence, fils naturel d'un avocat distingué et d'une paysanne. Il ne put supporter les railleries que lui attirait sa naissance (en patois du pays, championnet signifie petit champignon) et s'expatria à quatorze ans, pour aller servir en Espagne. Il s'engagea dans les Gardes Wal-

Jourdan, comprenant l'inconvénient d'avoir son armée développée sur une ligne circu-

lones, d'où il passa dans le régiment de Bretagne, et assista au siége de Gibraltar. Grand, bien fait et d'humeur belliqueuse, il fut rapidement remarqué de ses chefs. Il repassa les monts avec l'armée Française. Au commencement de la Révolution, il fut élu chef du 6ᵉ bataillon de la Drôme et chargé, en cette qualité, de marcher contre certaines communes du Jura soulevées à propos de la querelle des Girondins et des Montagnards. Il parvint à accomplir sa mission sans recourir à la violence. Il rejoignit ensuite l'armée du Rhin, où il signala son courage dans une foule de rencontres ; en qualité de colonel, il se distingua à la reprise des lignes de Wissembourg ainsi qu'au déblocus de Landau, et fut promu général de brigade.—*Biographie universelle des Contemporains.*

Lefebvre naquit à Rufack (Haut-Rhin), en 1755. Son père, ancien hussard, était meunier et commandait la Garde bourgeoise de son pays, lorsqu'il mourut. Lefebvre, âgé de dix-huit ans, trouva un zélé protecteur dans son oncle paternel, vénérable ecclésiastique, qui le destinait à l'église. Mais le penchant de son pupille en décida autrement ; la détermination de Lefebvre fut encore hâtée par le plaisir qu'il éprouva en apprenant que son frère venait d'être nommé officier dans le régiment de Strasbourg. Il s'engagea dans les Gardes-Françaises (1773) dont il était le premier sergent en 1788. Dans les premiers troubles de la Révolution, il fit, ainsi que ses camarades, cause commune avec le peuple, mais il fut l'un des plus ardents à protéger ses officiers. Après le licenciement des Gardes-Françaises, il fut incorporé, en qualité d'instructeur, dans le bataillon des Filles Saint-Thomas, et y fut blessé deux fois : la première, en protégeant la rentrée aux Tuileries de la Famille royale qui avait vainement tenté de se rendre à Saint-Cloud ; la seconde en facilitant le départ pour Rome de Mesdames, tantes de Louis XVI. En 1792, il sauva la caisse d'escompte du pillage, et contint une multitude affamée et furieuse par une fermeté inébranlable. Placé, le 3 Septembre 1793, dans les rangs de l'armée active, il

laire de dix lieues de longueur, veut y remédier en marchant à l'Ennemi ; de son côté, le prince d'Orange n'entend pas laisser aux Républicains l'avantage de l'attaque; il s'avance pour les forcer à livrer bataille dans la position désavantageuse qu'ils occupent (28 Prairial-16 Juin). Le résultat est le même que celui des tentatives précédemment faites pour s'installer sur la rive gauche de la Sambre; les Français sont encore obligés d'abandonner Charleroi, et de se reporter de l'autre côté de la rivière ; mais, cette fois, la retraite s'opère honorablement et avec tant d'ordre que, deux jours après, l'armée repasse encore la Sambre (30 Prairial-18 Juin) et reprend les positions récemment abandonnées : Charleroi est investi de nouveau. Un habile officier du Génie, le général Marescot (1), dirige vigoureusement ce siége déjà

---

fut élevé en trois mois au grade de capitaine, à celui d'adjudant-général, et de général de brigade (2 Décembre 1793); il fut général de division peu après. Son nom figura avec éclat dans presque tous les combats livrés par l'armée de la Moselle. — *Biographie universelle des Contemporains.*

(1) Marescot, né à Tours en 1758, fit d'excellentes études au collége militaire de La Flèche, et entra ensuite à l'École militaire de Paris; il était capitaine du Génie à l'époque de la Révolution. En 1793, après la défaite de Théobald Dillon, il échappa avec peine aux assassins qui massacrèrent ce général et le colonel du génie Berthois. Il mit ensuite en défense la ville

repris et interrompu plusieurs fois ; il importe de prendre la place avant qu'elle puisse être secourue par l'Ennemi. Ce dernier n'attaque pas alors les Français, parce qu'il compte sur un succès plus complet, après l'arrivée du renfort que lui amène le prince de Cobourg.

Malgré l'énergie et l'activité du chef du génie les lenteurs inévitables d'un bombardement impatientent Saint-Just : il veut qu'on enlève Charleroi de vive force. Cette opinion est vivement combattue dans le conseil de guerre : Marescot, soutenu par les généraux Hatry, qui commande la division de siége, et Bollemond, qui dirige l'artillerie, démontre les impossibilités d'une semblable attaque. Saint-Just furieux envoie au général en chef l'ordre écrit de les faire fusiller tous les trois. La noble résistance de Jourdan leur sauve la vie ; le siége continue et, en peu de jours, les feux de la place sont éteints.

On se prépare à donner l'assaut (7 Messidor-25 Juin), lorsqu'un parlementaire se présente pour traiter des conditions de la capitulation.

---

de Lille, qui lui dut en grande partie son salut. Il fit, pendant la campagne de Belgique, le siége d'Anvers avec Miranda, et concourut avec Bonaparte à la prise de Toulon. Il arriva à l'armée du Nord peu après la victoire de Wattignies. — *Biographie universelle des Contemporains.*

Saint-Just repousse avec hauteur la lettre qui lui est présentée : « Ce n'est pas un chiffon « de papier, » dit-il, « c'est la place que nous « voulons. » L'insistance de l'officier Autrichien échoue devant la raideur du membre du Comité de salut public; parti avec cette impitoyable réponse, il revient peu après annoncer que la garnison, confiante dans la générosité des vainqueurs, se rend à discrétion. Il est accordé aux 2,800 hommes, qui la composent, de sortir de la ville avec les honneurs de la guerre.

Les troupes de Jourdan en ont à peine pris possession, qu'on entend résonner le canon de l'Ennemi, qui arrive trop tard au secours de Charleroi. Les Autrichiens font leurs préparatifs pour la bataille du lendemain ; les Républicains s'y disposent également ; ils sont dans le même ordre que précédemment, mais renforcés de la division Hatry qui a fait le siége. Des deux côtés, on compte environ 70,000 hommes. Les deux armées sont dominées par un aérostat qui a déjà figuré à Maubeuge; cette machine, à peu près inconnue, inspire de la confiance aux Français et cause une impression contraire sur l'esprit de leurs adversaires (1).

---

(1) L'aérostat était en taffetas, d'un diamètre d'environ 10 mètres, et retenu par deux cordes longues, chacune de 540 mètres.

Le 8 Messidor (26 Juin), le prince de Cobourg, au lieu de concentrer ses efforts sur quelque point capital, fait avancer cinq colonnes contre l'étendue du demi-cercle qu'occupent les Français. La Gauche des républicains est d'abord repoussée par le prince d'Orange et le général Latour ; mais Kléber la ramène vigoureusement au combat en profitant à propos de l'hésitation montrée par ses adversaires, lorsqu'ils s'aperçoivent que Charleroi est tombé au pouvoir des Français.

Au Centre, Morlot et Championnet, après avoir résisté vigoureusement, sont tournés ou sur le point de l'être ; chacun d'eux exécute sa retraite

---

Il était manœuvré par une compagnie d'aérostiers, assimilés à l'artillerie.

L'opération pour le remplir de gaz exigeant cinquante heures, il en résultait la nécessité de le conserver à peu près enflé, ce qui occasionnait mille embarras. Pour sortir de Maubeuge, il fallut le faire passer au-dessus des maisons, des fortifications, et ensuite lui faire entreprendre un voyage de douze lieues, dans lequel les oscillations de la nacelle et la lutte du globe contre le vent suscitèrent des obstacles de tous les instants. 64 hommes, divisés en deux groupes, suffisaient à peine pour enchaîner le vol de l'énorme machine qui les entraînait. On avait tenté de la fixer par des cables attachés à des pieux énormes fichés en terre ; mais ce procédé n'avait pas réussi, faute d'élasticité.

Les observations faites du haut des airs par le général Morlot et le capitaine Coutelle, chef des aérostiers, fournirent à Jourdan d'utiles renseignements.

en bon ordre, lorsque Jourdan envoie pour les soutenir une partie de la réserve qui leur permet de reprendre vivement l'offensive.

L'action est terrible à l'Aile droite. Marceau a été attaqué par Beaulieu dont les troupes ont suivi les deux rives de la Sambre. Une partie de sa division a faibli; mais le jeune général, sans s'occuper des troupes qui lui font défaut, se jette avec quelques bataillons dans Lambusart, déterminé à mourir avec eux plutôt que d'abandonner ce poste contigu à la Sambre, appui indispensable de l'extrême Droite de l'armée. Lefebvre, qui se trouve entre lui et Championnet, vient vigoureusement à son secours; un combat acharné s'engage alors entre les deux colonnes ennemies et les deux colonnes Françaises. Chacun des généraux sait que là est le point décisif; Beaulieu y dirige de nouveaux renforts et Jourdan y lance le reste de sa réserve; les champs de blé s'enflamment ainsi que les baraques du camp Français, et le combat continue au milieu de l'incendie.

On se battait depuis neuf heures; la lutte, qui avait d'abord paru tourner contre les Républicains, était rétablie de tous côtés et penchait en leur faveur, lorsque le prince de Cobourg apprit, ce que l'on savait depuis longtemps à sa droite, que Charleroi était rendu; il fit aussitôt sonner la retraite générale.

Cette bataille acharnée, soutenue sur un développement de dix lieues, coûta environ 5,000 hommes à chacune des deux armées; elle prit le nom de Fleurus, village sans importance occupé momentanément par Lefebvre, parce que cette localité avait été déjà illustrée sous Louis XIV. Les résultats sur le terrain étaient peu considérables, puisqu'ils ne consistaient qu'en une attaque repoussée; mais les Autrichiens n'eûssent pu en contrebalancer l'effet qu'en livrant une seconde bataille plus heureuse; pour en assurer le succès, il leur eût fallu se joindre à Clerfayt et au duc d'York que Pichegru occupait suffisamment. D'ailleurs, les Français installés sur la rive gauche de la Sambre, menaçaient leurs communications par la Meuse; ils prirent le parti de se concentrer vers Bruxelles pour les couvrir, et leur retraite ouvrit la Belgique à l'armée républicaine.

La nouvelle de la victoire fut apportée à Paris par Saint-Just qui abandonna le champ de bataille, lorsque les derniers coups de canon retentissaient encore, tant il sentait le besoin qu'avait de lui Robespierre. Sur la proposition du Comité, et aux bruits d'applaudissements unanimes (11 Messidor-29 Juin), la Convention décida que les contingents des armées du Nord, des Ardennes, de la Moselle et du Rhin, victorieux à Fleurus, resteraient réunis sous les ordres de Jourdan afin de poursuivre leur succès ; telle fut l'origine de la célèbre armée de Sambre-et-Meuse.

CHAPITRE XXXVIII.

SUCCÈS MILITAIRES. — LUTTE ENTRE ROBESPIERRE ET LES DEUX COMITÉS.

(Messidor et Thermidor an II. — Juin et Juillet 1794.)

Sommaire.

Fête donnée à la population Parisienne pour célébrer la victoire de Fleurus. — Cette heureuse journée renverse les espérances de Robespierre.

Succès des armées des Pyrénées occidentales, de Sambre-et-Meuse et du Nord. — Décret qui menace de mort les garnisons étrangères des quatre places, Landrecies, Le Quesnoy, Valenciennes et Condé, si elles ne se rendent pas dans les vingt-quatre heures qui suivront la sommation.

Réunion des Élèves de l'École de Mars au camp des Sablons.

Les armées du Nord et de Sambre-et-Meuse entrent à Bruxelles. — Reprise de Landrecies. — Succès en Belgique, dans la Flandre maritime, sur le Rhin et en Italie.

Accroissement des dissidences entre le Triumvirat et le Comité de salut public. — Organisation machiavélique du système de la Terreur. — Lassitude et dégoût qu'il inspire à la population. — Nécessité d'un dénouement. — Forces respectives des deux partis. — Préludes de la lutte. — Un officier, agent d'Hanriot, tente d'arrêter à la barrière un convoi de poudres destiné à l'armée du Nord. — Le Comité de salut public éloigne de la capitale une partie notable des canonniers Parisiens. —

Récriminations à mots couverts portées par les deux partis devant la Convention et le Club des Jacobins. — Dernier essai de réconciliation entre Robespierre et les Comités. — Les Jacobins lisent à la Convention une pétition menaçante. — Discours prononcé par Robespierre. — Nuit du 8 au 9 Thermidor.

Le soir du jour où la Convention apprit le gain de la bataille de Fleurus, cette victoire fut célébrée par une fête organisée dans le Jardin national (Tuileries) (11 Messidor-29 Juin). Une brillante illumination éclairait le palais; placés sur une estrade immense, ornée de trophées militaires et des drapeaux pris à Ypres et à Charleroi, des musiciens jouaient des fanfares guerrières et des hymnes révolutionnaires auxquels se mêlaient les acclamations de la foule qui avait organisé des danses et des rondes. Chacun semblait oublier que vingt victimes avaient péri dans la journée sur l'échafaud, que les jours précédents avaient vu un plus grand nombre d'exécutions et qu'il en serait probablement de même dans ceux qui allaient suivre (1).

---

(1)   Nombre des condamnés.

6 Messidor	(24 Juin)	25	
7 id.	(25 id.)	45	
8 id.	(26 id.)	48	
9 id.	(27 id.)	31	
10 id.	(28 id.)	Décadi, pas d'exécutions.	
11 id.	(29 id.)	20	

(*Moniteur universel.*)

La victoire, qui enthousiasmait ainsi la population, porta un rude échec aux coupables espérances de Robespierre. Un revers lui eût fourni l'occasion d'accuser le Comité de salut public, et surtout Carnot (1); une défaite eût justifié sa perfide prévoyance de ne signer aucun ordre relatif aux opérations militaires ; l'étrangeté de sa disparition du Comité et de la Convention eût été alors signalée aux *patriotes* comme une preuve de la

---

(1) « .... C'est à tort qu'on attribue à l'intérêt d'une
« faction le grand effet que la bataille de Fleurus produisit sur
» l'opinion publique. La faction Robespierre avait au contraire
» le plus grand intérêt à diminuer dans le moment l'effet des
» victoires....... » — *Histoire de la Révolution Française*, par
M. A. Thiers.

Rapport de Carnot sur les événements qui ont précédé, accompagné ou suivi la prise de Landrecies, du Quesnoy, de Valenciennes et de Condé. — Séance de la Convention du 1er Vendémiaire an III (22 Septembre 1794).

« .... Robespierre ne voulait point signer les ordres
» du Comité relatifs aux opérations militaires ; il se ménageait
» ainsi la faculté de dire, en cas de revers, qu'il s'était opposé
» aux mesures prises. Il est constant que, depuis trois mois, il
» attendait une défaite avec la même soif que ses collègues
» avaient pour la victoire, afin de pouvoir les attaquer dans la
» Convention ; que l'aveu lui en est échappé plusieurs fois au
» Comité, et qu'il n'a éclaté enfin dans son discours séditieux du
» 8 Thermidor, que parce qu'il désespéra d'en trouver l'occasion, et qu'il voyait tomber sur lui-même la foudre qu'il voulait attirer sur ceux dont la droiture et le zèle assidu étaient
» sa condamnation.

« Mais laissons-là ce monstre, pour revenir à notre objet... »

haute sagesse de l'*incorruptible* qui, aurait-on dit, s'était séparé du gouvernement pour ne pas s'associer à une politique entachée de maladresse et de trahison. Le désappointement qu'il ressentit de ce triomphe se manifesta dans ses discours au Club des Jacobins (1) où il continuait à se rendre assidûment ainsi que Couthon. Tous deux y soutenaient la fausseté des bruits concernant des projets de dictature imaginés et propagés, disaient-ils, par les ennemis de la Patrie et de la Liberté. Saint-Just, revenu de l'armée complétait alors le triumvirat.

La retraite des Coalisés vers Bruxelles laissant les villes intermédiaires sans défense, l'entrée des troupes républicaines dans chacune

---

(1) « .... On juge de la prospérité d'un État, moins par
» les succès de l'extérieur que par l'heureuse situation de l'in-
» térieur....... » — *Discours de Robespierre au Club des Jacobins*, le 13 Messidor (1ᵉʳ Juillet), c'est-à-dire deux jours après l'annonce de la victoire de Fleurus.

« .... La véritable victoire est celle que les amis de la
» Liberté remportent sur les factions; c'est cette victoire qui ap-
» pelle chez les peuples, la paix, la justice et le bonheur. Une
» nation n'est pas illustrée pour avoir abattu des tyrans ou en-
» chaîné des peuples; ce fut le sort des Romains et de quelques
» autres nations. Notre destinée, beaucoup plus sublime, est de
» fonder sur la terre l'empire de la sagesse, de la justice et de la
» vertu....... » — *Discours de Robespierre au Club des Jacobins*, le 21 Messidor (9 Juillet).

d'elles était signalée à la Convention comme un nouveau succès. Après la bataille de Fleurus, le déblocus de Maubeuge (10 Messidor-28 Juin) fut suivi de l'occupation de Mons (13 Messidor-1er Juillet) par l'armée de Sambre-et-Meuse. Dans la Flandre maritime, Pichegru, laissant Moreau faire le siége de Nieuport, occupa Bruges, Ostende et Tournay (13, 14 et 15 Messidor-1, 2 et 3 Juillet).

Au Midi, l'armée des Pyrénées occidentales, longtemps inactive, remporta un avantage considérable sur les Espagnols (5 Messidor-23 Juin). « Quant à l'armée des Pyrénées orientales, » ajouta Barère à la tribune (14 Messidor-2 Juillet), « si elle
» n'a pas triomphé de Bellegarde qu'elle assiège,
» c'est qu'assurée de son succès, elle veut reprendre
» sans l'endommager cette partie de la Républi-
» que, à laquelle les Espagnols ont fait des répa-
» rations importantes et dispendieuses ; d'ailleurs,
» les travaux du siége ont été un peu ralentis par
» la blessure qu'a reçue Dugommier à Collioures ;
» mais dans peu, nous vous annoncerons sa gué-
» rison et la prise de Bellegarde. »

Ainsi, lorsque le nombre des victimes du tribunal révolutionnaire croissait de plus en plus (1), les nouvelles journalières des armées imprimaient un caractère de force et de grandeur à ce gouvernement impossible. On ne savait pas que l'entrée des troupes en Belgique était devenue indispensable pour les nourrir ; on ignorait également que la fabrication de Grenelle, qui s'élevait alors à trente mille livres de poudre par jour, suffisait à peine à la consommation du Nord, et que les phalanges, aux triomphes desquelles on applaudissait, avaient été plusieurs fois sur le point de manquer de munitions.

Bien loin de là, Barère déployait chaque jour devant la Convention l'emphase la plus habile :
« Citoyens, le Comité de salut public peut suivre
» à peine la rapidité de la marche de nos armées

---

(1)   Condamnés.

12 Messidor	(30 juin)	. . . .	24
13 —	(1ᵉʳ juillet)	. . . .	14
14 —	(2 —)	. . . .	30
15 —	(3 —)	. . . .	19
16 —	(4 —)	. . . .	26
17 —	(5 —)	. . . .	28
18 —	(6 —)	. . . .	30
19 —	(7 —)	. . . .	69
20 —	(8 —)	Décadi, pas d'exécutions.	
21 —	(9 —)	. . . .	59

Ce dernier jour, le nombre des détenus dans les prisons de Paris était de 7502. — *Moniteur universel.*

» triomphantes. La Victoire a usurpé le vol hardi
» de la Renommée..... Mons nous rend maîtres
» d'Ath, et Tournay nous met en possession de
» l'Escaut; ces deux communications étaient les
» seules qui pouvaient donner quelqu'espérance
» de secours ou de retraite aux garnisons enne-
» mies qui occupent encore Condé, Valenciennes,
» le Quesnoy et Landrecies. Aujourd'hui, ces
» quatre places sont absolument cernées. Il faut
» que dans quelques heures, le sol Français soit
» balayé de cette lie impure des nations asser-
» vies; c'est une terre sacrée que celle qu'habi-
» tent les hommes libres, et les esclaves qui la
» profanent doivent être frappés de mort, s'ils
» ne fuient. Ce décret terrible sera exécuté dans
» un délai très court qui leur sera donné.........
» Vous pressentez que les Anglais sont toujours
» exceptés de cette mesure de capitulation mo-
» mentanée; nous n'avons pour eux que des
» traités de mort. » Conformément à la proposition de Barère, la Convention décide que « les
» troupes des tyrans coalisés, renfermées dans
» les places du territoire Français sur la frontière
» du Nord, et qui ne se seront pas rendues à dis-
» crétion vingt-quatre heures après la sommation
» qui leur en sera faite, ne seront admises à

» aucune capitulation et seront passées au fil
« de l'épée » (16 Messidor - 4 Juillet).

Ce décret, analogue en apparence à celui qui interdisait de faire aucun prisonnier Anglais ou Hanovrien, reposait sur des motifs bien différents. L'investissement des quatre places, isolées par la retraite des Coalisés, n'avait pu, faute de troupes suffisantes, avoir lieu immédiatement après la bataille de Fleurus ; les commandants de ces garnisons étrangères avaient eu le temps de tirer du pays environnant des provisions suffi-santes à un siége dans les règles. Pour y procéder, il fallait non-seulement affaiblir les armées, mais consentir aussi à démanteler soi-même des villes dans lesquelles les Autrichiens avaient effectué de coûteuses réparations et qui allaient redevenir Françaises. Enfin, on était dépourvu des munitions indispensables.

Carnot espérait que ce décret frapperait de terreur ces garnisons, alors entièrement enveloppées, et que l'impossibilité de voir arriver du secours les porterait à se rendre immédiatement. Cependant, il ne se dissimulait pas qu'une telle signification, faite à de braves commandants, pouvait, au contraire, les porter au désespoir et leur faire prolonger la défense jusqu'à la dernière extrémité ; aussi le Comité de salut public s'était-il réservé secrètement la faculté de n'employer cette ressource qu'au moment où il jugerait convenable d'y avoir recours. Il s'agissait de déployer autant d'adresse que de vigueur (1).

Le soir du jour où cette mesure fut décrétée, une fête populaire eut lieu en l'honneur des succès militaires qui avaient suivi la victoire de Fleurus. On y remarqua, pour la première fois, les *Élèves de l'École de Mars*. Dans la matinée, ils avaient été présentés à la Convention par le maire de Paris, Fleuriot-Lescot, et par l'agent national de la Commune, Payan (2). Ils avaient aussi envoyé une députa-

---

(1) *Rapport de Carnot sur la reddition des quatre places : Landrecies, Le Quesnoy, Valenciennes et Condé. — Séance de la Convention du 1ᵉʳ Vendémiaire an III (22 Septembre).*

(2) *Fragment du discours prononcé par Payan, agent national de la Commune, en présentant les Élèves de l'École de Mars à la Convention :*

« Les Élèves de l'École de Mars, séparés par leur jeunesse de la gé-
» nération actuelle, n'ayant point eu avec les vices du despotisme
» un contact dangereux, sont des âmes vierges encore, dans les-
» quelles vous planterez facilement l'amour de la patrie, la sobriété
» et la franchise. Ils apprendront à chérir la République en détes-
» tant la royauté ; ils apprendront à être libres en n'obéissant
» qu'aux lois ; ils apprendront à être francs et sobres en se rap-
» pelant que les despotes étaient sans cesse livrés à la perfidie et

tion au Club des Jacobins et un orateur imberbe y avait prononcé un discours conforme au goût du temps : « Les *Élèves de l'École de Mars,* » dit-il, « ne demandent qu'à mourir pour la Patrie, » pourvu que la Postérité couvre leurs tombeaux » des fleurs de l'amitié, des lauriers de la victoire, » et qu'elle les arrose des larmes du senti- » ment » (1).

Le 20 Messidor (8 Juillet), les 3000 élèves furent réunis dans le camp des Sablons dont l'enceinte était fermée par des palissades et des chevaux de frise ; ils devaient y vivre sous la tente et dans une réclusion presque perpétuelle. En attendant que leurs habillements fussent confectionnés d'après le modèle imaginé par David (2), les *Jeunes Décius* portaient une

---

» à la débauche. Oui, leur horreur pour la royauté sera portée à » un tel point qu'ils n'approcheront jamais des vices qui la carac-. » térisaient. Il suffira pour les empêcher de faire une action in- » juste de leur dire : Un roi en aurait fait autant. » (On applaudit).

(1) *Société des amis de l'Egalité et de la Liberté, séant aux ci-devant Jacobins de Paris.—Séance* du 16 Messidor (4 Juillet).

(2) Tunique à la polonaise, garnie, au lieu d'épaulettes, de *nids d'hirondelle* en buffle, ornée de trois brandebourgs sur la poitrine et fixée par trois boutons ronds à la hussarde. —Gilet en châle. — Espèce de fichu en laine rouge formant cravate, laissant nu le devant du col et se prolongeant jusqu'à la ceinture. — Pantalon collant garni de peau entre les cuisses et les jambes, recouvert par une demi-guêtre en toile noire. — Espèce de shako à plumes.

Pour les élèves à pied, épée à la romaine avec fourreau rouge

blouse blanche et un bonnet de police. Deux représentants du peuple, Lebas et Peyssard, furent chargés de la direction générale de l'Ecole, le commandant général était Labretèche (1), les nominations des instructeurs, choisis parmi les prétendus militaires qui traînaient leurs sabres dans le Club des Jacobins, prouvent, comme celles de Lebas et de Labretèche, que l'influence de Robespierre y présida.

---

garni de cuivre et baudrier en cuir noir rehaussé de cuivre figurant des attributs révolutionnaires. — Pour les cavaliers, sabre des chasseurs à cheval. — Giberne à la corse en toile figurant la peau de tigre. — Pique.

Les étoffes de l'habillement ayant été fournies par le système des réquisitions, ou plutôt main-basse ayant été faite chez les drapiers et aux halles pour cette fourniture, l'École de Mars, pour la variété des nuances et de la qualité des étoffes, présentait l'image d'une armée Turque. — *Dictionnaire de l'armée de terre,* par le général Bardin.

(1) Labretèche, né à Sedan en 1764, volontaire de la marine à quinze ans. Il y obtint le grade de sous-lieutenant en 1781, et fit en cette qualité la guerre de l'Indépendance en Amérique. Revenu en France, il entra dans la compagnie Ecossaise des gendarmes de Lunéville. Il fut nommé lieutenant vers le commencement de la Révolution Française et, peu après, capitaine dans la Gendarmerie nationale. Il donna les preuves de la plus grande bravoure à la bataille de Jemmapes, où il sauva la vie à Beurnonville entouré de plusieurs dragons ennemis. Beurnonville, devenu ministre de la guerre, le présenta à la Convention, lui fit décerner une couronne de chêne et un sabre d'honneur (4 Mars 1793), et le nomma colonel de cavalerie. — *Biographie universelle des Contemporains.*

Chaque matin, une pièce de canon donnait le signal du réveil; la prière consistait en un hymne adressé à l'Être suprême (1); la journée se passait en exercices militaires qu'interrompaient des exhortations républicaines faites par Robespierre, Lebas ou Peyssard dans la baraque qui servait de salle d'études; on y avait érigé une statue colossale de la Liberté. Les exemples le plus fréquemment proposés à ces jeunes enthousiastes étaient ceux de deux enfants, Barra et Viala, dont les noms ont été immortalisés par le *Chant du départ*, et en l'honneur desquels une fête nationale avait été décrétée; elle devait avoir lieu le 10 Thermidor (28 Juillet) (2).

---

(1) Mis en musique par Méhul :

Père de l'univers, suprême intelligence, etc.

(2) Barra était un enfant de 13 ans qui suivait le général Desmarres, commandant d'une division en Vendée. Il était très-courageux et envoyait le peu d'argent qu'il gagnait à sa mère, pauvre veuve habitant Palaiseau. Dans les péripéties d'un engagement du côté de Chollet (17 Frimaire-7 Décembre 1793), Barra à pied tenait son cheval et un de ceux du général par la bride, lorsqu'il fut entouré par plusieurs cavaliers Vendéens qui voulurent prendre les deux montures. L'intrépide enfant refusa de les livrer et fut tué immédiatement.

Robespierre qui ne louait jamais aucun fait militaire, crut pouvoir faire sans inconvénient l'éloge de la bravoure d'un enfant; il transforma Barra en héros, le représenta comme ayant été tué pour s'être obstiné à crier *Vive la République* quand on le sommait de crier *Vive le Roi*, fit décider qu'une fête nationale

Tout concourait d'ailleurs à exalter le courage de ces jeunes gens; chaque jour Barère, dans ses *Carmagnoles* (il appelait ainsi ses discours), énumérait à la tribune de l'Assemblée les succès des armées et les pertes subies par l'Ennemi en hommes, canons et approvisionnements de toutes sortes. Le 24 Messidor (12 Juillet), il annonça

---

serait célébrée en son honneur, qu'on lui décernerait les honneurs du Panthéon, etc. (8 Nivôse-28 Décembre 1793).

Lorsque la formation de l'*École de Mars* fut en question, Robespierre voulut lui préparer un second exemple à suivre, en dotant aussi le Midi d'un jeune héros; dans ce but, il exploita la mort d'un autre enfant de treize ans. Agricole Viala avait été tué en juillet 1793, lorsqu'un parti d'insurgés Marseillais avait échangé quelques coups de fusil avec des patriotes Avignonnais, avant de traverser la Durance. La véritable cause de sa mort fut, dit-on, une polissonnerie, traditionnelle parmi les loustics militaires, qui consiste à narguer l'ennemi en lui montrant à découvert autre chose que la figure. Quoiqu'il en soit, dans le discours qui aboutit au décret relatif à la fête de l'Être Suprême (18 Floréal-7 Mai), Robespierre dépeignit à la Convention le jeune Viala, armé d'une hache, s'élançant intrépidement sous le feu de la mousqueterie pour couper le cable d'un bac qui allait servir au passage des insurgés, et mourant victime de son dévouement avant d'avoir accompli sa généreuse action.

Dès lors, les noms de Barra et de Viala devinrent inséparables; la fête en leur honneur fixée d'abord au 30 Prairial (18 Juin), fut reculée jusqu'au 30 Messidor (18 Juillet), pour que les Élèves de l'École de Mars pussent y asssister. Elle fut encore ajournée au 10 Thermidor (28 Juillet) et, par suite, n'eut jamais lieu.

Le 28 Pluviôse an III (16 Février 1795), la Convention reçut une protestation, appuyée d'une foule de signatures d'habitants d'Avignon, qui démentait formellement le haut fait prêté à Agricole Viala.

que les armées du Nord et de Sambre-et-Meuse avaient opéré leur jonction à Ath, et étaient entrées dans Bruxelles. De cette ville, les 150,000 républicains ainsi réunis pouvaient fondre sur les Coalisés dont les communications étaient interceptées, et qui cherchaient à regagner, les uns la mer et les autres le Rhin. Barère profita de l'impression causée par cette nouvelle pour demander la prorogation des pouvoirs du Comité ; l'Assemblée l'accorda avec l'enthousiasme dont elle voilait alors ses craintes et sa haine.

Cependant, Landrecies fut investi le 15 Messidor (3 Juillet) par 15,000 hommes, commandés d'abord par le général Jacob et ensuite par Schérer(1). Le

---

(1) Schérer, né en 1735 (1747?) à Delle (Haut-Rhin) où son père était boucher, reçut une éducation au-dessus de son état ; il s'enfuit de la maison paternelle et s'engagea au service de l'Autriche. En garnison à Mantoue, il déserta et vint à Paris près de son frère, alors maître d'hôtel du duc de Richelieu ; là, il mena une vie très-dissipée. Favorisé néanmoins par un extérieur avantageux et par son esprit d'intrigue, il obtint le grade de major dans la Légion de Maillebois, destinée au service de la Hollande. Ce corps ayant été licencié, Schérer revint à Paris et, dès que la guerre fut déclarée (1792), il se fit nommer aide-de-camp du général Desprez-Crassier, son ancien camarade dans la Légion Maillebois. Il continua de servir après l'arrestation de ce général, fut successivement aide-de-camp des généraux Eikmeier et Beauharnais, et fit toute la campagne de 1793. Vers la fin de cette année, il

siége fut encore dirigé par Marescot. Il s'agissait d'étonner la garnison par la rapidité des opérations; on supprima l'établissement de la première parallèle; la tranchée, pour la seconde, fut ouverte dans la nuit du 22 au 23 Messidor (10 au 11 Juillet), à 150 toises du chemin couvert. Cinq jours après, les batteries des assaillants étaient en état d'imposer au canon des assiégés; la ville fut alors sommée conformément au décret du 16 Messidor et, le lendemain 29, à deux heures du matin, la garnison (1,500 hommes), se rendit à discrétion ; la place n'était nullement endommagée. L'armée assiégeante investit aussitôt le Quesnoy. (1er Thermidor-19 Juillet).

En même temps, l'armée en Belgique occupa Louvain et Malines; Namur et sa citadelle, abandonnés par l'Ennemi, furent pris sans qu'on eût même procédé à l'investissement (29 Messidor - 17 Juillet). Dans la Flandre maritime, Nieuport assiégé par Moreau, capitula (30 Messidor 18 Juillet). Du côté du Rhin, Kayserlautern venait d'ê-

---

fut éloigné de l'armée comme aristocrate, mais il y reparut peu de temps après en qualité d'adjudant-général, puis de général de brigade, puis encore renvoyé comme suspect à vingt lieues des frontières. Mais triomphant de tous ces obstacles, il parvint au grade de général de division. — *Biographie universelle.*

tre évacué par l'Étranger. Enfin, l'armée d'Italie avait repoussé une attaque des Piémontais.

Ces succès multipliés suivis de décrets par lesquels la Convention déclarait sans cesse que les armées avaient bien mérité de la Patrie, accroissaient pour Robespierre l'appréhension de voir surgir inopinément quelque suprématie militaire ; son séide, Saint-Just, bien qu'il eût contribué pour sa part à ce faisceau de gloire, se plaignit au Comité de l'éclat retentissant qu'on y attachait, et demanda que Barère ne fît plus tant *mousser* les victoires (1) : c'était vouloir qu'un gouvernement amoindrît lui-même sa propre illustration.

La jalousie et le mauvais vouloir ainsi manifestés par le Triumvirat envers le Comité de salut public, ne pouvaient plus augmenter leur secrète mésintelligence. Des essais de rapprochement avaient été tentés ; mais le seul moyen possible de réconciliation eût été de plier sous la volonté de Robespierre, et de lui abandonner les têtes des députés qui lui portaient ombrage ; or, d'après le funeste effet produit par la mort de Danton, le Comité avait décidé qu'il s'opposerait à toute

---

(1) *Mémoires* de Barère.

nouvelle accusation intentée contre un représentant du peuple ; en outre, plusieurs membres des deux Comités se savaient menacés : dans le gouvernement comme à la Convention, la raison politique et l'amour de la vie opposaient d'invincibles obstacles à la volonté du dictateur.

Ce dernier n'apparaissait plus qu'au Club des Jacobins où ses déclamations se ressentaient des incertitudes de la position difficile qu'il s'était créée. Il y accusait les *indulgents* qui, disait-il, conspiraient la perte de la liberté. Il niait que la loi du 22 Prairial eut été dirigée principalement contre certains conventionnels; il avouait néanmoins que l'Assemblée avait besoin d'une légère épuration, et il se livrait à des allusions assez peu voilées contre le Comité de salut public. S'apitoyant sur ses prétendus malheurs qu'il identifiait avec ceux de la Nation, il déplorait les accusations auxquelles il était en butte et les périls qui le menaçaient ; il parlait de poignards aiguisés contre lui, de l'approche de son dernier jour, du bonheur de mourir pour la Patrie, etc. Les Jacobins attendris, s'indignaient du peu de patriotisme des conventionnels qui s'obstinaient à ne pas vouloir simplifier la situation en consentant à se laisser guillotiner.

Malgré la retraite apparente de Robespierre, Saint-Just et Couthon surveillaient le Comité de salut public pour son compte; David et Lebas agissaient de même à l'égard du Comité de sûreté générale. Par le bureau de police que le dictateur dirigeait avec Saint-Just, il faisait espionner assidûment Tallien, Bourdon (de l'Oise) et les autres représentants qui avaient découvert ses projets homicides à leur égard. Il avait conservé la signature des actes du gouvernement, mais il ne l'apposait pas sur les ordres relatifs aux opérations militaires ou aux exécutions, se réservant toujours la possibilité de rejeter sur ses collègues la faute d'une défaite et l'odieux des supplices.

Les membres du Comité de salut public répondaient à cette perfidie par une autre non moins horrible. Profitant de ce que le système infernal qui régissait alors les exécutions (1) ne permettait d'en attribuer la responsabilité spéciale à personne, ils sanctionnaient par leurs signatures les assassinats du tribunal révolutionnaire; ils

---

(1) Une commission populaire de cinq membres, séant au Louvre, chargée de faire un triage parmi les détenus, dressait les

faisaient ainsi une terrible guerre à l'auteur de la loi du 22 Prairial, leur ennemi mortel, auquel les masses imputaient tout ce sang versé. Les acquittements atteignaient parfois un chiffre notable (1); mais il disparaissait devant la quantité des

---

listes de mort et les envoyait au Comité de sûreté générale; elle appréciait d'autant plus largement que ce Comité et le Tribunal révolutionnaire devaient décider après elle; le Comité de sûreté générale signait en se basant sur ce que la Commission avait examiné et que le Tribunal devait juger. Ce dernier, enfin, condamnait en admettant que les *suspects*, qui avaient été reconnus coupables par la Commission et le Comité de sûreté générale, ne pouvaient être innocents. Après la condamnation, le Comité de salut public signait la liste d'exécution.

(1)   Condamnés.   Acquittés.
22 Messidor (10 juillet) 44 11
23 —   (11 —) 6 17
24 —   (12 —) 28 16
25 —   (13 —) 38 9
26 —   (14 —) Pas d'exécutions; fête anniversaire de la prise de la Bastille.
27 —   (15 —) 30 15
28 —   (16 —) 31 12
29 —   (17 —) 40 11
30 —   (18 —) Décadi, pas d'exécutions.
1ᵉʳ Therm. (19 —) 29 5
2 —   (20 —) 14 29
3 —   (21 —) 28 15
4 —   (22 —) 46 7
5 —   (23 —) .... 54 .... 15 (sursis: femme
6 —   (24 —) .... 36 .... 1) enceinte.
7 —   (25 —) 38 7
8 —   (26 —) 53 2
9 —   (27 —) .... 45 .... 2 — *Monit. univ.*

Du 10 mars 1793, jour où fut décrété le tribunal révolution-

coupables; la plupart de ces derniers ayant été incarcérés sans motifs, on les envoyait à la mort sous prétexte de conspirations fomentées dans les prisons.

Cependant, le faubourg Antoine se plaignait de ce qu'on l'avait doté de la guillotine pour en débarrasser un quartier plus aristocratique. Les réclamations, faites autrefois par les habitants voisins des cimetières de la Madeleine et de Mousseaux, se reproduisaient pour le cimetière Marguerite; des appréhensions de peste et de contagion circulaient parmi la population terrifiée. La République était sur le point de ne plus savoir où elle pourrait frapper ses victimes et enterrer leurs cadavres; il était évident que d'une manière ou d'une autre, il fallait un prochain dénouement : chaque parti se préparait à la lutte suprême.

Les forces de Robespierre étaient considérables ; dans les deux Comités, il avait pour lui Saint-Just, Couthon, David et Lebas. Il

---

naire, au 10 Juin 1794 (22 Prairial an II), c'est-à-dire en quinze mois, le nombre des suppliciés à Paris, fut de 1270 ; environ 3 par jour en moyenne.

Du 22 Prairial (10 Juin 1794) au 10 Thermidor (28 Juillet), il fut de 1345 ; 23 par jour en moyenne.

avait fait revenir son frère de l'armée d'Italie (1). Il était maître de la Commune par Fleuriot et Payan, le maire et l'agent national. Dumas et Coffinhal, président et vice-président du tribunal révolutionnaire lui étaient devoués. Hanriot, sa créature, était à la tête de toute la force armée, en qualité de chef de la Garde nationale et de commandant de la 17ᵉ division militaire (2). Labretèche et Lebas l'assuraient du concours de l'École de Mars. Sa police particulière était aux ordres d'un misérable, Héron, qu'il avait plusieurs fois défendu devant la Convention ou les Comités. Enfin, il était tout puissant au Club des Jacobins. Sûrs du succès, ses partisans les plus hardis, Saint-Just, Coffinhal, etc. le pressaient de prévenir ses ennemis par un coup d'audace ; mais son irrésolution et son étrange prétention au respect de la légalité, le portaient à ajourner toute violente tentative, du moins jusqu'au moment où il croirait avoir épuisé les moyens qui jusqu'alors l'avaient fait réussir.

---

(1) Lorsque Robespierre jeune reçut en Italie l'ordre de son rappel, il insista beaucoup auprès du général Bonaparte, avec lequel il était très-lié, pour le ramener avec lui à Paris.

(2) La force militaire à Paris comprenait alors la Gendarmerie, la Garde nationale, les Canonniers des Sections et les Grenadiers-gendarmes de la Convention.

Les Comités, au contraire, n'avaient pour appuis que les Montagnards. Ces derniers cherchaient alors à s'entendre avec leurs collègues, les Modérés, et à les faire entrer dans la ligue contre l'ennemi commun ; mais jusque là, les anciens ressentiments et la crainte qu'inspirait Robespierre, s'étaient opposés à ce que ces tentatives fûssent suivies de résultats.

Surexcités par l'idée d'une collision prochaine (1), Hanriot, ses aides-de-camp et ses acolytes galopaient dans Paris comme dans une ville conquise. Pour approvisionner leur parti de munitions, l'un d'eux, sous prétexte qu'il ne fallait pas dégarnir la capitale, fit arrêter à la barrière Denis un chargement de poudre venant de Grenelle et partant pour l'armée du Nord. Les plaintes les plus vives furent portées au Comité de salut public par Carnot et

---

(1) Le 15 Messidor (3 Juillet), Hanriot écrivait à Fleuriot :
« Camarade, tu seras content de moi et de la manière dont je
» m'y prendrai ; va, les hommes qui aiment la patrie s'entendent
» facilement pour faire tourner tous leurs pas au profit de la
» chose publique. Amitié et fraternité.
« Ton frère, le général Hanriot.
P.S. « J'aurais voulu et je voudrais que le secret de l'opé-
» ration fût dans nos deux têtes, les méchants n'en sauraient rien.
» Salut et fraternité. »

Prieur (de la Côte-d'Or). On décida qu'à l'avenir tout convoi de poudre de guerre serait escorté d'un nombre suffisant de gendarmes (15 Messidor-3 Juillet); mais, dans le but de voiler encore leurs profondes dissidences, les gouvernants feignirent d'attribuer cette tentative à une méprise ou à quelque complot réactionnaire.

Néanmoins, le Comité de salut public parvint à diminuer de moitié la force dont Hanriot pouvait tirer le parti le plus dangereux : les quarante-huit compagnies de canonniers Parisiens. Un décret du 1er Mai 1793 mettait sans exception toute l'artillerie de la République à la disposition du gouvernement; le Comité fit, en conséquence, partir pour les armées le personnel de vingt-trois de ces compagnies (1). Les pièces d'artillerie restées ainsi sans possesseurs furent livrées à l'École de Mars qui devait les employer à ses exercices d'instruction; c'était un moyen de réfuter les insinuations traîtreusement prodiguées à ces jeunes gens au sujet de la méfiance qu'ils inspiraient

---

(1) *Extrait de la requête de L. A. Pille, commissaire de l'organisation et du mouvement des armées de terre à ses dénonciateurs.* — Moniteur universel du 17 Thermidor (4 Août).

au Comité ; il était sans danger puisque l'École n'avait pas de munitions.

On atteignit ainsi le 3 Thermidor (21 Juillet) qui peut être considéré comme le premier jour de la lutte. Suivant son thème ordinaire, Robespierre représenta aux Jacobins les prétendues vexations qu'éprouvaient les patriotes; il affirma que quelques scélérats déshonoraient la Convention qui, ajouta-t-il, ne se laisserait pas sans doute opprimer par eux; il exagéra son découragement et ses craintes, attendrit les Jacobins sur ses malheurs *qui étaient ceux de la République*, et conclut en les engageant à *porter leurs réflexions* à l'Assemblée. Tels avaient été les préludes de l'insurrection du 31 Mai contre la Représentation nationale.

Couthon, plus précis, se plaignit ensuite de ce qu'on avait éloigné de Paris des canonniers et livré leurs pièces à l'École de Mars : Sijas, un des anciens adjoints de Bouchotte qui faisait encore partie de l'administration de la guerre, porta contre son chef Pille, commissaire des mouvements des armées, l'étrange accusation de cacher obstinément le secret des mouvements militaires à ses premiers employés. C'était une dénonciation indirecte contre Carnot.

Barère répondit à ces attaques devant la Convention. Il affirma l'existence de nombreux complots, feignit de les attribuer aux contre-révolutionnaires, et cita, entre autres preuves, la tentative d'arrêter un convoi de poudre à une barrière de Paris. Il termina en assurant que la bonne entente du gouvernement saurait déjouer toutes ces manœuvres. En s'accusant ainsi à mots couverts, les chefs des deux partis opposés n'avaient pas encore perdu tout espoir de réconciliation ; effectivement, les membres du Comité de salut public sommèrent Robespierre de revenir parmi eux (4 Thermidor-22 Juillet) (1).

Il reparut, dans la soirée du lendemain, devant les membres des deux Comités réunis : c'était la première fois depuis quarante jours. Il formula diverses accusations contre Carnot. La première concernait une opération ordonnée après la bataille de Fleurus et qui, ayant été reconnu dangereuse par tous les généraux, n'avait pas été exécutée (2) ; une autre était qu'après la prise de Nieuport, contrairement au décret qui défendait de faire au-

---

(1) *Défense de Barère*. — Séance de la Convention du 7 Germinal an III (27 Mars 1795).

(2) Après la bataille de Fleurus « . ... on avait persuadé à » Carnot de porter l'amiral Venstabel avec des troupes de débar-

cun prisonnier Anglais, on n'avait pas massacré la garnison (1).

Insistant sur ce dernier fait, il en conclut qu'on se relâche et qu'on ménage l'Angleterre; il s'attendrit sur les victimes des rois et pleure sur le salut de la République. Ses collègues lui reprochent alors la longue absence par laquelle il a affecté de désapprouver leurs actes et de leur refuser son concours. Tous les acteurs de cette scène ont la conviction que leurs discordes seront

---

« quement dans l'île de Walcheren, pour soulever la Hollande.
» Afin de favoriser ce projet, Carnot prescrivit à l'armée de Pi-
» chegru de filer le long de l'Océan, et de s'emparer de tous les
» ports de la West-Flandre; il ordonna de plus à Jourdan de dé-
» tacher seize mille hommes de son armée pour les porter vers la
» mer. Ce dernier ordre surtout était des plus mal conçus et des
» plus dangereux........ et il ne fut pas exécuté....... » — *Histoire de la Révolution Française* par M. A. Thiers.

(1) *Rapport de Carnot sur la reprise de Landrecies, Valenciennes, Le Quesnoy et Condé.* — Séance de la Convention du 1er Vendémiaire an III (22 Septembre 1794).

« .... A-t-on, dit Robespierre, massacré la garnison. —
« On a tué, répondit-on, tous les émigrés; le reste est prisonnier;
» on ne pouvait passer la garnison au fil de l'épée sans emporter la
» place d'assaut, ce qui nous aurait coûté six mille hommes. —
» Eh! qu'importent six mille hommes, dit Robespierre, lorsqu'il
» s'agit d'un principe? Je regarde, moi, la prise de Nieuport
» comme un grand malheur.

» Or, qu'était cet homme à principes? Celui qui n'en connaissait
» aucun; celui qui entrait en fureur quand on opposait les lois à
» ses volontés; celui pour qui la prospérité de nos armes était une
» torture continuelle, chaque succès un coup de poignard, etc. »

fatales au *gouvernement révolutionnaire*; tous désirent qu'une réconciliation mette fin à la crise qui prépare une lutte désespérée; mais le conflit est rendu inévitable par les prétentions exclusives de Robespierre; il veut le pouvoir absolu ; Saint-Just fait même la proposition de le lui décerner. Infâme pour les uns, ridicule pour les autres, cette motion est repoussée avec une unanimité qui constitue une déclaration de guerre à mort entre les deux partis.

Le lendemain (6 Thermidor-24 Juillet), Couthon engage les Jacobins à présenter à la Convention la pétition dont Robespierre leur a parlé trois jours auparavant. Elle y est écoutée dans un morne silence (7 Thermidor-25 juillet); sans conclusion précise, son idée générale, voilée par la forme et par les expressions, constitue une menace pour l'Assemblée si elle ne se conforme pas aux volontés de Robespierre. On n'y fait aucune réponse. Chacun comprend que le moment décisif approche, mais la puissance du dictateur oblige ses adversaires à une prudente temporisation : « Ne » devrions-nous pas démasquer Robespierre ? » dit, ce même jour, Legendre à Carnot. « Le moment « viendra, » répond le membre du Comité; « mais » ne fais pas d'imprudence ; tu monterais à l'é-

» chafaud et tu l'enverrais au Panthéon » (1).

Par suite, la plus grande froideur accueille l'*Incorruptible*, lorsqu'il vient lire à la tribune de la Convention (8 Thermidor-26 Juillet), un volumineux discours sur l'effet duquel il compte pour triompher. Dans une suite de déclamations diffuses et subtiles, il accuse le système financier, parle dédaigneusement des victoires décrites avec une *légèreté académique*, prétend que l'aristocratie militaire est protégée et que les généraux fidèles sont persécutés. A l'entendre, l'administration militaire s'enveloppe d'une autorité suspecte ; les Comités sont livrés aux intrigues et une conspiration criminelle s'ourdit au sein même de la Convention ; dans tout ce qui existe, il n'y a de bien que le *gouvernement révolutionnaire*, mais seulement en principe, car son exécution est tronquée ou dépravée. En somme, la pensée de l'orateur, continuellement enveloppée de réticences, répand sur l'ensemble une teinte sombre et menaçante : on comprend que s'il se plaint du système des exécutions, c'est qu'il n'en a plus le monopole, et qu'à la terreur présente, il voudrait en substituer une autre à son profit.

---

(1) *Discours de Legendre*. — *Séance de la Convention* du 9 Prairial an III (28 Mai 1795).

Il achève ce volumineux fatras comme il l'a commencé, c'est-à-dire devant un auditoire silencieux et glacé. Tous les visages sont devenus impénétrables; pourtant, une rumeur sourde se manifeste peu à peu, et la discussion s'engage sur la question de savoir si le discours sera imprimé, ce qui constitue une première approbation de l'Assemblée, ou s'il sera renvoyé aux Comités. Robespierre s'indigne de ce qu'on veuille soumettre ses paroles à l'examen de ses ennemis. « Nommez-les! » lui crie-t-on de tous côtés. Dans ce débat orageux, Vadier, Cambon, Billaud-Varennes et Amar attaquent ouvertement le tyran qui, peu habitué à tant de résistance, divague et balbutie. Il est décidé que le discours sera renvoyé aux Comités et la séance se termine par l'annonce d'une heureuse nouvelle : les Républicains ont occupé la ville et la citadelle d'Anvers.

Déconcerté de son échec devant la Convention, Robespierre court au Club des Jacobins où des manifestations empressées le relèvent de sa surprise et de son abattement. Il relit son discours au milieu des plus vifs applaudissements, et ses partisans les plus dévoués le pressent d'agir vigoureusement. Pour augmenter encore leur enthousiasme, il exagère son découragement; il leur dit que ce discours est son testament, qu'il succombera sans regrets et qu'il leur laisse le soin de défendre sa mémoire. Néanmoins, il les encourage dans leurs projets d'insurrection (1). Couthon propose alors d'expulser des Jacobins ceux des Conventionnels qui, le matin, ont émis un vote contraire à Robespierre; Collot d'Herbois veut présenter quelques observations; il est hué et maltraité : échappé avec peine aux couteaux levés contre lui, il court au Comité de salut public.

Saint-Just s'y était installé pour surveiller ses collègues ; il écrivait en discutant avec Billaud-Varennes, lorsque la porte s'ouvre avec fracas et donne passage à Collot : « Qu'y a-t-il » de nouveau aux Jacobins? » lui dit l'impassible Saint-Just. « Tu me le demandes! » lui répond son collègue en se précipitant sur lui ; les autres

---

(1) « Eh bien, » reprend Robespierre, « si le saint amour de » la patrie vous entraîne, si vos bras s'arment demain pour ma » cause, qui est la cause du peuple et de la liberté, séparez du » moins les méchants des hommes faibles. Délivrez la Conven- » tion des scélérats qui l'oppriment ; rendez-lui le service qu'elle » attend de vous, comme au 30 Mai et au 2 Juin. Et, si malgré tous » nos efforts, il faut succomber, eh bien ! mes amis, vous me ver- » rez boire la ciguë avec calme ! » — *Histoire générale de la Révolution Française*, par L. Vivien.

membres s'interposent pour empêcher une scène de pugilat entre les deux adversaires. Collot accuse alors Saint-Just de préparer contre le Comité un discours qu'il doit prononcer le lendemain à la Convention ; ce dernier avoue qu'il compte effectivement accuser plusieurs d'entre eux devant l'Assemblée, et l'altercation se prolonge fort avant dans la nuit. En même temps, de nombreux rapports apprennent que la situation marche vers son dénouement. Hanriot et Payan, dénoncés comme faisant appel aux armes, sont mandés ; le premier ne vient pas ; le second, plus hardi, se présente et trompe le Comité par des protestations mensongères.

Vers cinq heures du matin, Saint-Just qui a été à peu près gardé à vue jusque là, quitte ses ses collègues après avoir promis de leur lire, dans la matinée, le discours qu'il compte prononcer ensuite devant la Convention : il va retrouver Robespierre. Les membres du gouvernement se séparent ; ils sont convenus de demander à l'Assemblée la destitution d'Hanriot et la comparution à la barre du maire et de l'agent national.

Pendant ce temps, les Montagnards ont multiplié leurs démarches auprès des Modérés afin de les avoir pour auxiliaires ; ces derniers les ont repoussés longtemps, en les accusant d'être les premiers auteurs de cette terrible situation ; ils finissent néanmoins par se laisser persuader et promettent, à ceux qui ont été jusque là leurs ennemis politiques, de concourir activement à renverser le tyran. Ce dernier passa, dit-on, à Montmorency, cette nuit dans laquelle ses partisans et ses adversaires se préparaient également au combat.

CHAPITRE XXXIX.

JOURNÉES DU 9 ET DU 10 THERMIDOR.

(Thermidor an II. — Juillet 1794.)

Sommaire.

De midi à 6 heures. — Séance de l'Assemblée nationale. — Décret qui supprime dans la Garde nationale tout grade supérieur à celui de Chef de légion et attribue le commandement en chef à chacun de ces derniers tour à tour. — Mise en arrestation de Robespierre, Saint-Just, etc.
Attitude insurrectionnelle prise par la Commune. — Courses désordonnées d'Hanriot. — Révolte déclarée contre la Convention. — Ordre donné à la force armée de se rendre sur la place de l'Hôtel de ville. — Hanriot, allant délivrer Robespierre au Comité de sûreté générale, est lui-même constitué prisonnier. — Arrestation du commandant de la Gendarmerie des tribunaux exécutée par ordre d'Hanriot.
De 6 heures à 9 heures. — Arrestation d'un lieutenant de la même Gendarmerie opérée à la Commune. — Suite des mesures insurrectionnelles. — Arrivée de la force armée des Sections et des canonniers Parisiens sur la place de l'Hôtel de ville. — Giot est nommé par la Commune commandant de la force armée. — Coffinhal délivre Hanriot et ses aides-de-camp. — Robespierre auquel on a refusé l'entrée de la prison du Luxembourg, va se constituer prisonnier à la Mairie où il est reçu avec acclamations.
Séance du soir de la Convention. — Mise hors la loi des offi-

ciers municipaux et d'Hanriot. — Ce dernier, pérorant sur la place du Carrousel, est abandonné par une partie des canonniers.

De 9 heures du soir à 2 heures du matin. — Suite des mesures insurrectionnelles prises à la Commune. — Arrestation d'Esnard, commandant provisoire de la Garde nationale. — Ordre du Conseil de la Commune d'aller chercher Robespierre, Couthon, etc. Ils arrivent à l'Hôtel de ville et entrent en délibération.

Barras est nommé commandant en chef de la force armée par la Convention. — Des représentants du peuple lui sont adjoints. — Mise hors la loi de Robespierre, Couthon, etc. — Des Conventionnels sont envoyés au camp des Sablons pour rallier les Élèves de l'École de Mars à l'Assemblée.

Incertitude de la population et de la Garde nationale pendant toute la journée. — Elles se décident en faveur de la Convention. — L'Assemblée engage les bons citoyens à marcher contre les rebelles.

Léonard Bourdon se dirige sur l'Hôtel de ville à la tête de la force armée de la Section des Gravilliers. — Envahissement de l'Hôtel de ville. — Mort ou capture des principaux conspirateurs. — Ivresse de la Convention.

Exécutions de Robespierre et de ses complices.

De midi à six heures. — Le 9 Thermidor, les Conventionnels se rendent au Palais national plutôt que de coutume; à onze heures et demie, ils forment des groupes dans les couloirs de la salle des délibérations et s'encouragent mutuellement; à midi, Saint-Just monte à la tribune. « Il est temps d'en finir, » s'écrie Tallien, et tous gagnent précipitamment leurs places. Robespierre occupe un siége au-dessous de l'orateur, sans doute pour intimider par ses regards les auteurs de la rébellion fomentée contre lui. Saint-Just prend la parole ; son intention est de dissiper le vague et la crainte qu'ont imprimés dans tous les esprits les réticences du discours prononcé la veille par Robespierre ; il compte citer les noms de ceux que poursuit le Triumvirat; alors, la majorité des Conventionnels rassurés pour eux-mêmes, se hâteront sans doute de revenir à l'obéissance accoutumée en abandonnant à leur sort ceux qui auront été ainsi désignés. Mais ce plan est connu ; et les Députés compromis savent qu'ils n'ont d'autre alternative que la victoire ou l'échafaud ; aussi Tallien, le plus déterminé d'entre eux, interrompt-il Saint-Just presqu'immédiatement : « Hier, un mem- » bre du gouvernement s'en est isolé; un au- » tre fait de même aujourd'hui ; une telle situa- » tion ne peut durer ; je demande que le voile soit » entièrement déchiré. » Un tonnerre d'applaudissements accueille ce signal de l'attaque; Billaud-Varennes, s'élance à la tribune et accuse Saint-Just avec vivacité; Lebas se lève de la place qu'il occupe auprès de Robespierre et demande la parole ; elle lui est refusée ; il insiste ; des cris multipliés « à l'Abbaye ! » le forcent au silence. Billaud-Varennes continue à dépeindre la tyrannie de Robespierre et sa haine pour les membres de l'Assemblée ; il l'accuse d'avoir, à l'insu de ses collègues du Comité, fait rendre la loi meurtrière du 22 Prairial dans le but de décimer à son gré la Convention.

Robespierre, qui a affecté le calme jusque là, se précipite vers la tribune : « A bas le tyran ! » s'écrie-t-on de toutes parts. Tallien brandit un poignard « pour percer le sein du nouveau Cromwell
» si la Convention n'a pas le courage de le décré-
» ter d'accusation. » Il demande que « l'Assemblée
» se constitue en permanence jusqu'à ce que le
» glaive de la loi ait assuré le triomphe de la Ré-
» volution, en punissant les conspirateurs. » Les applaudissements de tous lui répondent ; on nomme successivement ces conspirateurs qui sont décrétés d'arrestation ; ce sont Hanriot et son état-major, Boulanger, général de l'*ex-armée révolutionnaire*, Dumas, président du tribunal révolutionnaire, etc. Pendant que ces décisions sont prises par acclamations contre ses créatures, les tentatives de Robespierre pour obtenir la parole sont sans cesse étouffées par les cris : « A bas le
» tyran ! »

La tempête s'apaise momentanément à la voix de Barère qui vient débiter un long discours au nom des Comités de salut public et de sûreté gé-

nérale ; il rappelle leurs services et affirme qu'ils sauront répondre aux inculpations formulées la veille par Robespierre (1). « Pour le
» moment, » ajoute Barère, « ils ont examiné les
» mesures que réclame la tranquillité publique
» dans les circonstances où des passions person-
» nelles les ont jetés ; ils se sont demandé pour-
» quoi il existait encore à Paris un régime mili-
» taire, semblable à celui qui existait du temps
» des rois ; pourquoi tous ces commandements
» perpétuels, avec état-major, d'une armée im-
» mense. Le régime populaire de la Garde natio-
» nale avait établi des Chefs de Légion comman-
» dant chacun à son tour. Les Comités ont pensé
» qu'il fallait restituer à la Garde nationale son
» organisation démocratique : en conséquence, ils
» proposent de décréter la suppression du com-
» mandant général et le commandement alterna-
» tif de chacun des Chefs de Légion. »

---

(1) L'interruption, apportée par Barère à une crise aussi émouvante, s'explique par une appréhension des Comités ; ils craignaient que la Convention, entraînée par sa propre impulsion, consommât la ruine du *gouvernement révolutionnaire* en même temps que la chute de Robespierre. La proposition de donner le commandement de la force armée aux six chefs de Légion alternativement, écartait la possibilité d'une dictature militaire qui, bien que momentanée, eût mis immédiatement fin au pouvoir des Comités.

D'après cette proposition, la Convention rend le décret suivant :

« Tous grades supérieurs à celui de Chef de Lé-
» gion sont supprimés.

» La Garde nationale reprendra sa première
» organisation ; en conséquence, chaque Chef de
» Légion commandera à son tour.

» Le Maire de Paris, l'Agent national et celui
» qui sera en tour de commander la Garde natio-
» nale, veilleront à la sûreté de la Représentation
» du pays ; ils répondront sur leurs têtes de
» tous les troubles qui pourraient survenir à
» Paris. »

Cette mesure, favorable à la politique des Comités, divisait et affaiblissait le pouvoir militaire, au moment où il eût été indispensable de le concentrer dans une main ferme et dévouée à l'Assemblée ; elle commença la série de fautes et de maladresses que la Convention et la Commune commirent, au point de vue de l'action, dans tout le cours de cette fameuse journée.

La discussion est reprise par Vadier, membre du Comité de sûreté générale, qui se livre à des considérations trop verbeuses pour un moment décisif ; Tallien propose de ramener la question sur son véritable terrain. « Je saurai bien l'y ramener, » s'écrie Robespierre en s'élançant encore à la tribune ; mais la parole est donnée à Tallien qui l'accuse de tyrannie ainsi que de lâcheté, et lui reproche d'avoir fait incarcérer des patriotes....... Robespierre l'interrompt par un violent démenti ; d'unanimes imprécations lui répondent ; elles étouffent même le bruit de la sonnette du président, et le tumulte devient tel, que ce dernier se couvre.

Lorsque le silence est un peu rétabli, Robespierre, qui n'a pas quitté la tribune, s'adresse aux membres du côté droit en les qualifiant d'hommes probes et vertueux ; mais ses yeux ne rencontrent que des regards glacés ou menaçants ; dès qu'il ouvre la bouche, mille cris l'empêchent de se faire entendre. Saisi d'un transport de rage : « Pour la dernière fois, président d'as- » sassins, je te demande la parole ! » Thuriot, qui vient de remplacer Collot d'Herbois au fauteuil, ne lui répond qu'en ajoutant sans relâche le bruit de la sonnette au tumulte général ; alors, Robespierre vomit contre lui, contre ses collègues et contre le public des tribunes, des invectives que nul ne peut entendre ; il descend de la tribune, y remonte, en redescend encore et s'avance pour

parler aux Montagnards : « Le sang de Danton t'é-
» touffe » lui crie-t-on. Il se réfugie du côté op-
« posé : Va-t-en, » s'écrient les Modérés, « c'est
» la place de Vergniaud. » Robespierre jeune et
Lebas mêlent en vain leurs efforts à ceux du
misérable que repoussent tous les partis ; Couthon reste accablé sur son banc ; Saint-Just demeure impassible.

Enfin une voix se fait entendre : « L'arres-
» tation de Robespierre ! » Cette proposition est
suivie d'un moment de silence dû à la terreur
qu'inspire encore ce nom redoutable ; mais un
cri unanime d'approbation lui succède ; Robespierre jeune demande à partager le sort de son
frère ; on décrète aussi l'arrestation de Saint-
Just, Couthon et Lebas. Malgré leur résistance,
ils sont entraînés à la barre et conduits au
Comité de sûreté générale pour y être interro-
gés. Collot d'Herbois énumère encore différents
faits à leur charge ; il est cinq heures et demie ;
les Conventionnels fatigués suspendent leur
séance jusqu'à sept heures.

Ce délai eût causé leur perte sans la surpre-
nante ineptie de leurs adversaires.

Le maire Fleuriot, l'agent national Payan et

leurs principaux acolytes se sont réunis vers midi à l'Hôtel de ville, espérant que l'Assemblée reviendrait à sa soumission habituelle envers Robespierre ; mais prêts à tout oser dans le cas contraire. Il en est de même d'Hanriot et de ses aides de camp (1). Peu après, arrive un huissier de la Convention, Courvol, porteur des premiers décrets rendus dans la matinée, entre autres de celui qui ordonne l'arrestation du commandant en chef de la Garde nationale. Ce dernier est surexcité par la boisson (2); voyant Fleuriot prêt à signer le récépissé que réclame l'huissier, il lui arrache la plume des mains et s'écrie en jurant qu'on ne donne pas de reçu dans un pareil jour. Il enjoint ensuite à quelques gendarmes de retenir prisonnier l'envoyé de la Convention (3).

---

(1) Les bureaux de l'état major de la Garde nationale étaient à l'Hôtel de ville.
(2) D'après certaines versions, Hanriot avait des habitudes d'ivrognerie. Suivant d'autres, il était habituellement fort sobre, et un seul verre d'eau de vie, pris le matin pour se préparer à l'action, avait suffi pour le plonger dans l'ivresse.
(3) *Rapport de Courvol, huissier de la Convention, au représentant du peuple Courtois.*
Nota. Cette pièce et celles qui sont citées plus bas sans indication, sont officielles et insérées à la suite du *Rapport fait par Courtois sur les événements du 9 Thermidor et prononcé la veille de l'anniversaire de la chute du tyran, l'an III.*

Puis, il monte à cheval avec quelques aides de camp et parcourt au galop différents quartiers de Paris, donnant des ordres dont la forme et la teneur se ressentent de son état d'ivresse. Devant l'église Gervais, il rencontre un gendarme des tribunaux, l'aborde le pistolet à la main et lui enjoint grossièrement d'aller dire à son commandant de réunir toute sa troupe au Palais de justice (1). L'escadron de gendarmerie à cheval, caserné au Luxembourg, reçoit l'ordre de se rendre sur la place de l'Hôtel de ville; il s'agit, lui dit-on, de faire rentrer dans le devoir les détenus

---

(1) Gendarmerie nationale près les tribunaux.
Poste du Palais.

Rapport du 9 Thermidor, l'an II de la République française, quatre heures du soir.

« Le citoyen Blanchetot, gendarme près les tribunaux, rend
» compte que passant cejourd'hui près l'arbre Gervais, il ren-
» contra le général Hanriot, courant au galop avec trois de ses
» aides de camp ; lequel l'ayant aperçu, vint sur lui le pisto-
» let à la main, et le lui appuya sur la poitrine, en le poussant et
» lui disant : Foutu gueux, cours bien vite au palais et va-t-en
» dire à ton coquin de commandant qu'il se rende sur le chmap
» au palais et qu'il y assemble promptement toute sa troupe. »

Signé : Blanchetot.

« *P.S.* Les grands mouvements que ce général paraît vou-
» loir exciter dans ces moments délicats, me font un devoir d'en
» rendre compte au Comité. »

Signé : Degesne, lieutenant de service.

de la prison de la Force qui se sont révoltés (1); Ulrick, aide-de-camp d'Hanriot, est envoyé porteur de la même injonction à la Section des Gravilliers (2). Croyant sans doute avoir assuré le succès de la journée, Hanriot renvoie Courvol à la Convention, avec cette injonction : « N'oublie pas de dire « à Robespierre qu'il soit ferme, et à tous ses collè- « gues bons députés, qu'ils n'aient point peur; que « nous n'allons pas tarder à les délivrer de tous « les f..... traîtres à la patrie, qui siégent parmi « eux (3). »

Effectivement, lorsqu'on apprend à la Commune que Robespierre, Saint-Just, etc., ont été décrétés d'arrestation, l'insurrection prend des proportions formidables. Les officiers municipaux sont convoqués au son du tambour; l'ordre est donné de fermer les barrières, de sonner le tocsin et de battre la générale. Une prise d'armes est ordonnée pour la totalité de la Garde nationale oubliée de-

---

(1) *Séance de la Convention du 16 Thermidor (3 Août).* — *Discours prononcé par l'orateur de la députation de la gendarmerie casernée au Luxembourg.*

Précis historique des événements du 9 Thermidor, par C.-A. Méda, ancien gendarme.

(2) *Procès-verbal dressé par le Comité révolutionnaire de la Section des Gravilliers.*

(3) *Rapport de Courvol au représentant Courtois,*

puis une année; elle est convoquée sur la place de l'Hôtel de ville(1) ; les commandants reçoivent l'injonction de venir prendre les ordres de la Commune et de lui prêter serment; enfin, il est expédié

---

(1) Ordres émanés de la Commune ou de l'état major général :

Au citoyen Chardin, chef de la quatrième légion, petite rue Roch, n° 9 (sans retard et très-pressé).

« Citoyen, tu feras proclamer sur le champ au son de la caisse, » dans toute l'étendue de la Légion, que les officiers municipaux « aient à se rendre sur le champ, maison commune. »

Signé : PAYAN; FLEURIOT, maire ; MOENNE.

« Tu feras sur le champ fermer toutes les barrières. »

Signé : le général HANRIOT.

Reçu à cinq heures quatre minutes.

A l'adjudant général de la première légion, rue Hautefeuille.

« D'après les ordres du conseil général de la commune, tous les adjudants généraux de toutes les sections feront sonner le tocsin ;

» Assembleront tous les citoyens dans leurs arrondissements respectifs.

» Là, ils attendront les ordres du conseil. »

Signé : le général HANRIOT.

« Le Conseil général invite les commandants de la force armée » des Sections et les autorités constituées de venir dans son sein » prêter le serment de sauver la patrie. »

Signé : LEGRAND, LOUVET.

Au citoyen Giot, adjudant général, rue Hautefeuille.

« Les adjudants généraux de la première légion se rendront sur » le champ, avec toute la force armée de la légion, place de la » maison commune.

» Ils seront tous indemnisés.

» Faire battre la générale. »

Signé : le général HANRIOT.

» P. S. Ils seront tous indemnisés. »

aux concierges des prisons la recommandation expresse de n'incarcérer ou de ne libérer aucun individu que par ordre de la Commune.

Pour mieux entraver encore l'exécution des arrestations ordonnées par l'Assemblée, Hanriot charge un adjudant-général des canonniers, Fontaine, d'aller au Palais de justice s'assurer de Dumesnil, chef de bataillon qui commande la Gendarmerie des tribunaux. Puis, il fait une nouvelle course au galop dans le faubourg Antoine, criant *aux armes*, haranguant les groupes et arrêtant les fiacres (1). Revenu de cette singulière expédition, on lui apprend à la Commune que Robespierre et ses amis ont été con-

---

Au citoyen Mathis, chef de la troisième légion, rue du Colombier, n° 17 (très-pressé).

« Tu commanderas sur le champ, citoyen, quatre cents hom-
» mes qui se rendront à l'instant place de la maison commune.»
Signé : le général HANRIOT.

Au citoyen Aimard, chef d'escadron (très-pressé).
« Toute la gendarmerie se rendra à l'instant place de la maison
» commune. »
Signé, le général HANRIOT.
» Tu t'y rendras avec ta gendarmerie. »
Etc., etc.

(1) Il est difficile de se rendre compte des motifs qui déterminent les actions d'un homme ivre; probablement ces arrestations de fiacres, signalées par le rapport de Courtois, se liaient dans la pensée d'Hanriot à l'idée de quelque représentant éminent prisonnier.

duits prisonniers au Comité de sûreté générale; dans l'intention de les délivrer, il commande à quarante gendarmes de le suivre, et part au galop dans la rue Honoré (1), brandissant son sabre, bousculant tout sur son passage et criant qu'on assassine les patriotes.

C'est le moment où la Convention vient de suspendre sa séance; deux représentants du peuple, Robin et Courtois, qui prennent à la hâte leur repas chez un traiteur, crient aux gendarmes que l'Assemblée a rendu contre leur chef un mandat d'arrestation; les passants s'ameutent contre ce forcené; Hanriot arrive ainsi sur la place du palais Égalité, poursuivi de clameurs universelles. Quelques individus sont frappés de coups de sabre par les gendarmes, arrêtés et déposés au poste du palais Égalité; en ce moment, Hanriot aperçoit Merlin (de Thionville) et le désigne à ses soldats : « Arrêtez ce coquin ; c'est un de ceux qui » persécutent les représentants fidèles. » Merlin

---

(1) Le Comité de sûreté générale siégeait dans des bâtiments qui couvraient alors la partie de la cour du château des Tuileries, la plus éloignée de la Seine. Le Comité de salut public et les Archives de l'Assemblée occupaient la moitié du palais, la plus proche de la rivière; la salle de la Convention était dans l'autre moitié.

est entouré, injurié, maltraité et mis au corps de garde (1).

Hanriot entre ensuite dans la cour du Palais national, met pied à terre ainsi que ses gendarmes, et se dirige vers le Comité de sûreté générale. En voyant un homme ivre qui s'avance en jurant à la tête d'une troupe armée, les grenadiers-gendarmes de service croisent la baïonnette ; de tous côtés, des citoyens, des gardes nationaux, des huissiers de la Convention, des représentants du peuple entourent ceux qui suivent Hanriot, leur communiquent le décret d'arrestation et les somment de les aider à le mettre à exécution. Quelques gendarmes leur prêtent main forte ; les autres laissent faire et, avant qu'ils aient eu le temps de se reconnaître, Hanriot et ses aides de camp, Ulrick, Deschamps, etc. sont entraînés au Comité de sûreté générale et garrottés.

Ceux que Hanriot voulait délivrer ne s'y trouvent plus (2); ils ont été acheminés vers

---

(1) Merlin (de Thionville) se fit reconnaître comme représentant du peuple et fut immédiatement remis en liberté.

(2) Une seule déposition est contraire à cette assertion; elle est signalée dans une note du *Rapport de Courtois*:

« Chevrillon, huissier du Comité de sûreté générale, m'a
» attesté que pendant que Hanriot était au Comité, il faisait des

différentes prisons (1); les membres du Comité sont également absents; les uns ont cru devoir se soustraire à l'attaque qui les menaçait; les autres délibèrent avec le Comité de salut public.

En ce moment arrive Robin, un des deux députés qui, dans la rue Honoré, ont tenté de faire arrêter Hanriot par ses propres gendarmes; Courtois, son collègue, a été au palais Égalité pour requérir la force armée. Robin, voyant qu'aucun membre du Comité de sûreté générale n'est à son poste, emmène Hanriot garroté, lui fait traverser la cour des Tuileries et le conduit au Comité de salut public. Billaud-Varennes et Barère semblent fort embarrassés de cette capture; ils le prient de ramener le prisonnier au Comité de sûreté générale; ils vont, disent-ils, en délibérer avec leurs collègues (2). Hanriot traverse ainsi la cour une seconde

---

» signes aux deux Robespierre; qu'alors, il crut devoir inviter
» ceux-ci à passer dans le secrétariat, ce qu'ils firent avec leurs
» gendarmes, et là ils dînèrent, et entre six et sept heures, ils
» furent conduits dans la maison de détention. »

(1) Robespierre fut envoyé à la prison du Luxembourg, son frère à Saint Lazare, Saint-Just aux Écossais, Couthon à la Bourbe et Lebas à la Conciergerie; tels furent du moins les ordres donnés.

(2) *Rapport du représentant du peuple Robin.*

« .... Instruit que le Comité de salut public était assemblé,

fois, les mains attachées derrière le dos, et en butte aux imprécations ou aux huées de la multitude. Il est réintégré au Comité de sûreté générale où le nombre des prisonniers s'est augmenté : Boulanger et un aide-de-camp, galopant dans la rue Honoré pour rejoindre le chef de la Garde nationale, ont été arrêtés par des citoyens, jetés à bas de leurs chevaux, conduits au Comité et garrottés comme leurs amis.

Pendant ce temps, l'adjudant-général Fontaine, à la tête de douze canonniers, s'est dirigé vers le

---

» j'y fis conduire Hanriot les bras attachés derrière le dos; j'y
» trouvai Billaud-Varennes, Barère et quelques autres membres.
» Je leur exposai la conduite qu'avait tenue Hanriot, et j'ajoutai
» que les membres du Comité de sûreté générale ayant abandonné
» leur poste, je leur amenais ce traître pour qu'ils prissent un
» parti digne de la circonstance, et surtout d'une exécution
» prompte. Billaud-Varennes me répondit : *Que veux tu que nous
» fassions ?* Si vous ne faites punir sur le champ ce traître, leur
» dis-je, il est possible que ce scélérat, puissamment secondé par
» ses partisans, vous égorge ce soir avec la Convention *Mais enfin,
» que veux-tu que nous fassions ?* dit Barère. *Veux-tu que l'on
» nomme une commission militaire qui le juge prévôtalement ?*
» Billaud répliqua : *Ce serait un peu rigoureux.....* Piqué de
» voir que ces messieurs ne voulaient pas se décider à user de
» mesures capables d'arrêter le mal dans sa source, je les quittai
» avec humeur, en leur disant : *A moins d'être ses complices, on ne
» se conduit pas de cette manière.* Barère courut après moi jusque
» sur l'escalier et me dit : *Fais reconduire Hanriot au Comité
» de sûreté générale, nous allons nous occuper de cette affaire....* »

Signé : Robin.

Palais de justice pour exécuter l'ordre d'Hanriot, relatif à l'arrestation du commandant de la Gendarmerie, Dumesnil.

Lorsqu'il présente à cet officier le mandat en vertu duquel il prétend le conduire à la maison de discipline militaire, (rue du Bouloi) (1), Dumesnil songe un moment que la résistance lui serait facile, puisque, en raison des ordres qu'il a reçus, toute sa troupe est réunie au Palais; mais il est plus de cinq heures et demie; une foule considérable attend le départ des hideuses charrettes; il s'y trouve un grand nombre de canonniers qui prêteront au besoin leur concours à Fontaine et à leurs camarades. Redoutant quelque catastrophe, Dumesnil recommande à ses gendarmes de conserver l'attitude la plus calme, et il leur donne l'exemple de l'obéissance en se laissant emmener à la maison disciplinaire (2).

De six à neuf heures. — A peine est-il parti

---

(1) Le commandant de la gendarmerie objecta d'abord que l'ordre d'arrestation ne spécifiait pas de le conduire à une maison de discipline, ce qui lui semblait dégradant. Fontaine retourna docilement à la Commune et en revint peu après avec un nouvel ordre signé du maire et de l'agent national, Fleuriot et Payan.

(2) *Lettre adressée au représentant du peuple Courtois, par Dumesnil, chef de bataillon commandant la gendarmerie nationale près les tribunaux.*

pour cette prison, qu'un cavalier apporte une dépêche à son adresse. En l'absence du commandant, le capitaine de service en prend connaissance : c'est la signification du décret rendu dans la matinée, par la Convention, relativement à l'arrestation d'Hanriot.

Un lieutenant, Degesne, est aussitôt chargé de le mettre à exécution. Il se rend avec trente gendarmes aux bureaux de l'état major où il croit trouver le chef de la Garde nationale ; mais toutes les salles sont désertes ; il ne voit qu'un seul commis auquel il demande des renseignements, lorsque deux officiers municipaux surviennent, et l'invitent à se présenter devant le Conseil général de la Commune.

Ce Conseil s'était trouvé réuni vers six heures, par l'effet des convocations urgentes adressées aux divers membres ; Fleuriot lui avait seulement communiqué le décret de la Convention qui chargeait le maire et l'agent national de veiller à la sûreté de l'Assemblée (1) ; deux membres avaient été désignés pour aller, sur la place de l'Hôtel de ville, haranguer le *peuple* et l'engager à s'unir aux magistrats afin de sauver la patrie.

---

(1) *Détails de ce qui s'est passé à la Commune de Paris dans la nuit du 9 au 10 Thermidor, communiqués par des employés au secrétariat.* — *Moniteur universel* du 3 Fructidor (20 Août).

Degesne ignore ces détails ; mais sous l'influence d'un pressentiment dû à la tournure insolite des événements, il enjoint à ses soldats de conserver, quoi qu'il arrive, le calme le plus absolu, et il se rend dans la salle du Conseil. A peine entré, des gendarmes qui se sont déclarés pour la Commune, le conduisent devant Fleuriot. Celui-ci attend, pour l'interroger, la fin d'un discours dans lequel un orateur exalte les services rendus par Robespierre ; il demande ensuite à Degesne quel est le but de sa mission. Les deux officiers municipaux, qui ont amené le lieutenant de gendarmerie, prennent la parole; ils le dénoncent comme un agent de la tyrannie et un *ignorant en révolution* qu'on doit incarcérer. La proposition, mise aux voix par le Maire, est adoptée à l'unanimité. En vain l'officier élève au-dessus de sa tête l'ordre de la Convention ; sa protestation est étouffée par mille cris : « Vil esclave ! Résistance à l'oppression ! etc. » Il est entouré et enfermé sous la garde de gendarmes dévoués à la Commune ; la liberté est laissée à ceux qu'il a amenés (1).

---

(1) *Rapport de Deyesne, lieutenant de la gendarmerie des tribunaux. — Lettre de Dumesnil, commandant la même gendarmerie, au représentant du peuple Courtois.*

A partir de ce moment, des faits analogues se produisent de tous côtés; chacun des deux partis ne cesse de mettre en arrestation ses adversaires ; la Commune fait aussi relâcher les agitateurs qui ont été incarcérés. En même temps, elle poursuit ses mesures insurrectionnelles.

Une adresse est rédigée pour *enflammer le peuple* en faveur de Robespierre ; on décide que les quarante-huit Sections seront convoquées pour sauver la Patrie; des émissaires sont envoyés pour les rallier à la Commune et les exciter contre la Convention; un *comité d'exécution* est institué ; des députations vont et viennent du Club des Jacobins à l'Hôtel de ville; on fait aussi appel aux Communes des environs, Bercy, Choisy, etc. Tout à coup, Robespierre jeune apparaît; à peine incarcéré à la Force, il a été délivré *au nom du peuple,* par deux officiers municipaux (1); il est reçu au bruit d'applaudissements unanimes, et le Maire l'em-

---

(1) Robespierre jeune fut conduit à la prison Lazare par deux gendarmes et un agent ; le concierge ayant refusé de le recevoir, sous prétexte qu'il n'avait pas de *secret,* il fut emmené à La Force, et délivré par des officiers municipaux au moment même où l'on inscrivait son nom sur le registre d'écrou. — *Déposition du gendarme Surivet au Comité de sûreté générale.*

brasse ; un geste de sa part rétablit le silence, et il annonce aux *patriotes* frémissants d'indignation, que le Comité de salut public a résolu de faire périr tous ceux qui ont concouru à la révolution du 31 Mai (arrestation des Girondins) (1).

Cependant, des détachements des Sections, accompagnés d'artillerie, remplissent peu à peu la place de l'Hôtel de ville; ceux qui les composent, Sectionnaires, canonniers, officiers et commissaires de Sections, montent tumultueusement dans la salle des délibérations pour prêter serment à la Commune (2). Dans ce moment d'effervescence, la nouvelle de l'arrestation d'Hanriot est apportée par des gendarmes qui en ont été témoins. Coffinhal se charge d'aller le délivrer ; il part pour le Carrousel avec de l'artillerie et deux cents canonniers suivis d'une multitude de *patriotes*. Il est environ huit heures.

En attendant la délivrance encore douteuse d'Hanriot, il semble impossible au Conseil de lais-

---

(1) *Détails de ce qui s'est passé à la Commune de Paris, dans la nuit du 9 au 10 Thermidor, communiqués par des employés au secrétariat. — Moniteur universel* du 3 Fructidor (20 Août).

(2) *Formule de serment* : « Vous jurez de défendre la cause » du peuple, union et fraternité avec la Commune et de sauver » avec elle la patrie. »

ser sans chef la force armée dévouée à la Commune. Giot, adjudant-général de la première Légion, alors de service au Temple, est mandé, présenté par le Maire comme un vrai sans-culotte digne de remplacer provisoirement Hanriot, et immédiatement nommé à l'unanimité (1). Giot, ainsi pris à l'improviste, témoigne quelques scrupules; on lui fait observer qu'il ne peut refuser sans se rendre suspect; il accepte, et on lui donne pour aide-de-camp Payan, frère de l'agent national (2).

A la même heure, Coffinhal arrive sur la place du Carrousel avec ses canonniers, ses gendarmes et la foule qui les suit; il fait occuper les issues de la cour des Tuileries; un ou deux canons

---

(1) *Extrait du procès-verbal de la Commune de Paris.*

« Le Conseil arrête que Giot, section Marat, sera constitué gé-
« néral provisoire pour sauver la patrie, et reçoit son serment.., »

Extrait du registre des délibérations du Conseil général.

« Au président de la section de Guillaume-Tell.

« Le Conseil arrête que la nomination provisoire du général
« Giot sera envoyée sur le champ aux 48 sections. »

Signé : CHARLEMAGNE, vice-président ; BLIN,
secrétaire-greffier adjoint.

(2) *Lettre adressée par la citoyenne Giot au Comité de sûreté générale.*

sont braqués sur la porte de la Convention ; on monte au Comité de sûreté générale ; Hanriot et ses aides-de-camp sont délivrés de leurs liens, embrassés, entraînés en triomphe dans la cour, où ils retrouvent leurs chevaux et une partie des gendarmes qu'ils y ont amenés deux heures auparavant. Hanriot dit à ces derniers qu'ils sont des j... f...... de l'avoir laissé arrêter et garotter ; ils reconnaissent leur tort, assurent le général de leur repentir et protestent de leur dévouement à sa personne (1). Un peu calmé, il remonte à cheval et harangue la multitude ; plus habile qu'à son ordinaire, il explique qu'il a été calomnié, mais que le Comité de sûreté générale, auquel il vient de donner des explications satisfaisantes, l'a fait mettre en liberté(2).

Pendant ce temps, un autre fait ne caractérise pas moins cette étrange journée. Robespierre aîné a été conduit du Comité de sûreté générale à la prison du Luxembourg, par

---

(1) *Déposition de l'affaire du 9 Thermidor.* — *Déclaration du citoyen Viton concernant Hanriot.*

(2) *Lettre de Dulac, agent du Comité de salut public, au représentant du peuple Courtois.*

un huissier, un gendarme et un agent; le concierge et les administrateurs de la prison ont refusé de l'y recevoir, alléguant les ordres de la Commune où, disent-ils, il est attendu. Celui qui, la veille, a prôné l'insurrection au Club des Jacobins, recule dès qu'il s'agit de figurer personnellement dans une révolte à main armée; il déclare qu'il ne veut pas sortir de la légalité, et enjoint à ses *gardiens* de le constituer prisonnier à la Mairie (1). Ces derniers se rendent docilement à son désir.

En arrivant à la Mairie, la voiture est entourée par les administrateurs de police, le personnel des bureaux, etc., qui accueillent Robespierre avec acclamations, et font prisonniers ceux qui l'ont amené (huit heures et demie) (2). Alors, ce singulier chef de parti, délivré malgré sa volonté, reste oisif et accablé à quelques centaines de pas de ceux qui se compromettent pour sa cause. Sa présence à l'Hôtel de ville lui eût, sans aucun doute, assuré la victoire.

---

(1) Les bureaux de la Mairie et de la police municipale étaient alors sur le quai des Orfèvres.

(2) *Rapport par le citoyen Chanlaire au citoyen Amar. — Interrogatoires de la citoyenne Fleuriot et des domestiques de la Mairie. — Rapport de l'inspecteur de police, Olivier.*

La Convention est rentrée en séance à sept heures. Bourdon (de l'Oise) y dénonce l'insurrection que fomentent la Commune et les Jacobins; Merlin (de Thionville) y fait part des violences qu'il a subies ; d'autres représentants déclarent avoir été traités d'une manière analogue par des officiers municipaux, des agents de la Commune, etc. L'arrestation de Payan et de Fleuriot est décidée. Billaud-Varennes annonce que les deux Comités de salut public et de sûreté générale sont réunis pour délibérer, et qu'ils vont incessamment soumettre à l'Assemblée des propositions commandées par les circonstances; il ajoute que la Commune va être investie. Les applaudissements prodigués à ces paroles se font encore entendre, lorsque Collot d'Herbois monte au fauteuil : « Citoyens, » dit-il, « voici l'instant de » mourir à notre poste ; des scélérats, des » hommes armés se sont emparés du Comité » de sûreté générale. » (C'était la délivrance d'Hanriot par Coffinhal). La foule d'auditeurs qui remplit la salle et les tribunes s'écrie d'une seule voix : « Allons-y ! »; tous sortent précipitamment au tumulte des acclamations.

Par suite de cette manifestation spontanée, résultat de l'enthousiasme des uns et de la prudence des autres, la Convention reste seule, mais ferme à son poste. Goupilleau se précipite dans la salle en s'écriant qu'on emmène Hanriot en triomphe ; Elie Lacoste annonce que Robespierre, auquel on a refusé l'entrée de la prison du Luxembourg, s'est fait conduire à la Commune (1), que les officiers municipaux l'ont embrassé en l'assurant de leur protection, etc. Il demande que ces officiers rebelles soient mis hors la loi ; cette proposition est décrétée. « Hanriot est sur la place du Palais » national et y donne des ordres ! » s'écrie un autre conventionel. « Hors la loi ! » répond l'Assemblée d'une voix unanime.

Les députés qui se précipitent pour faire connaître cette décision à la multitude, interrompent le discours qu'Hanriot prononce du haut de son cheval. Amar adresse une allocution courte et chaleureuse aux canonniers; ceux-ci en apprenant la mise hors la loi de leur chef, montrent de l'hésitation et protègent même le conventionnel contre les violences d'un des aides-de-camp du général. Ce dernier part alors avec Coffinhal pour regagner l'Hôtel de ville, centre de l'insurrection; ils sont suivis d'une partie des

---

(1) Elie Lacoste confondait ce qui était arrivé séparément aux deux Robespierre.

canonniers, gendarmes, sectionnaires, patriotes., etc. ; mais le plus grand nombre, indécis devant de tels événements, retournent dans leurs sections ou rentrent chez eux. Quelques compagnies de la Section des Tuileries constituent, à peu près seules, la garde de l'Assemblée (1).

De neuf heures du soir à deux heures du matin.
— Hanriot et Coffinhal traversent la place de l'Hôtel de ville encombrée de gardes nationaux et de canonniers (2); ils montent à la Maison com-

---

(1) *Rapport de Dulac, agent du Comité de salut public, au représentant du peuple Courtois.*

(2) En rétablissant, heure par heure, la journée du 9 Thermidor, on ne voit pas comment, suivant une version très-répandue, Hanriot aurait empêché la population du faubourg Saint Antoine de délivrer les quarante-cinq malheureux que le tribunal révolutionnaire envoya à la mort ce jour-là.

Il n'est fait mention de cet incident dans aucune des pièces officielles qui racontent les courses désordonnées de ce singulier général pendant la plus grande partie de la journée. En outre, Hanriot fait prisonnier de cinq heures et demie à six heures ne fut délivré que deux heures après par Coffinhal ; or, d'après les documents mis à l'appui du *Rapport de Courtois sur les événements de Thermidor*, les hideuses charrettes partirent de la Conciergerie à sept heures. La preuve en est, entre autres, dans l'interrogatoire que subit, le 14 Thermidor, un individu nommé Foureau, au Comité révolutionnaire de la Section Mutius Scævola (Luxembourg).

Foureau accusé d'avoir fait cause commune avec les révoltés

mune et ils sont reçus dans la salle des délibérations au bruit des applaudissements; Coffinhal explique comment il a délivré les patriotes de l'état major (1); quant à Hanriot, il est surtout furieux contre Giot qui lui a été donné momentanément pour successeur; il le traite de scélérat et de modéré attendu par la guillotine, le fait désarmer et reprend son commandement (2).

Une députation est partie pour aller chercher Robespierre aîné dont on a appris la présence à la Mairie. En attendant son retour, le Conseil de la Commune continue à rendre ses arrêts insurrectionnels; l'ordre est donné de mettre sous le scellé les presses des journaux et d'arrêter les journalistes; on vote l'arrestation des

---

invoquait un alibi: *Demande* : « Où as-tu passé la journée du 9 Thermidor?

Réponse : « Je l'ai passée chez moi jusqu'à neuf heures et demie du soir.

D. « Où as-tu été le même jour à six heures et demie du soir?
R. « Je fus au Palais.
D. « Qu'allais-tu y faire?
R. « J'allais voir passer les condamnés.
D. « Jusqu'à quelle heure as-tu resté au Palais?
R. « J'y ai resté *jusque vers les sept heures* que j'ai vu sortir les » condamnés; je les ai accompagnés le long des quais. » Etc.

(1) *Extrait du procès-verbal de la Commune de Paris.*
(2) *Lettre adressée par la citoyenne Giot au Comité de sûreté générale.*

députés traîtres, afin de délivrer la Convention de l'oppression ; une couronne civique est promise à ceux qui les saisiront; on proclame l'insurrection contre les ennemis du peuple ; il est enjoint de ne plus reconnaître le pouvoir de la Convention, d'arrêter ceux qui abusent de leur qualité de représentants du peuple et font des proclamations perfides pour mettre ses défenseurs hors la loi; une adresse aux armées est rédigée (1); etc. etc. Esnard, chef de bataillon de la Garde nationale, commandant en chef de la force armée d'après le décret rendu dans la matinée par la Convention, arrive et exhibe ses pouvoirs; il est arrêté (2).

Cependant la députation envoyée vers Robespierre revient de la Mairie ; elle annonce qu'il a refusé de déférer à l'invitation de se rendre au sein du Conseil. Coffinhal fait une seconde tentative et le ramène; mais les vives protestations de Robespierre lui donnent l'air d'un prisonnier qu'on traîne au sup-

---

(1) « .... Unissez-vous avec nous, braves armées, contre » les tyrans, et que la Convention recouvre son indépendance » opprimée par des traîtres. »

(2) *Déposition faite par Esnard à la Convention, dans la nuit du 9 au 10 Thermidor.*

plice (1). Saint-Just et Lebas, extraits de prison par des administrateurs de police, arrivent aussi. Couthon est apporté sur son fauteuil ; le gendarme, qui a été chargé de le conduire en prison, l'escorte complaisamment dans toutes ses pérégrinations (2).

Réunis dans une chambre à côté de la salle de délibération du Conseil, ces principaux chefs discutent sur les formules à employer et sur les mesures à prendre pour propager l'insurrection : « Il » faut écrire de suite aux armées, » dit Couthon. — « Au nom de qui? » demande Robespierre. — « Au nom de la Convention, » répond Couthon. « N'est-elle pas toujours où nous sommes? Le reste » n'est qu'une poignée de factieux que la force ar- » mée va dissiper et dont elle fera justice. » Robespierre réfléchit un moment et, après s'être consulté avec son frère, il décide qu'on adoptera la

---

(1) *Détails de ce qui s'est passé à la Commune dans la nuit du 9 au 10 Thermidor, communiqués par des employés au secrétariat.* — *Histoire de la Révolution* par J. Michelet.

(2) Saint-Just avait été délivré de la prison des Ecossais par un administrateur de police accompagné de gendarmes à cheval ; Couthon, reçu à Port-Libre (Bourbe), en sortit à une heure après minuit sur un ordre de la police ; il en fut de même pour Lebas qui avait été écroué à la Conciergerie. — *Rapport d'Olivier, inspecteur de police.* — *Lettre du concierge de Port-Libre.* — *Déclaration de Blanchelaine, concierge de la maison de Justice du département.*

formule : *Au nom du peuple français;* il commence même à écrire sur une feuille au timbre de la Commune ; mais après avoir tracé les premières lettres de son nom, Rob......., il s'arrête et jette la plume.

La Convention a poursuivi le cours de sa séance. L'imminence du danger a fait reconnaître la nécessité de choisir un de ses membres pour commander la force armée ; Voulland propose Barras qui est accepté à l'unanimité. On lui adjoint plusieurs députés investis des mêmes pouvoirs que les Représentants du peuple aux armées : Ferrand, Fréron, Léonard Bourdon, Bourdon (de l'Oise), Delmas, Rivière, Boletti. Ils sortent immédiatement pour se concerter sur les mesures à prendre. Au nom du Comité de salut public, Barère propose de mettre hors la loi tous les individus qui n'ont pas déféré ou qui se sont soustraits aux décrets d'accusation rendus contre eux ; Voulland cite Robespierre qui est mis hors la loi ainsi que son frère, Saint-Just, Couthon, etc. Élie Lacoste appelle l'attention sur l'École de Mars commandée par Labretèche, dont on connaît le dévouement à Robespierre ; deux Représentants du peuple, Brival et Bentabole, partent immédiatement pour le camp des Sablons.

Ces décisions de l'Assemblée, rapidement propagées au dehors, donnèrent enfin une direction à la population qui, depuis le matin, était en proie à une incertitude bien naturelle. De tous côtés, les assemblées populaires et les comités révolutionnaires s'étaient réunis aussitôt qu'ils avaient pressenti l'importance des événements ; les prises d'armes ordonnées par Hanriot, et le bruit du tocsin, qui s'était fait entendre de sept à huit heures, avaient fait naître une anxiété générale; mais partout régnait la même ignorance de ce qui se passait et de ce qu'il y avait à faire. De toutes parts, on envoyait à la Convention et à la Commune des messagers qui revenaient avec des renseignements contradictoires. En même temps, les émissaires de l'Hôtel de ville répandaient partout que l'Assemblée nationale trahissait le peuple; ceux de la Convention et des Comités affirmaient au contraire que la Commune était en rébellion ouverte; les ordres de la Municipalité et d'Hanriot continuaient à presser l'envoi de la force armée sur la place de Grève ; ceux du gouvernement défendaient d'y obéir. La population se trouvait ainsi dans la perplexité la plus absolue.

Il en avait été de même pour la Garde nationale, dont l'immense majorité était inactive depuis plus d'une année. Elle se voyait subitement appelée à figurer dans des événements incompréhensibles. D'ailleurs l'arrestation et la délivrance d'Hanriot, la nomimination inopinée et la brusque destitution de Giot, l'emprisonnement d'Esnard avaient concouru à la laisser sans chef réel pendant toute la journée. Par suite, les commandants de bataillon avaient agi d'après leur propre impulsion; les uns avaient prêté serment de fidélité à la Commune; d'autres étaient restés inactifs; deux d'entre eux, Juliot et Lefèvre avaient tenté de réunir quelques forces autour de la Convention ; Fauconnier, chef d'une Légion, avait été arrêté par des officiers municipaux. Le commandant de la 3ᵉ Légion, Mathis, fut plus malheureux. Faisant une tournée dans sa circonscription, il arriva vers neuf heures à la Mairie et s'étonna de la trouver gardée par des citoyens armés qui lui étaient inconnus; on répondit à ses questions qu'il en était ainsi par ordre de la Commune, et on l'engagea à entrer dans la cour en criant avec lui : « Vive la Convention ! « Vive la République ! » Mais à peine eut-il déféré à cette invitation, qu'on l'assaillit à coups de piques et de baïonnettes; son cheval fut tué, et lui-même fut jeté en prison couvert de blessures.

Ainsi, lorsque Barras reçut le commandement de la force armée, la plus grande partie de la Garde nationale était depuis longtemps déshabituée de toute convocation; en outre, par suite des événements de la journée, ses chefs étaient emprisonnés, absents ou inactifs; la hiérarchie nécessaire pour la transmission et l'exécution des ordres n'existait plus. Le commandant général provisoire en fut donc réduit, comme les députés qui lui étaient adjoints, à parcourir les sections avec des citoyens de bonne volonté, pour proclamer, à la lueur des torches, les décrets, de l'Assemblée, instruire la population de la situation générale et rallier quelques bataillons autour de la Convention.

L'annonce cent fois répétée de la mise hors la loi des conspirateurs produit un effet remarquable. Les conséquences s'en manifestent rapidement; une compagnie de canonniers paraît dans l'enceinte législative et proteste de son dévouement à l'Assemblée; un officier municipal vient désavouer tout ce qui s'est fait à la Commune où, dit-il, il n'était pas présent; la Section de l'Unité (Monnaie, Institut) fait assurer qu'elle ne reconnaît d'autre autorité que celle de la Représentation nationale; la plupart des Sections envoient des protestations de même nature, et félicitent la Convention de son énergie qui va sauver encore une fois la Patrie.

Bientôt, Barras revient; il annonce qu'il a parcouru les quartiers voisins, et que partout il n'a entendu que des cris de « Vive la République! » Vive la Convention! » Il ajoute que l'Assemblée est entourée de bons républicains. Ferrand, Fréron et d'autres représentants du peuple rapportent des assurances analogues. De tous côtés, disent-ils, on arrête les gendarmes qui portent les ordres de la Commune. Des canonniers ont été envoyés sur la place de l'Hôtel de ville pour éclairer leurs camarades; ces derniers, en apprenant qu'Hanriot est mis hors la loi, ont répondu qu'ils n'attendaient plus que l'ordre de l'Assemblée nationale pour tourner leurs canons contre la Maison commune; le Pont-Neuf est gardé par 1,500 hommes dévoués à la Convention, etc., etc.

Brival et Bentabole reviennent à leur tour avec des nouvelles non moins rassurantes sur les dispositions de l'École de Mars: ils ont eu, disent-ils, la plus grande peine à retenir l'ardeur de ces trois mille jeunes républicains qui voulaient venir faire à la Convention un rempart de leurs corps (1).

Barras s'est retiré pour combiner les moyens d'attaquer les conspirateurs. Fréron représente à l'Assemblée que les moments sont précieux, qu'il faut marcher de suite contre les rebelles, sommer les gens égarés qui se trouvent à la Maison commune de livrer les traîtres et, en cas de refus, réduire l'édifice en poudre. Billaud-Varennes applaudit à cette énergie et demande qu'on ne perde pas le temps en délibérations afin de devancer Robespierre. Un citoyen qui arrive de la place de l'Hôtel de ville confirme la nouvelle que tous les canonniers se sont déclarés pour la Convention. Le Président invite les membres des deux Comités à se réunir dans une salle voisine, les députés à rester à leur poste et les citoyens à courir aux armes. Ces derniers se précipitent

(1) Si l'École de Mars se fût prononcée aussi fortement que le disaient Brival et Bentabole, ces deux députés l'eussent évidemment amenée pour protéger la Convention.

hors de la salle et des tribunes où il ne reste plus que des femmes.

Pendant que la Convention et la Commune perdent également le temps en délibérations, le drame se dénoue d'une manière inattendue.

Deux des députés adjoints à Barras, Léonard Bourdon et Camboulas, sont arrivés vers onze heures dans la Section des Gravilliers dont le premier fait partie; ils y ont trouvé une partie de la force armée réunie sous son commandant, Martin. L'indécision générale l'ayant disposée à suivre toute impulsion, ils l'entraînent sans peine contre les conspirateurs. Des citoyens envoyés en avant pour s'assurer des dispositions des canonniers qui occupent la place de l'Hôtel de ville, reviennent en annonçant qu'elle est entièrement évacuée (1); effectivement, la colonne en marche se renforce des deux canons de la Section des Lombards.

---

(1) Tous ceux qui s'étaient armés pour la Commune restèrent plusieurs heures sans recevoir d'elle aucun ordre; fatigués d'une attente aussi prolongée et de l'indécision qui résultait de mille bruits divers, la plupart s'étaient laissé facilement influencer par les nombreux émissaires de la Convention, députés, citoyens, agents de police, etc. Lorsqu'on annonça la mise hors la loi des conspirateurs, tous retournèrent chez eux ou dans leurs sections.

Pendant ce temps, d'autres Sections armées se rassemblent ; celle des Arcis se réunit sur le quai conduisant à l'Hôtel de ville. Les envoyés de la Convention, les émissaires et les agents secrets du Comité de salut public impriment une direction unique à ces divers contingents ; un d'entre eux, Dulac (1), poste les petits détachements qu'il rencontre, à toutes les issues aboutissant au centre de la conspiration.

La colonne des Gravilliers arrive sur la place de Grève qui est déserte, et faiblement éclairée par des lampions qu'a fait placer la Commune ; elle s'y développe en silence. Dulac sait que les principaux conspirateurs et le Conseil de la Commune sont abandonnés de tous (2) ; en conséquence, il propose

---

(1) Dans cette journée où les autorités constituées étaient sans force et sans puissance, les émissaires particuliers et les agents de la police des deux partis jouèrent un rôle très actif. Dulac avait déjà rempli plusieurs missions, lorsque, à la faveur de sa carte civique, il pénétra dans l'Hôtel de ville et assista à la délibération que tenaient Robespierre, Saint-Just, etc. La découverte d'un espion de la Convention, que l'on voulait exécuter immédiatement, le força à la retraite. Il fut aussi un de ceux qui concoururent le plus au revirement d'opinion qui s'effectua parmi les canonniers postés devant l'Hôtel de ville, etc. — *A. G. Dulac, employé du Comité de salut public, au représentant du peuple Courtois, membre du Comité de sûreté générale.*

(2) Lorsque Payan avait lu dans la salle de l'Hôtel de ville l'arrêté de la Convention qui mettait le Conseil de la Commune hors la loi, il avait ajouté de son chef « *et le public des tribunes,* »

à Léonard Bourdon d'attaquer immédiatement; celui-ci, moins au courant des faits, croit qu'il aura à vaincre une résistance désespérée, et veut prendre encore quelques dispositions pour rendre le succès plus certain. Pendant qu'ils discutent à voix basse, le profond silence que tous ont gardé jusque-là est interrompu par un cri unanime: « Vive la Convention! » Aussitôt, deux coups de pistolet retentissent dans l'intérieur de la Maison commune (1); en même temps, on distingue la silhouette d'un homme qui sort du bâtiment en enjambant une fenêtre du premier étage, et fait quelques pas sur le cordon de pierre en saillie au-dessous (2); Dulac, avec une quinzaine d'hommes déterminés, s'élance vers l'entrée de l'Hôtel de ville; Léonard Bourdon le suit avec sa colonne; l'indi-

---

espérant occasionner ainsi une explosion d'indignation parmi ses auditeurs. Son espoir fut trompé; tous les assistants effrayés se retirèrent immédiatement, laissant ainsi les conspirateurs dans la solitude.

(1) C'était Lebas et Robespierre qui se brûlaient la cervelle en se voyant abandonnés de tous et cernés par la force armée. — *Déclaration positive de Michel Bochard, concierge à la Maison commune. — Dulac au représentant du peuple Courtois.*

(2) C'était Robespierre jeune. — *Récit fait à la Convention par la députation de la Section des Gravilliers (16 Thermidor-3 Août). — Interrogatoire de Robespierre jeune au Comité civil de la Section de la Maison commune.*

vidu qui les domine se précipite sur les baïonnettes, et tombe à côté du conventionnel en renversant un garde national, Claude Chabru.

L'Hôtel de ville est envahi ; les membres de la Commune sont faits prisonniers, et les principaux chefs de la conspiration sont découverts de différents côtés. Lebas est mort du coup de pistolet qu'il s'est tiré ; Robespierre est étendu à terre la mâchoire fracassée ; Saint-Just rend avec calme un couteau dont il est armé ; Couthon est trouvé gisant sur le parapet du quai Pelletier; Payan et Dumas sont arrêtés ; on ne trouve ni Hanriot, ni Coffinhal.

Ainsi finit inopinément le drame dans lequel les deux partis avaient lutté d'hésitations de maladresses pendant toute la journée.

A deux heures du matin, Robespierre est apporté sur une planche jusqu'aux portes de l'Assemblée, qui refuse de le recevoir ; il est déposé au Comité de salut public. Les Conventionnels sont dans l'ivresse de la victoire ; Léonard Bourdon entre dans la salle au bruit des acclamations d'une foule immense ; il annonce le triomphe définitif de la Liberté, et présente à l'Assemblée un gendarme qui, dit-il, a tué deux conspirateurs (1). Les chefs militaires

---

(1) C'était le gendarme Méda, ex-garde constitutionnel de Louis XVI, qui fit paraître, plusieurs années après, une brochure dans laquelle il expliqua comment il avait lui-même tué Robespierre.

Bien que le fait importe peu, il existe, au sujet du coup dont fut frappé le dictateur, une grande diversité d'opinions parmi les historiens; les uns admettent le suicide; les autres ne s'accordent pas en désignant l'auteur du meurtre. Plusieurs des écrivains qui considèrent *Méda* comme un *assassin*, affectent, à tort ou à raison, de le nommer *Merda*.

La relation ci-dessus de la journée du 9 Thermidor a été déduite de pièces officielles; le désarroi se mit parmi les principaux chefs de la conspiration au moment où ils se virent abandonnés de tous et entourés de troupes armées pour la Convention. Les faits se succédèrent avec la rapidité de l'éclair; mais les suicides de Lebas et de Robespierre aîné eurent lieu avant qu'aucun des assaillants eût pénétré dans la salle où ils se trouvaient.

Robespierre avait déjà manifesté dans la journée l'idée ou l'affectation du suicide : « .... Robespierre, pendant qu'on » mettait aux voix le décret d'accusation (à la Convention), rou-» lait entre ses mains un canif tout ouvert; il regardait les tribu-» nes, il voulait se tuer........ » *Note fournie par Fréron au représentant du peuple Courtois.*

Les dépositions suivantes, qui pourraient être corroborées par de plus nombreuses, démentent l'assertion de Méda.

« Robespierre qu'un gendarme croit avoir immolé......... » *Rapport de Courtois.*

« ...... Il faut que vous observiez, pour l'honneur de la vérité, » que c'est moi qui l'ai vu le premier (Robespierre blessé), et qu'il » n'est donc pas vrai que le gendarme qui a été présenté à la Con-» vention par Léonard Bourdon, lui ait brûlé la cervelle, comme » il est venu s'en vanter, ainsi qu'à Couthon, qui n'en avait pas

arrêtés dans la journée par les agents de la Commune, Esnard, Dumesnil, etc. apparaissent successivement et reçoivent les applaudissement de tous ; Legendre arrive et montre les clefs du Club des Jacobins dont il a fermé les portes ; il regrette surtout, dit-il, que la fuite du président

---

» même reçu (de coup de pistolet) ; il est nécessaire de relever
» cela....» *Dulac au représentant du peuple Courtois.*

« .... Définitivement, sur les deux heures du matin, un
» gendarme m'a appelé et m'a dit qu'il venait d'entendre un coup
» de pistolet dans la salle de l'Egalité. J'ai entré, j'ai vu Lebas
» étendu par terre, et de suite Robespierre aîné s'est tiré un coup
» de pistolet dont la balle, en le manquant, a passé à trois lignes
» de moi ; j'ai failli en être tué, puisque Robespierre a tombé sur
» moi....... » — *Déclaration positive de Michel Bochard, concierge à la Maison commune.*

Etc., etc.

En ce qui concerne le gendarme Méda, il semble prouvé qu'il joua un rôle très-actif dans cette journée. Il fut un de ceux qui accompagnèrent et arrêtèrent Hanriot au Comité de sûreté générale ; il eut quelques rapports directs avec le Comité de salut public ; mais il prit ou affecta de prendre pour une injonction particulière les paroles qui lui furent adressées, ainsi qu'à une foule d'autres qu'on exhortait à marcher contre les rebelles. Il rendit, d'ailleurs, des services signalés à Léonard Bourdon, avec lequel il était à la tête de la Section des Gravilliers.

A la suite de ces événements, Méda fut nommé sous-lieutenant dans un régiment de chasseurs à cheval ; capitaine en l'an V, colonel en 1806, il périt à la Moskowa général de brigade.

Ce fut en l'an X qu'il adressa au ministre de la guerre le *Précis des événements qui se sont passés dans la soirée du* 9 *Thermidor,* dont il est impossible d'admettre l'entière véracité.

l'ait empêché de lui brûler la cervelle, etc. A six heures, la séance est momentanément suspendue.

C'est en ce moment que des chirurgiens pansent les blessures de Robespierre (1). Le misérable est étendu depuis trois heures sur la table de la salle d'audience qui précède le lieu des séances du Comité de salut public. Une caisse en bois blanc, contenant quelques échantillons du biscuit destiné aux armées, lui a été donnée pour oreiller. La foule se renouvelle sans interruption pour le considérer; des bancs ont été placés le long des murs afin que les plus éloignés puissent jouir de ce hideux spectacle; le concert de malédictions, commencé à l'Hôtel de ville, ne discontinue pas autour de ce mourant qui supporte les avanies, les injures et ses horribles souffrances avec une stoïque impassibilité (2). Vers neuf

---

(1) *Rapport des officiers de santé sur les pansements des blessures de Robespierre aîné, et son transport à la Conciergerie.*

(2) « Enfin, au bout d'une heure, il commença à ouvrir les
» yeux; le sang coulait avec abondance de la blessure qu'il avait
» à la mâchoire inférieure gauche : cette mâchoire était brisée et
» sa joue percée d'un coup de feu; sa chemise était ensanglantée.
» Il était sans chapeau et sans cravate; il avait un habit bleu d

heures, Couthon est apporté au pied du grand escalier du Comité; ses anciens collègues donnent l'ordre de le transporter à la Conciergerie. Dumas, Robespierre jeune et Saint-Just y sont aussi conduits (1). En voyant entrer son ennemi mortel dans sa prison, le général Hoche se dérobe généreusement à ses regards.

La Convention, qui a repris sa séance à neuf heures, reçoit, comme le matin, des vœux et des félicitations qui sont l'expression du bonheur général; les Sections, dévouées suivant l'habi-

---

» ciel, une culotte de nankin, des bas de coton blanc, rabattus
» jusque sur ses talons. Vers trois à quatre heures du matin, on
» s'aperçut qu'il tenait dans ses mains un petit sac de peau blanche,
» sur lequel était écrit : *Au grand monarque, Lecourt fournis-*
» *seur du roi et de ses troupes, rue Saint Honoré, près celle des*
» *Poulies, à Paris;* et sur le revers du sac : *A M. Archier.* »
(L'inscription du *grand Monarque* fournissait un texte aux ironiques plaisanteries de ceux qui l'insultaient.) « Il se servait de ce
» sac pour retirer le sang caillé qui sortait de sa bouche. Les
» citoyens qui l'entouraient observaient tous ses mouvements;
» quelques-uns lui donnèrent même du papier blanc, faute de
» linge, qu'il employait au même usage, en se servant de la main
» droite seulement, et en s'appuyant sur le coude gauche .. »
Rapport de Courtois, N° XLI.

(1) Après sa chute, Robespierre jeune fut porté sur un fauteuil au comité civil de la Section de la Maison commune. Il y subit un interrogatoire dans lequel il accusa Carnot d'être un conspirateur et de vouloir livrer son pays. — *Procès-verbal dressé au Comité de la Section de la Maison commune.*

tude au parti qui triomphe, envoient des députations prononcer des discours empreints de leur exagération ordinaire (1); les Élèves de l'École de Mars, dont les sentiments étaient plus que douteux la veille, viennent défiler devant l'Assemblée (2); des partisans de Robespierre, Sijas, Coffinhal, Lavalette, Boulanger sont mis hors la loi; on apprend l'arrestation d'Hanriot.

Ce dernier avait voulu s'évader au moment où l'Hôtel de ville fut envahi; mais Coffinhal, furieux de ce que la stupidité de ce misérable eût causé leur perte, l'avait jeté par une fenêtre; Hanriot

---

(1) *Discours de la députation de la Section révolutionnaire* :
« ...... et maintenant nous jurons devant vous une haine aux
» tyrans et aux Catilinas; nous jurons de ne jamais donner de ré-
» putation à un individu (*Nous le jurons tous !* s'écrient les mem-
» bres de la Convention et les citoyens des tribunes), de ne voir
» que les principes de la liberté et de l'égalité, et d'abjurer toute
» espèce d'idolâtrie pour les personnes. »

(2)« ...... L'Assemblée décréta que *l'armée de Mars avait*
» *bien mérité de la Patrie*; ce remerciement fut répété trois fois
» dans la journée. Cependant cette armée mourait de faim; une
» collecte, une réquisition de bouteilles, de vins et de pâtés fut
» faite en toute hâte au Palais Royal et dans les environs; des
» charrettes chargées arrivèrent; cet avitaillement eut un résul-
» tat décisif; il était plus succulent que la nourriture journalière
» des élèves; elle se composait d'eau claire et de lard rance, fruit
» d'une prise sur les Prussiens, ou provenant de la marine. Par
» ce *donativum*, la Convention s'assura de tous les cœurs par tous
» les estomacs... » *Dictionnaire de l'armée de terre* par le général Bardin.

était tombé dans une cour écartée, sur un amas d'ordures et de tessons de bouteilles. Le bruit public ayant propagé qu'il était caché dans la Maison commune, les agents du Comité de salut public l'y avaient découvert. Il fut emmené à la Conciergerie (1).

Le même jour (10 Thermidor—28 Juillet), vers sept heures, les deux Robespierre, Couthon, Saint-Just et dix-huit autres, parmi lesquels on comptait les généraux Hanriot et Lavalette, furent conduits à l'échafaud replacé pour eux sur la Place de la Révolution. Une multitude immense, considérant ce jour comme celui de sa délivrance, applaudissait au passage des hideuses voitures. L'aspect de la dernière était affreux. Au départ de la Conciergerie, la foule, manifestant sa cruauté ordinaire, n'avait pas voulu permettre qu'on y plaçât des matelas pour les blessés; ces malheureux étaient attachés avec des cordes aux ridelles de la charrette. Robespierre aîné avait la tête enveloppée de linges tachés d'un sang noir; Robespierre jeune était agité d'un tremblement nerveux dû aux douleurs que lui cau-

---

(1) *Rapport de Courtois*, N° XL des pièces justificatives.

saient des fractures intérieures. Le cul-de-jatte Couthon avait eu les reins à peu près cassés par des coups de crosse de fusil ; Hanriot portait pour tous vêtements une chemise et un pantalon couverts de boue et de sang ; son visage ne présentait qu'une horrible blessure ; un de ses yeux était sorti de l'orbite. Saint-Just, courageux comme d'habitude, resta impassible jusqu'au dernier moment.

Le lendemain (11 Thermidor—29 Juillet), soixante-onze partisans des conspirateurs montèrent sur l'échafaud; tous étaient membres du Conseil général de la Commune à l'exception de Boulanger et de Sijas; cette horrible boucherie dura sept quarts d'heure. Le surlendemain, douze autres périrent, et le système des exécutions en masse s'arrêta enfin. Les deux dernières, en frappant principalement de malheureux subalternes, prouvèrent que ce n'était pas l'horreur du *régime de Robespierre* qui l'avait fait renverser par la Convention ou plutôt par les *Thermidoriens* ; au point de vue de l'humanité, les vainqueurs et les vaincus, également endurcis par les scènes de la Révolution, pouvaient être placés sur la même ligne; mais l'opinion publique alliait tellement l'idée de la terreur à celle du dictateur, que tous deux devaient disparaître en même temps.

Cette impression subsiste encore aujourd'hui, malgré les efforts des écrivains qui ont entrepris la lourde tâche de réhabiliter Robespierre dans l'Histoire. En vain, ils l'ont représenté comme une victime fatalement entrainée par des nécessités méconnues des générations actuelles ; sa mémoire n'a pas bénéficié de l'esprit d'indulgence qui s'est trop exercé à l'égard du plus grand nombre des auteurs de nos dissensions intestines. Parmi ceux dont les déplorables passions ont noyé dans le sang le caractère de justice et de moralité qui fut l'essence de la Révolution, les Girondins occupent le premier rang au double point de vue de la culpabilité et de l'incapacité politiques. Néanmoins leur souvenir subsiste embelli d'un prestige touchant et poétique.

Le contraire a longtemps eu lieu pour Robespierre. Suivant l'expression consacrée, il est resté le *bouc émissaire* des crimes de son temps, et l'immense multitude de ses accusateurs a repoussé, sans examen, toutes les considérations de nature à modifier cette appréciation généralement répandue. On a contesté les qualités austères qui complètent d'une manière si remarquable cette personnification de l'ambition tenace et relativement incapable; on a été jusqu'à nier la terrible logique de cet homme étrange qui, seul et sans autres secours que sa parole et son profond machiavélisme, parvint à établir une monstrueuse dictature entre deux époques également anarchiques.

Mais dans ces derniers temps, les assertions des détracteurs passionnés de Robespierre ont été réfutées par des enthousiastes non moins exclusifs. Il en est résulté une ardente polémique, dans laquelle les uns le vouent à l'exécration de la Postérité, et les autres revendiquent pour lui son admiration.

Peut-être ces derniers parviendront-ils à mitiger la condamnation absolue prononcée par les premiers ; mais ils n'obtiendront jamais l'acquittement auquel ils aspirent pour la mémoire de leur idole.

Les difficultés que surmonta Robespierre, les résultats incontestables qu'il obtint, ses tendances, ses efforts et ses souffrances causent une émotion douloureuse en sa faveur; malheureusement, elle est rapidement détruite par des impressions d'une nature entièrement opposée. La plus vive sympathie est acquise au citoyen qui se dévoue à retirer son pays de l'abîme; mais elle fait place au dédain pour l'esprit faux et orgueilleux qui, au lieu de deviner et d'utiliser les tendances générales d'une nation, prétend la modeler d'après un système préconçu. La persévérance déployée par Robespierre est remarquable; mais on souffre en voyant celui qui prétend disposer de l'avenir, entraîné sans cesse par une impulsion que la médiocrité de son génie ne peut ni suspendre, ni diriger. Ses horribles moyens accusent son insuffisance; son astucieuse habileté à perdre ses ennemis politiques ou particuliers, inspire l'épouvante : il ne peut les vaincre qu'en les assassinant. D'ailleurs, il ne frappe pas seulement ses adversaires : le sang innocent versé systématiquement, pour les besoins de la lutte, fait horreur. En même temps, on reste indigné de la duplicité de ce sophiste qui se trompe lui-même, et s'absout de ses propres crimes en invoquant une légalité meurtrière enfantée par sa volonté. Cette marche homicide ne lui paraît monstrueuse que lorsqu'il n'en a plus le monopole, et quand ses ennemis, pour le vaincre, tournent contre lui ses propres armes.

D'autres considérations, non moins accablantes pour Robespierre, dérivent de sentiments généreux, apanage incontesté du caractère national. On ne comprend pas, en France, un chef de parti qui prépare sans cesse la lutte et disparaît toujours au moment de l'action. L'esprit militaire et l'amour du pays élèvent contre cet orgueilleux tribun des accusations indélébiles : par ambition personnelle, par envie, et par impuissance d'atteindre au niveau de cette époque si noblement guerrière, il chercha constamment à rabaisser la gloire militaire, et se montra le persécuteur acharné de ceux qui sauvaient la Patrie.

FIN DU TROISIÈME VOLUME.

TABLE DES MATIÈRES.

CHAPITRE XXX.

LUTTE ENTRE LE COMITÉ DE SALUT PUBLIC ET LES ULTRA-RÉVOLUTIONNAIRES MILITAIRES. — LICENCIEMENT DES ARMÉES RÉVOLUTIONNAIRES DÉPARTEMENTALES. — FIN GLORIEUSE DE LA CAMPAGNE DE 1793.

	Pages.
Grandeur et difficultés de la tâche entreprise par le Comité de salut public. — Sa politique intérieure..	1
Accusations de Philippeaux contre les généraux jacobins, Ronsin et Rossignol. — Irritation dans les bureaux de la guerre. — Mauvais vouloir des Ministères pour le Comité de salut public. — Projets subversifs de Vincent. — Ultra-révolutionnaires, Hébertistes et Athéistes..	5
Armée révolutionnaire parisienne. — Ses prétentions. — Une notable partie est éloignée de Paris. — Massacres à Lyon.	11
Modérés et Dantonistes. — Publication du *Vieux Cordelier*.	15
Appuis du Comité de salut public : la Convention et le Club des Jacobins. — Ses moyens d'action : les comités révolutionnaires et la guillotine.	20

TABLE DES MATIÈRES.

Pages.

Le Comité de salut public n'a aucune force armée à sa disposition. — Gendarmerie des tribunaux. — Grenadiers-gendarmes de la Convention. — *Armée révolutionnaire* et *épauletiers*. — Garde nationale. — Canonniers des Sections.................................... 22

Agitations causées à Paris par les ultra-révolutionnaires militaires. — Machinations de Robespierre pour obtenir l'incarcération de leurs chefs, Ronsin et Vincent. . . . 28

Licenciement des *armées révolutionnaires départementales*.................................... 35

Armées du Nord et des Ardennes. — Elles prennent leurs quartiers d'hiver peu après la victoire de Wattignies. . 38

Armée de l'Ouest. — Destruction à Savenay de la grande armée catholique. 38

Armées du Rhin et de la Moselle. — Reprise des lignes de Wissembourg. — Haine de Saint-Just pour Hoche. — Landau est débloqué........................ 44

Armées des Alpes, du Var et des Pyrénées-Occidentales. — La campagne se termine sans succès, ni revers..... 52

Armée des Pyrénées-Orientales. — Elle perd seule du terrain.................................... 52

Armée de Toulon. — Prise de Toulon. — Une fête est décrétée par la Convention pour célébrer ce succès. . . . 52

CHAPITRE XXXI.

FIN DE LA LUTTE ENTRE LE COMITÉ DE SALUT PUBLIC ET LES ULTRA-RÉVOLUTIONNAIRES MILITAIRES. — SUITE DE LA GUERRE DE LA VENDÉE. — GUERRE DE LA CHOUANNERIE.

Tentatives faites au Club des Jacobins en faveur de Vincent et de Ronsin. — Collot d'Herbois y vante le patriotisme de ce dernier et celui de *l'armée révolutionnaire*. — Hébert y accuse les dénonciateurs des généraux Ron-

TABLE DES MATIÉRES.   443

Pages.

sin et Rossignol. — Arrestation de Mazuel. — Pétitions adressées à l'Assemblée nationale en faveur des trois *patriotes* incarcérés. — Efforts de Robespierre pour calmer les agitations du Club des Jacobins. — Il demande à la Convention l'envoi au tribunal révolutionnaire de plusieurs généraux et officiers marquants.   62

Fête nationale et militaire pour célébrer la prise de Toulon.   74

Supplice de Biron, de Custine fils, du maréchal Luckner, etc.   76

Singulière position faite à Westermann par la *loi des suspects*.   79

Débats entre les Hébertistes et les Dantonistes. — Hébert est accusé par Camille Desmoulins d'avoir reçu des sommes considérables du Ministre de la guerre. — Mise en liberté des chefs-ultra révolutionnaires militaires, Ronsin et Vincent. — Ils reprennent avec plus d'audace leurs projets subversifs, et sont arrêtés de nouveau avec leurs amis les chefs Hébertistes.   83

Suite de la guerre de la Vendée. — Carrier à Nantes. — Kléber et Marceau s'y rendent après la victoire de Savenay. — Réponse de Kléber au représentant du peuple Turreau. — Arrivée du général Turreau. — Son altercation avec Marceau. — État affreux de la ville de Nantes. — Rappel de Carrier. — Ses imitateurs. — *Colonnes infernales* organisées par Turreau.   95

Guerre de la chouannerie 106

CHAPITRE XXXII.

SORT DES GÉNÉRAUX. — RÉGÉNÉRATION DES PRINCIPES MILITAIRES. — HABILLEMENT ET SUBSISTANCES DES ARMÉES.

Généraux. — Leur sort sous le *gouvernement révolutionnaire*. — Carnot met les plus capables à la tête des ar-

TABLE DES MATIÈRES.

Pages

mées. — Difficultés qu'il éprouve à les y maintenir. — Il détourne les accusations dirigées contre Lapoype et Bonaparte. 112

Officiers. — Considérations qui s'opposent à l'exclusion formelle et définitive d'ex-nobles encore dans les rangs de l'armée. — Obligation de savoir lire et écrire, imposée à tous les gradés, depuis le caporal jusqu'au général. 122

Soldats. — Interdiction de l'usage adopté par les corps d'envoyer des pétitions ou des réclamations collectives. —Indiscipline de certains bataillons de la levée en masse. — Insubordination du bataillon des Tuileries.— Réhabilitation des gendarmes autrefois licenciés par Custine. — Efforts fructueux du Comité de salut public pour rétablir la discipline. 125

Chevaux. — L'usage en est interdit aux officiers subalternes d'infanterie. — Différentes mesures de réorganisation.— Poursuites exercées contre les malversateurs trafiquant de la réforme des chevaux, de la vente des fourrages, etc. 137

Habillement. — Concussions et dilapidations. — Robespierre défend Daubigny, sa créature, adjoint du ministre et chargé du service de l'habillement. — Disette de souliers. — Mesures décrétées pour y pourvoir. — Moyens révolutionnaires employés dans le même but par des représentants du peuple et des généraux. 139

Subsistances. — Misère générale. — Pillages fréquents à Paris malgré les efforts d'Hanriot. — Droit de réquisition. — Ses abus. — Il est régularisé par le Comité de salut public. — Robert Lindet assure les approvisionnements des armées ; sa sagesse et sa fermeté. 145

Inutilité des décrets rendus en faveur des veuves et des enfants des défenseurs de la patrie. — Misère des militaires estropiés ou mutilés à la guerre. 152

TABLE DES MATIÈRES.

CHAPITRE XXXIII.

FABRICATIONS RÉVOLUTIONNAIRES D'ARMES ET DE POUDRES. — ENTHOUSIASME NATIONAL.

	Pages.
Immensité des besoins.	158
Fers et aciers. — Fabrication d'armes blanches. — Mise en réquisition de toutes les lames de trente pouces de longueur et au-dessus.	159
Armes à feu. — Elles sont enlevées aux Communes. — Décret pour empêcher la perte de la baïonnette. — Immense fabrication de fusils établie à Paris. — Mesures coërcitives pour la préserver de toute entrave.	162
Bouches à feu en fer et en bronze. — Établissement de nouvelles fonderies. — Moulage en sable substitué au moulage en terre.	166
Poudres et salpêtres. — La population entière est appelée à procéder à l'extraction du salpêtre. — Défense de consommer la potasse dans les usages journaliers. — Ordre de remplacer son usage par celui de la soude. — Mesures coercitives. — Procédé de Lavoisier employé pour le raffinage du salpêtre.	169
Propositions de paix repoussées. — Création de la Commission des armes et des poudres.	175
Présentation à la Convention des prémices de l'extraction du salpêtre par les Sections Parisiennes. — Ouverture de *cours révolutionnaires* pour apprendre aux citoyens à confectionner la poudre et à fondre les canons. — Fête du salpêtre.	179
Poudrerie établie à Grenelle. — *Procédé révolutionnaire* pour la fabrication de la poudre.	189
Établissement de Meudon.	190
Fabrications d'armes et extraction du salpêtre dans les départements.	192
Enthousiasme général pour le salut de la patrie.	193

CHAPITRE XXXIV.

SUPPLICE DES HÉBERTISTES. — PROCÈS DES DANTONISTES. — LICENCIEMENT DE L'ARMÉE RÉVOLUTIONNAIRE PARISIENNE. — SUPPRESSION DES MINISTÈRES ET CRÉATION DES COMMISSIONS EXÉCUTIVES. — — OMNIPOTENCE INCONTESTÉE DU COMITÉ DE SALUT PUBLIC.

Pages.

Supplice des Hébertistes. 196
Robespierre et Saint-Just dirigent leurs efforts contre les Dantonistes. — Arrestation de Hérault de Séchelles. — Inquiétudes des partisans de Danton. — Son découragement. — Il repousse les conseils de ses amis et les offres hardies de Westermann. — Arrestation de Danton, Camille Desmoulins, Philippeaux et Lacroix. — Incarcération de Westermann. — Procès des Dantonistes. — Embarras des accusateurs. — Parti qu'ils tirent d'un incident survenu dans la prison du Luxembourg. — Condamnation des Dantonistes. — Mort de Westermann. . . 197
L'*armée révolutionnaire parisienne* félicite la Convention après la chute des Hébertistes. — Robespierre prononce son éloge au club des Jacobins. — Elle est licenciée. . 212
Premiers coups portés à l'institution des ministères. — Commission des armes et des poudres. — Commission des transports militaires. — Commission des travaux publics. — Suppression définitive des ministères. — Leur remplacement par douze Commissions exécutives. 216
L'omnipotence du Comité de salut public est assurée. — Puissance personnelle de Robespierre. — Tendances à la clémence. — Causes qui la font ajourner. — Mort du général Dillon. — Mort du colonel Lavergne. — Accroissement du nombre des victimes du tribunal révolutionnaire. 221

CHAPITRE XXXV.

RÉORGANISATION DE LA FORCE MILITAIRE. — GÉNÉRAUX PLACÉS A LA TÊTE DES ARMÉES.

	Pages.
Principes de la réorganisation militaire. — Difficultés à surmonter pour les mettre à exécution..	232
Infanterie.— Confusion qu'elle présentait à la fin de l'année 1793. — Moyens employés pour arriver à connaître les noms, la position et les effectifs des divers Corps.— Suppression des Légions. — Suppression des bataillons de réquisition de la Levée en masse; répartition de leurs éléments dans les anciens bataillons de ligne ou de Volontaires. — Compression des murmures des jeunes officiers qui perdent ainsi leurs épaulettes.— Envoi à chaque armée de *Commissaires à l'embrigadement.* — Leurs opérations.— Composition nouvelle de l'Infanterie de ligne.	233
Infanterie légère. — Organisation analogue à celle de l'Infanterie de ligne.	244
Cavalerie. — Eléments divers dont elle se composait. — Cavaliers jacobins. — Composition nouvelle..	245
Génie. — Les Compagnies de Mineurs et les bataillons de Sapeurs entrent dans ses attributions.	249
Artillerie. — Eléments dont elle se composait en 1793. — Organisation de l'Artillerie légère.— Artillerie à pied. — Compagnies de canonniers volontaires.	249
Effectif total des armées de la République.	253
Préparatifs pour l'ouverture de la campagne. — Acharnement réciproque dans la guerre de l'Ouest. — Mort de La Rochejaquelein. — Mort de Haxo.— Marceau est envoyé à l'armée des Ardennes; Kléber rejoint l'armée du Nord.	256

Généraux en chef. — Disgrâce de Jourdan; Pichegru le remplace à l'armée du Nord. — Michaud reçoit provisoirement le commandement de l'armée du Rhin. — Jourdan est rappelé pour remplacer Hoche à l'armée de la Moselle. — L'armée des Ardennes est sous les ordres de Charbonnier.. 260

Dumas commande l'armée des Alpes. — Hoche arrive à l'armée d'Italie où il doit succéder à Dumerbion. — Il est arrêté, conduit à Paris et incarcéré 264

Muller est à la tête de l'armée des Pyrénées occidentales. — Doppet est remplacé par Dugommier à l'armée des Pyrénées-Orientales. 268

CHAPITRE XXXVI.

SUCCÈS DES ARMÉES DES PYRÉNÉES ORIENTALES, D'ITALIE ET DES ALPES. — OPÉRATIONS DES ARMÉES DU NORD, DES ARDENNES, DE LA MOSELLE ET DU RHIN. — TENTATIVES DE RÉGÉNÉRATION ANTI-RÉVOLUTIONNAIRE.

Ouverture de la campagne de 1794............... 272

Armée des Pyrénées occidentales. — Elle conserve ses positions................................. 273

Armée des Pyrénées orientales. — Diversion opérée par Dagobert dans la Catalogne. — Sa mort. — Dugommier force les Espagnols d'évacuer le camp de Boulou. — Blocus de Collioures et de Port-Vendres. — Heureuses opérations des généraux Pérignon et Augereau..... 273

Armée d'Italie. — Mouvement combiné pour tourner la position de Saorgio. — Il est exécuté par Bonaparte et Masséna. — Les Piémontais repassent la grande chaîne des Alpes.................................. 277

Armée des Alpes. — Prise du Petit-Saint-Bernard et du Mont-Cenis 280

Rapports de Barère à la Convention.............. 281

Armées du Nord, des Ardennes, de la Moselle et du Rhin. — Le Centre de l'armée du Nord est refoulé; Landrecies

TABLE DES MATIÈRES.

Pages.

est investi. — Jonction de l'Aile droite de l'armée du Nord avec l'armée des Ardennes. — Succès de l'Aile gauche; Souham prend Courtray, et Moreau investit Menin.—Le feld-maréchal Clerfayt est battu ; Menin est pris. — L'ennemi s'empare de Landrecies. — Pichegru renforce les deux ailes de l'armée du Nord aux dépens du centre. — Victoire de Turcoing. — Le Comité de salut public envoie à Jourdan l'ordre de rejoindre l'aile droite de l'armée du Nord avec l'armée de la Moselle et 15,000 hommes de l'armée du Rhin 282

Tentatives de régénération sociale. — Propositions *patriotiques* repoussées au Club des jacobins par Couthon et Collot-d'Herbois. — Dénonciations contre des généraux également repoussées. — Un comité est institué pour recevoir les accusations et les soumettre au Comité de salut public. — Suppression des comités révolutionnaires des Communes rurales. — Suppression des Sociétés populaires. — Le peuple Français reconnaît l'existence de l'Être suprême. — Enthousiasme pour Robespierre. — Ses partisans et ses détracteurs. — Asservissement de la Convention. — Elle décide qu'il ne sera plus fait aucun prisonnier Anglais ou Hanovrien. — Indignation causée dans les armées par ce décret; il n'y est pas exécuté. — Belle conduite de Moreau et du représentant du peuple Richard 288

CHAPITRE XXXVII.

DISSENSIONS DANS LE COMITÉ DE SALUT PUBLIC. — SAINT-JUST A L'ARMÉE DU NORD. — CRÉATION DE L'ÉCOLE DE MARS. — CONSÉQUENCES DE LA FÊTE DE L'ÊTRE SUPRÊME. — SUCCÈS MILITAIRES. — ARMÉE DE SAMBRE ET MEUSE

Dissidences entre les membres du Comité de salut public. — Haine de Robespierre et de Saint-Just pour Carnot. . 312

TABLE DES MATIÈRES.

Pages.

Troupes réunies sur la Sambre (Aile droite et une partie du Centre de l'armée du Nord, armée des Ardennes). — Saint-Just les rejoint. — Ses rigueurs. — Sa présomptueuse impétuosité. — La Sambre est passée cinq fois sans résultats. — Arrivée de Jourdan à la tête de l'armée de la Moselle et de 15,000 hommes de l'armée du Rhin. 322

Robespierre rappelle vainement Saint-Just à Paris. 326

Création de l'Ecole de Mars. — Principes de son institution. 328

Fête de l'Être-Suprême. — Murmures des conventionnels contre les tendances de Robespierre. — Loi affreuse du 22 Prairial. — Robespierre affecte de se séparer des Comités. — Accroissement du nombre des victimes du tribunal révolutionnaire; *terreur dans la terreur*. 332

Armée des Pyrénées-Orientales. — Dugommier s'empare du fort Saint-Elme, de Collioures et de Port-Vendres. . 343

Bataille navale. — Arrivée dans les ports français d'une flotte, venant d'Amérique, chargée de grains 343

Armée des Alpes. — Prise de la vallée de Sture et du poste des Barricades. 345

Aile gauche de l'armée du Nord. — Succès de Pichegru dans la Flandre maritime. — Il bat Clerfayt. — Prise d'Ypres 345

Armées réunies sur la Sambre. — Passage de la rivière effectué sous les ordres de Jourdan. — Investissement de Charleroi. — Jourdan résiste à l'ordre donné par Saint-Just de faire fusiller trois généraux. — Reddition de Charleroi. — Victoire de Fleurus. — Les troupes sous les ordres de Jourdan reçoivent le nom d'armée de Sambre-et-Meuse. 347

CHAPITRE XXXVIII.

SUCCÈS MILITAIRES — LUTTE ENTRE ROBESPIERRE ET LES DEUX COMITÉS.

Pages.

Fête donnée à la population Parisienne pour célébrer la victoire de Fleurus. — Cette heureuse journée renverse les espérances de Robespierre.. 358

Succès des armées des Pyrénées occidentales, de Sambre-et-Meuse et du Nord. — Décret qui menace de mort les garnisons étrangères des quatre places, Landrecies, Le Quesnoy, Valenciennes et Condé, si elles ne se rendent pas dans les vingt-quatre heures qui suivront la sommation.. 364

Réunion des Élèves de l'École de Mars au camp des Sablons. 366

Les armées du Nord et de Sambre-et-Meuse entrent à Bruxelles. — Reprise de Landrecies. — Succès en Belgique, dans la Flandre maritime, sur le Rhin et en Italie. 370

Accroissement des dissidences entre le Triumvirat et le Comité de salut public. — Organisation machiavélique du système de la Terreur. — Lassitude et dégoût qu'il inspire à la population. — Nécessité d'un dénouement. — Forces respectives des deux partis. — Préludes de la lutte. —Un officier, agent d'Hanriot, tente d'arrêter à la barrière un convoi de poudres destiné à l'armée du Nord. — Le Comité de salut public éloigne de la capitale une partie notable des canonniers Parisiens. — Récriminations à mots couverts portées par les deux partis devant la Convention et le Club des Jacobins. — Dernier essai de réconciliation entre Robespierre et les Comités. —Les Jacobins lisent à la Convention une pétition menaçante. — Discours prononcé par Robespierre. — Nuit du 8 au 9 Thermidor. 372

CHAPITRE XXXIX.

JOURNÉES DU 9 ET DU 10 THERMIDOR.

Pages.

De midi à 6 heures. — Séance de l'Assemblée nationale.— Décret qui supprime dans la Garde nationale tout grade supérieur à celui de Chef de légion, et attribue le commandement en chef à chacun de ces derniers tour à tour. . — Mise en arrestation de Robespierre, Saint-Just, etc. . **390**

Attitude insurrectionnelle prise par la Commune. — Courses désordonnées d'Hanriot. — Révolte déclarée contre la Convention. — Ordre donné à la force armée de se rendre sur la place de l'Hôtel de ville.— Hanriot, allant délivrer Robespierre au Comité de sûreté générale, est lui-même constitué prisonnier. — Arrestation du commandant de la Gendarmerie des tribunaux, exécutée par ordre d'Hanriot. **397**

De 6 heures à 9 heures. — Arrestation d'un lieutenant de la même Gendarmerie opérée à la Commune. — Suite des mesures insurrectionnelles. — Arrivée de la force armée des Sections et des canonniers Parisiens sur la place de l'Hôtel de ville,—Giot est nommé, par la Commune, commandant de la force armée.— Coffinhal délivre Hanriot et ses aides-de-camp. — Robespierre auquel on a refusé l'entrée de la prison du Luxembourg, va se constituer prisonnier à la Mairie où il est reçu avec acclamations. **407**

Séance du soir de la Convention. — Mise hors la loi des officiers municipaux et d'Hanriot. — Ce dernier, pérorant sur la place du Carrousel, est abandonné par une partie des canonniers. **414**

De neuf heures du soir à 2 heures du matin. — Suite des mesures insurrectionnelles prises à la Commune.— Arrestation d'Esnard, commandant provisoire de la Garde nationale. — Ordre du conseil de la Commune d'aller chercher Robespierre, Couthon, etc. — Ils arrivent à l'Hôtel de ville et entrent en délibération. **41**

Barras est nommé commandant en chef de la force armée, par la Convention. — Des représentants du peuple lui sont adjoints. — Mise hors la loi de Robespierre, Couthon, etc. — Des conventionnels sont envoyés au camp des Sablons pour rallier les Élèves de l'École de Mars à l'Assemblée. 420

Iucertitude de la population et de la Garde nationale pendant toute la journée. — Elles se décident en faveur de la Convention. — L'Assemblée engage les bons citoyens à marcher contre les rebelles. 421

Léonard Bourdon se dirige sur l'Hôtel de ville à la tête de la force armée de la Section des Gravilliers. — Envahissement de l'Hôtel de ville. — Mort ou capture des principaux conspirateurs. — Ivresse de la Convention. . . . 426

Exécutions de Robespierre et de ses complices. 435

FIN DE LA TABLE.